我的人生观

吴稚晖 著

新校本

九州出版社 JIUZHOUPRESS ｜ 全国百佳图书出版单位　台海出版社

图书在版编目（CIP）数据

我的人生观 / 吴稚晖著. -- 北京 ：九州出版社，
2024.3
ISBN 978-7-5225-2790-1

Ⅰ．①我… Ⅱ．①吴… Ⅲ．①吴稚晖（1865-1953）
－学术思想－研究 Ⅳ．①K827=7

中国国家版本馆CIP数据核字(2024)第070514号

我的人生观

作　　者	吴稚晖　著	
责任编辑	郝军启	
出版发行	九州出版社	
地　　址	北京市西城区阜外大街甲 35 号 (100037)	
发行电话	(010)68992190/3/5/6	
网　　址	www.jiuzhoupress.com	
印　　刷	鑫艺佳利（天津）印刷有限公司	
开　　本	850 毫米 ×1168 毫米　32 开	
印　　张	11.375	
字　　数	268 千字	
版　　次	2024 年 10 月第 1 版	
印　　次	2024 年 10 月第 1 次印刷	
书　　号	ISBN 978-7-5225-2790-1	
定　　价	66.00 元	

出版说明

　　梅贻琦先生曾言:"所谓大学者,非谓有大楼之谓也,有大师之谓也。"而传世之书,也多为大家名家之作。"大家丛书"甄选清末西学东渐以来,历经检验、广获认可的人文、社科等领域大家之作,所选皆现存版本中之较优者。编辑过程中,凡遇疑误之处,则参用多个版本比对核校;除明显错讹外,一般不作修改,以呈现文献原貌,请读者明鉴。

目　录

哲理篇

一个新信仰的宇宙观及人生观

小　引

　　我做这篇文章，是拿着乡下老头儿靠在"柴积"上，晒"日黄"，说闲空的态度，来点化我，超度我，解释我自己的一霎那的。我固然不配讲什么哲理，我老实也很谬妄的看不起那配式子，搬字眼，弄得自己也头昏脑涨的哲学。他的结局，止把那麻醉性的呓语，你骗我，我骗你，又加上好名词，叫他是超理智的玄谈；你敬我，我敬你，叫作什么佛学，什么老学，什么孔学，道学，什么希腊派，什么经院派，什么经验派，理性派，批判派等等，串多少把戏，掉多少枪花。他的起初，想也不过求个满意的信仰；跟着，变成了"学"。一变成了学，便必定容易忘了本旨；止在断烂朝报中，将自己的式子同别人的式子斗宝，将自己的字眼同别人的字眼炫博。学固然是学了，学者固然是学者了；问他为什么串那许多把戏，掉那许多枪花？也就不如靠在"柴积"上的"日黄"中，无责任的闲空白嚼了出来，倒干脆一点了。所以有人对我说：德国人讥诮哲学家，常说："哲学是把做成系统（所谓式子）的话，去妄用他的名词（所谓字眼）的。"这固然是言之太过，然形容哲学家闹得人太凶，不能叫人简单了解，存心摆他学者的臭架子，也是有几分实情的。

但是，从又一方面讲来，我对于学者，颇能懂得应该要加个相当敬礼。其词若有憾焉，其实乃深喜之。我知道"虽善无征，无征不信，虽善不尊，不尊不信"。学者要维持一点门面，不能卤莽灭裂，在"柴积"上"日黄"中，把无责任的瞎嚼蛆，乱喷出来，求一时的痛快，遗无穷的笑柄。学者非但不肯干，也不应干。故止好说了半句，留了半句，耐耐性性的经过几百年几千年，经过几十个学者几百个学者，才一点一点的愈加分明出来。于是有的东西，在从前，圣人都也糊涂的，到如今，"柴积"上，"日黄"中的老头儿也知觉了；还有连现在的圣人也懂不来的，自然现在"柴积"上"日黄"中的老头儿更梦也不曾做着，又只好让学者摆起臭架子，乌烟瘴气地去整理，整理了再千百年，再叫往后"柴积"上，"日黄"中的老头儿看作平常。这种逃不过的麻烦，我也是懂的。然因为如此，我这篇文章，也就有"予不得已"的气概，把"谊不容辞"的责任心，强迫着写了出来了。

第一理由是简单的：就是为那无责任的痛快瞎嚼蛆，不免遗着无穷笑柄的闲谈天。止有"柴积"上"日黄"中的老头儿，他懂不得难为情，可一说径出的。

第二理由是繁复的：积了无穷学者，一个明白过一个，才在绵延的历程中有个比较的明白。这也就是我肯崇拜学者的惟一缘故。故学者的后胜于前，并不是后人聪明才力，一定过于前人。止是许多前人代他积了智识，他容易暴富。所以好像如梁卓如、梁漱溟两位先生在任何一方面，都超过我们的孔二先生；并且也是孔二先生在天之灵（聊尔云云）愿意"他俩"胜过"他老"的呀！因为世上没有一个父亲，不盼望儿子"跨灶"，没有一个师傅，不愿意徒弟"青出于蓝而胜于蓝"。若偏是孔二先生妒忌有胜过他的两个梁家小后生，那中国只好一代不如一代。这无异说中国人将由痴愚而禽兽，禽兽而蛆虫；只剩他巍巍然高坐大成殿上，他老也有什么显焕呢？他从一贯而大同，好像他的教育，立能化腐臭为神奇。然教了二千几百年，只是愈教愈劣。便是两位梁先生数年前自称一个筋斗，已跳出十万八千里者，现在承认还是在他手掌之中。这又无异承认这位"走方郎中"止是说嘴卖假药，并无起死回生的本领。所以对他愈加佩服，无异把他的教育招牌投入毛厕，撕破他的假面。两位梁先生自己个人的谦光，自是美德。最好笑的，众口一词，物质文明掀起了此番大战。此番大战乃是空前的大战（好笑！），又是最后的大战（更好笑！）。所以有个甚滑稽的罗素，信口胡扯，一面发发自己的牢骚，一面拍拍我们的马屁，口气之中，似乎要决意舍了他欧洲的物质文明，来寻我们"中国的精神文明"。（罗素是滑稽已极的滑稽，他胸中是雪亮的。然欧洲像他那样口气的傻子，真也不止一人，无非只是臭肉麻的牢骚！）于是吹入我们素有夸大狂，喜欢摆空架子，而又久失体面的朋友们的耳朵里来了。这种恭维，无异雪中送炭。自然不知不觉，感动入骨，相信入骨，也把自己催眠起来。纵使两位梁先生的文化学院曲阜大学，在理都是可有，而且应有，但似乎太早了一点。恰恰好像帮助万恶的旧习惯，战胜新生命，替孔二先生的大吃牛肉，加写了一张保单，却恰恰把他老人家子孙的饭碗，无意中可以一齐敲破。因此我这篇文章的直观信仰，也或者间接的对于最近中国思潮，献着一点号泣而谏的愚诚。

新信仰

大家都说："凡人不会无信仰"，这是对的。有人说："人人有个信仰，便是人人有个宗教，信仰便是宗教"，这是不对。这是名词上向来太笼统的谬误。古代把一切哲学、伦理学、教育学、美学等皆混合于宗教；现在他们一一脱离了宗教，自己独立起来，宗教亦没有话说。宗教的范围，就自然的缩小。但现在还不曾立一个信仰学，把宗教附属在他底下。毕竟仍让宗教一名词，代表了一切信仰，反把种种非宗教的信仰，隶属在宗教学。惹得多数学问家而非宗教家的，常说宗教可以不信，宗教学殊有研究之价值。其实彼所谓宗教学，即指信仰学的全部。故宗教一名词，最好严格的限制了以神为对象。这又是宗教家求仁得仁，最所赞同。本来若将许多无神的信仰，屬入宗教学，虽是学问家所许，必非宗教家所乐。所以真要清楚，顶好是立一信仰学的名词，把宗教学管领了起来。其式如下：

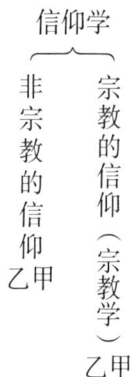

信仰学
├── 宗教的信仰（宗教学）甲乙
└── 非宗教的信仰 甲乙

如此，信仰学是学问家所当研究。彼所管领的宗教学，宗教家固在必应研究之列，即非宗教家，为其有人类进化史上相当价值，亦极可研究。

闲话少说，我所谓"新信仰的宇宙观及人生观"，不过说这个宇宙观及人生观，并非哲学家的宇宙观、人生观，乃是"柴积"上、"日黄"中、乡下老头儿信仰中的宇宙观、人生观。这个信仰是一个新信仰，非同虔诚拜城隍、土地宗教式的旧信仰。然未下这个解释时，我又怕把这新信仰三字标了出来，避开哲学范围，终竟被讲信仰学的先生们拉进宗教区域。那未免驴头不对马嘴了。故表明几句。

宇宙观

举现象世界，精神世界，万有世界（有），没有世界（无），适用时间、空间的，不适用时间、空间的，顺理成章的，往来矛盾的，能直觉的，不能直觉的，合成一个东西，强加名言，或名曰"本体"，又曰"一切根源"。照我合成的成分而说：既应统括万有及没有……则又有所谓"一个"，所谓"本体"，所谓"根源"，下这样的具体名词，自然于理论为极不可通。然我拿玄谈家滑稽的老把戏来做回答，可说照我上面的界说，理论自身，配算什么一个东西；既明白的指出包括"往来矛盾"，便也何妨有所谓"本体"等等，不合理论的矛盾。若迁就理论，做一个老实的回答，就是由我执笔而写，我即万有的一分子。写了要诸君赐看，诸君又不过是万有的一分子。我能写，你能看，便非用个名词不可。到了我们超入没有我们，自然用不着名词，我也用不着写，也没有诸君要看。更定然没有这篇文章。自然而然，便没有这种"一个"呀，"本体"呀，"根源"呀等的名词了。现在姑且用了他们，好在"柴积"上、"日黄"中嚼着白蛆。

如是，放之则弥六合，变为万有，是这一个；卷之则退藏于密，变为没有，也是这一个（凡此文偶引成语，皆取其恰合下笔时之论调而已，非有心表示同意。因我此文只表示个人信仰，非所以言学。不敢诬古人，拉偶象，在柴积下扎彩）。陈老古董所谓万物有生，原质是风、水、地、火，或金、木、水、火、土，是这一个。新西洋景所谓绵延创化，是片段而非整个，只有真时，并无空间，也是这一个。所以不消说得，煤油大王家的哲学主义，名叫实验，吴稚晖拼命做这文章，鼓吹物质，是这一个。就是那低眉菩萨的涅槃，悲观少年的虚无，也是这一个。我不管什么叫做无极、太极、道妙、真如，又不管一元、多元、玄元、灵子，我止晓得逼住了我，最后定说到了"一个"。

先要插说紧要而又不相干的几句。我这篇文章，也可以如丁在君先生的说法（丁先生玄学与科学一文见努力周报）的确是玄学鬼附在我身上说的。然而我敢说附在我身上的玄学鬼，他是受过科学神的洗礼的。这种玄学鬼一定到世界末日，可以存在，不受孔德排斥的。附在我身上的玄学鬼，没有附在张君劢先生身上的那种"无赖"。他不敢说到"初无论理学之公例以限制之，无所谓定义，无所谓方法"。他只想要求科学神占领的区域，把丁先生所谓可知道的，占领了去。可知道区域里的假设，尽科学神用理论假设着。把那丁先生所谓不可知的区域剩下了，让给玄学鬼占领了。不可知区域里的假设，责成玄学鬼也带着论理色彩去假设着。虽这种带些论理色彩的玄学鬼，必定被那"大摇大摆"的鬼同胞，笑着矛盾，笑着浅薄。但因为他能竭力要想帮科学神的忙，所以闹这个玄谎，也便定可免得丁先生的一"打"。

第一便要在这插说中交代明白：凡说到是"信仰"上的"一个"，容易有"无赖"的玄学鬼来赠送徽号，叫他做上帝，叫他做神。可以混同夹帐，拉扯着三百年前的笛卡儿先生们，说道你所说的"一个"，便是无所不在的神，无所不在的上帝。那我要恭恭敬敬立起来，唱着喏摇头道：这未免太亵渎了。我说的"一个"，我自己固然就是他；便是毛厕里的石头也是他。说我便是上帝，便是神，已滑稽得可以了。并且说毛厕里的石头，亦是上帝，亦是神，不嫌太难堪吗？所以纵使我请我的玄学鬼"无赖"一下，让一千步一万步，承认有个上帝，有个神。上帝神非即我，非即毛厕里的石头。不过有个我，便有个上帝神来鉴临了我；亵渎点又说：有块毛厕里的石头，便又有个上帝神去鉴临了他；那就上帝神也已降尊得极咯。充其量，上帝神止是那"一个"里面的贵族。我与毛厕里的石头，是"一个"里面的落难者，沦于卑贱的罢了。上帝神之与我，之与毛厕里的石头，还是同屈于"一个"之下。上帝神决非便是那最后的"一个"。如此，既然上帝神不过"一个"的一分子，则我与毛厕里的石头，也忝为"一个"的一分子。肯承认上帝神独为贵族吗？我们自己肯永屈卑贱吗？这便定有问题发生的呀！这种凭空的，推戴同一分子，来做我们的上帝神，止有让宗教家去贱卖。在我同毛厕里的石头，皆受过科学神洗礼的玄学鬼，到底不肯太"无赖"，全把论理抹煞。所以在论理上还是不肯让步，完全否认着有什么上帝，有什么神。

或则另有蒙混着说道：上帝神是有超绝性的，超出于你所谓"一个"的。哈哈！这是"大摇大摆"的"无赖"玄学鬼常作口头禅,用来把人催眠的。可惜那无赖玄学鬼的伎俩,弄不出什么神通,能跳出"一个"的圈子之外。"一个"是包括了"没有世界";换言之,便是已经包括了超绝。区区止有一点超绝性的上帝神,真正要叫何足道哉,何足道哉了!故尔,那种骇得煞人的显赫的名词,上帝呀,神呀!还是取消了好。否则惟有我吴稚晖毕竟还笑笑罢了。深恐毛厕里的石头,块块都出来争称上帝,争称神,那就上帝神的尊严,终要扫地的呀?

把以上得罪上帝神的插说,完全交代明白,意思就是说:我以后说下去,倘然有些离奇得太好笑的名目,假设出来,决非大讲神话。只是要说得浅薄容易听懂,好让环着"柴积",在"日黄"中的听众,听了像煞有价事罢了。

那我便劈头的假设着,我所谓"一个",是一个活物。从他"一个",变成现象世界,精神世界,万有世界,没有世界;无论适用时间、空间的,不适用时间、空间的,顺理成章的,往来矛盾的,能直觉的,不能直觉的,恒河沙数的形形色色,有有无无,自然也通是活物。

又应急要的插说几句:有人问,笑话了!别底先不要问,请问既说没有,叫做"无",如何还去装上"物",更说"活"呢?我就笑答道:因为"无"也是"一个"的一分子。"一个"是活物,所以他也应是活物。你不曾看见我写了一撇三画四竖四点,如此的不惮烦,我才能说,你才能懂;我才能肯定他"物"的"活"的,你才能否定他不该"物"的"活"的。这简直还可以六合之外,圣人存而不论吗?你若再说他是超绝,他是不可思议。对咯。更圆满了!但是你更疯了,笔画却更多了。刚刚更替我证明白应该注意了。注意所能及,很浅近的便是包括在"一个"里了。"一个"是活物,他就确确实实,也是活物了。

又自从"一个"变成了万有世界及没有世界；照论理是但有万有世界及没有世界，更无"一个"存在。必要"有到绝对"，无所谓万有，更以外无"无"，只有一个不大不小、不长不短、不硬不软、不白不黑……的东西，才复返于"一个"，否则"无到绝对"，我且搁笔，你亦莫问，也便复返于"一个"。除此两途之外，"一个"乃无从存在。你倘然要看看那"一个"是什么东西？就拿我看看；或者就拿面镜子拿你自己看看；或者就拿毛厕里的石头看看。说得阔大点，更用着千里镜、显微镜等拿世界万有看看。你若看得厌烦了，更闭了眼睛，拿浩浩荡荡，杳杳冥冥，所谓道妙，所谓真如，所谓玄元，所谓灵子，许多带麻醉性，超绝及不可思议，算他"无"的，拿来想想。皆足以见一个的一斑。我目前却要大声而疾呼曰：整个的"一个"，已是瓜分了。你莫认他存在！你不要当他老祖宗看待！又引起一大错误，以为可以代用上帝神；遇有疑难，又向"一个"去磕头求拜。你要完全明白，"一个"就是我，就是你，就是毛厕里的石头，就是你所可爱的清风明月及一切物质文明、精神文明，就是你所可憎的尘垢、秕糠及一切蛇、狼、虎、豹、政客、丘八。

言归正传。有人问：你所谓"一个"是活物，乃正经讲话呢，还是滑稽一下，开开玩笑？我三熏三沐的再拜而答，说我是正经讲话。他说：我想你是也想"大摇大摆"，不惜"无赖"尽着附在你身上的玄学鬼，尽量的说笑罢了。我说：我的玄学鬼最不高明，他是最低头服小，哪里敢"大摇大摆"；他是最拜倒科学神的脚下，总要附会论理，岂敢"无赖"呢？他说：那么你所得"一个"是活物的结论，有论理吗？我对曰：有，有！我的那位玄学鬼，论理学是一定不精明。但他讲起话来，至少也总喜欢用着老古董的三段论法，才肯出口的。他说：凡活物才能产生活物，换过来说，亦就可说活物乃产生自活物。吴稚晖是活物，推原他的产生，可以直追到"一个"，所以知道那"一个"亦是活物。他说：你先想想看，你的前提到底靠得住靠不住？若说：凡活物才能产生活物，无异就是说活物必定产生活物。那么从"一个"产生出来的毛厕里石头，也是活物，岂非大笑话呢？我说：毛厕里的石头，自然也是活物。我同你去科学庙里游逛游逛看。你先跑到博物学殿上，自然只看见动植物标做活物，金石标做矿物。你若转到化学宫里，便差不多看见金石都活了起来。你又走向物理学的宝塔上面去，看见了万有引力菩萨，及相对性大神，你才把万有没有，一齐都活了起来，自然直活到"一个"身上去了。

我今且再把那毛厕里的石头先活了起来，自然见得我们那位玄学鬼，还是懂些逻辑的呢，还是一味无赖的？凡活物的界说，拿最浅薄的话来讲，就是说：

（一）是这样东西要有质地；

（二）是他能感觉。

人是活物，有十四种原质，一只苍蝇有若干原质，一棵玫瑰树有若干原质，这都不能去骄傲毛厕里的石头。因为那石头也有若干原质，立于相等的地位。所以质地是搁过了，不必讨论。人有感觉，苍蝇有感觉，玫瑰树有感觉，是大家承认的了。请问毛厕里的石头，他的感觉何在呢？是如何状况的呢？我说：要我的玄学鬼回答这问题，他先要问人与苍蝇与玫瑰树，他们的感觉是同等的呢，还是差等的？我所问的同等差等，不是问程度有什么高下，乃是问状况有什么异同。我不相信程度的高下，只相信状况的异同。譬如我们"人是万物之灵"，不是天天有这种声浪进耳朵，又不是吾人一开口便居之不疑的吗？如何证明白他是万物之灵呢？便是感觉最高等。此即执程度之说。及问嗅觉及得狗吗？视觉及得猫吗？听觉及得鼠吗？便又遁而之他。谓人则不但于外有感觉，而且于内有理智。故结为思想，形成计划。因此高出于庶物。然问彼何以拙劣野人，对织物不及蚕之一茧，对建物不及蜂之一房？便又恍惚周章，遁而之他。谓物之本能，实胜于人，但因是便无创作。人之所以由粗至精，多劳思虑，全欲玉成其创作之伟大。哈哈！"伟大否乎"？那场官司太大，不是插说几句，可以了事。也不是本问题所急要。在本问题，又最好是相对的含糊承认着，可以与吴稚晖主旨的提倡物质文明，少点歧误。就是"人为万物之灵"，吴稚晖是个人，恭维他为"万物之灵"，固然一定可以甜蜜的承受。便是在多尽点义务上着想，也尽可替诸位贵"人"，相对容认了。有如陶斯道（按即托尔斯泰）先生要拿"人为万物之灵"，做他的安身立命的药方，我何忍笑他老人家痴愚呢？我要极骂恶人，我也只好脱口而出，说道：你还像个人吗？如是而已。我良心自忖，也止有在被窝中细想，恐怕我若如是如是，人便不当我是人。觉得不像个人，不当是人，终于不好。即隐隐不肯失了万物之灵的地位。所以这句话，做个尽义务时候督促物，实比上帝厉害。但是宇宙除"一个"外无绝对性的东西，止有相对性的罢了。从又一方面说：若把这句"人为万物之灵"，享受权利。顿时可觉人的狞恶，谁还忍说，谁还忍想？梁漱溟先生最佩服孔子的地方，便是直觉之"仁"。仁是一定要解做"无私心，合天理"。"宰我不仁"，那是要在他父母新死，食稻衣锦。这种食稻衣锦，便是任着私心内最要不得的忍心，是最伤天理。所以孔子也没有法子，只好冷峭的问他道：汝安乎？宰我乃说安。所以孔子转沉静了，只能说："汝安则为之。"比如从前我在巴黎力驳无政府主义，他现在幼稚的信条，便叫做："各尽所能，各取所需。"譬之于物理学，孔老先生的"施之己而勿愿，亦勿施于人"，耶老先生的"爱人如己"，便是牛顿的万有引力说。这"各尽所能，各取所需"，便是爱因斯坦的相对原理。我当时老实不客气，竟说我将不尽所能，止取所需；我不愿烧饭，我只愿吃饭。你奈我何？李石曾先生心平气和的对我说道："你吃就是啦。"而且他背后并不曾再说"吴稚晖之不仁也"。我明天便挂了无政府党的口头招牌。梁先生慧眼看孔子，而且在觉海茫茫之中，捆握住了直觉，替孔子的仁下了的解，我不能不相对承认。但是孔二先生同梁二先生，及我吴大先生，各挟了"万物之灵"的资格，倘或不遭亲丧，则制锦之蚕，结稻之禾，一若天理之天，皆为我辈而生。推至牛、羊、鸡、豕，无不由于天心之仁爱，以彼等见惠。故我等报天，亦牛一、羊一、豕一，制为"齐之以礼"之礼。我辈竟也老实不客气，割不方正不食，馁不食，败不食，要生烹活割的才好；从而食不厌其精，脍不厌其细。并且我们是无私心而合天理的君子，值不得将或有不美之名，加在自己身上；让一个稍下等的"万物之灵"，所谓厨子，让他代担了责任，所以我辈尽可"远庖厨"。照这种的做品，真正叫做"汝安则为之"。我们的颡上有泚了。这个问题，我们在人生观里，还要详细讨论的；这里羼说几句，未免太长了。也不过要显出人有理性，超过禽兽的只有本能，是自己吹着罢了。人的无私心而合天理，自矜为最高的道德，亦不过尔尔。如是那所谓"万物之灵"的徽号，到底为万物各推代表，公举的呢，还是我们自己卖弄着的吗？就也不免莞尔的呀！我说这一大篇，无非表明我所谓万物的感觉是差等的，不是同等的。差等乃是状况的异同，不是程度的高下。人有人的感觉，苍蝇有苍蝇的感觉，玫瑰树有玫瑰树的感觉。感觉的状况，各各不同，各有特殊发达的条件。甲之所有，可为乙之所无。丙之所适，非即丁之所需。如玫瑰树挟其所有之感觉，因人与苍蝇所无，称玫瑰树为完全；或苍蝇取其适用之感觉，笑人与玫瑰树不知所需，称苍蝇为高等，皆定然为自吹而已矣。自吹原亦相对的可以容许。故分感觉之高下，而有进化之一说，亦人生观内假设所难免。惟就宇宙观，推论而至于"一个"为活物，则不容有此差别。

讲到这里，第一层可先用不值钱的玄学理想，近乎游戏的说道：毛厕里的石头亦有感觉。苍蝇的感觉，非即人的感觉，他们感觉的状况，颇极差等。玫瑰树的感觉，非即苍蝇的感觉，他们的感觉，又极差等。如是焉能禁我瞎说毛厕里石头的感觉，非即玫瑰树的感觉。他们感觉的状况，也极差等。若欲强分高下，则石头有其寂然不动的感觉，真所谓无私心而合天理，所以"贞固永寿"。一块毛厕里的石头，可以阅几十代人而依然如故；见数百兆苍蝇存灭；看千万棵玫瑰树忽而芬芳，忽而萎枯。彼如曰：毛厕里的石头为"万物之灵"，理由亦未尝不充足。彼另有彼之可感与彼之可觉。人与苍蝇及玫瑰树之感觉，皆非彼所需，故亦非彼所有，如是而已。然这种蹈空的掉枪花，我们中国古代的玄学鬼常用"孰为正色，孰为正味"等的论调，闹得甚嚣尘上。自然受过科学洗礼的玄学鬼，不肯就把这种空言，来作惟一的搪塞。所以说到第二层，也就要戴上科学面具，正正经经，板起了面孔，来断定毛厕里的石头亦有感觉。他不是说能够按着分类，代毛厕里的石头，做出一部石头心理学。他简单只要问：我们人类的感觉，是否科学家承认为完全出于神经系？神经系的脑质纤维等等，是否由血液营养，才能做工？倘然我们好几天不装煤（不食），血液枯竭，神经系失其营养，亦即失其感觉，是否为必信之果？"三咽，然后耳有闻，目有见"，这是无论何人承认的呀。那么我们"万物之灵"的人，吃饱着暖了，神经系才能作用兴奋。一位才子，遇了一位佳人，才臭肉麻的直觉，不识羞的吐露出来，所谓天上人间，独一无二，全为爱情冲动，始有此亲和力。但是，你不见毛厕里的石头么？一旦为化学家检入玻璃瓶，用火酒的食料供给着，他就排斥一部分故体，一部分去寻着新的她，发起大大的爱情。他的冲动的爱情，何尝少异于才子佳人？而且他的冲动，能受理性的节制，可结合的结合，不可结合的，完全不结合。他的意志的坚强，几远过于人。这样的显然明了，还说毛厕里的石头，是没有感觉的东西吗？他非活物而何？

（一）是有质地；

（二）是有感觉，

好了！把毛厕里的石头，活了起来，我的宇宙观，便有着落了。有人说：石头有感觉，理论上固然可通。但博物学家终嫌感觉的名词，止限于动植物。若并矿物而赋予之，分类时便诸多淆乱。你的意思，无非说石头有质有力，力的表显于化合的亲和，无异感觉。我说对了！我本来止承认万物有质有力，言质则力便存在，言力则质便存在。无无质之力，亦无无力之质。质力者一物而异名。假设我们的万有，方其为"一个"之时，就其体而言曰质，就其能而言曰力，加以容易明白的名称，则曰"活物"。及此一个活物，变而为万有，大之如星日，质力并存；小之如电子，质力俱完。故若欲将感觉的名词，专属于动植物，亦无不可。惟我还须作一甚可骇怪之词。我以为动植物且本无感觉。皆只有其质力交推，有其辐射反应，如是而已。譬之于人，其质构而为如是之神经系，即其力生如是之反应。所谓情感、思想、意志等等，就种种反应而强为之名，美其名曰心理，神其事曰灵魂，质直言之曰感觉，其实统不过质力之相应。苍蝇之神经系，有如彼之质，生如彼之力，亦即有如彼之反应，成为苍蝇之感觉，苍蝇之心理，苍蝇之灵魂。玫瑰树神经之质大异，力之反应亦大异，遂为玫瑰树之感觉，玫瑰树之心理，玫瑰树之灵魂。毛厕里的石头，神经系之组织，绝非吾人所能识别。则其质之构成，我等不能言；而其力之反应，我等亦不能言，遂为石头之感觉，石头之心理，石头之灵魂。其实毛厕里的石头呀！玫瑰树呀！苍蝇呀！人呀！何尝有什么感觉，什么心理，什么灵魂？只质与力之构造及反应，各各不同罢了。所以我的万有有生论，本来只取乎两言曰：

万有皆活，有质有力，并"无"亦活，有质有力。

感觉一名词，便让生物学家叫动植物去专有了，亦尽可不争。然设或借给毛厕里的石头用用，也毫不足奇。并给我们大家的"老本身"所谓"一个"者有时亦感觉着，乃更平淡无奇呀！

写到这里，我本可以将我的宇宙观正文，总括了简单的说一说。但我不曾先将灵魂明白的斥除，定然留着小小理障。我刚要插说一番，忽然小病了十几天。这十几天内，刚刚张君劢先生也调动了科学兵，保护了他的玄学鬼，与丁先生在晨报副镌及时事新报学灯上开起火来。梁卓如先生还替他们制定了"论战公法"，预备双方都有附加军队，延长战期。但我看了张先生的反攻队，所谓上篇中篇，都是他们学者，搬他们学者的货色。止是摆着行头做戏，没有真打仗。想来就是他们真打起来，设或添了无数的好角儿进去，也离不了玄学、科学，搬弄许多名词，点点鬼，引引断烂朝报，做个秀才造反罢了。本来没有我们"柴积"上、"日黄"中的事。可是，我现在要同灵魂算账，倒可以借他来插说一说。

张先生的一篇清华讲演的人生观，我本不曾有机会拜读。现在晨报也把他披露起来了。他反攻丁先生的下篇也发表完了。及读了他的人生观，我方才微微觉着张、丁之战，便延长了一百年，也不会得到究竟。因为张先生岂但不"无赖"，而且不单是个玄学鬼，简直是一位科学大神。所差的，他小心谨慎，不敢排斥空中楼阁的上帝，他意中定然有个灵魂。我想丁先生的意中，灵魂是不存在的。然而他也定然想不着专门与张先生的灵魂轰斗。

我这篇文章的动机，虽已酝酿了五年。最简单的几句话，也尝看见了什么朋友，都扯着乱谈。本来以为写也好，不写也好。自从有什么新文化运动，中国人谈宇宙观、人生观的日多。（文学家的，照例可以信口开河，不能与之计较者除外）。接着有什么东方文明，西方文明，物质文明，于是谈着宇宙观、人生观的更多。虽然是学问愈闹愈进步，可是头脑却愈闹愈昏盹。我做这篇文章之先，意中有四位先生，认他们是最近时代中中国思潮的代表者。一是胡适之先生，我批评他是一个中国学者而有西洋思想。于我的新信仰，虽无具体的相同，却也不曾寻出他的异点来。丁在君先生怒打玄学鬼，也定是同胡先生携手着奋斗的。二是朱谦之先生，我批评他是一个印度学者而有西洋思想。他的论调，叫人完全可以否认，也叫人完全可以承认。三是梁漱溟先生，我批评他是一个印度学者而有三分西洋思想，七分中国思想。四是那位老将梁卓如先生，我批评他是一个西洋学者而有中国思想。张先生的人生观，就不免受了二位梁先

生的暗示。否则张先生亦是一个学者里的暴徒，不应缚手缚脚
到如此！虽然他亦有苦衷，一则在清华学校的讲堂上，那里可
以否认上帝同灵魂！二则他以为对将赴美国的学生说话，这是
一服清凉散。不晓得恰恰掉在二位梁先生的玄中。二位梁先生
的人生观，不免大大的太可斟酌了。所以我在我这篇文章的开
头，已把二位梁先生的大名标举了出来，隐隐也见得我的下半
篇要做的人生观，也自有目标。二位梁先生的上帝观念，灵魂
观念，究到什么程度？若用名词去讨论，定要遭他们好笑。惟
擒住了张先生引英人鼎鼎大名欧立克的"精神元素"，我想张
先生满意了，二位梁先生也无不首肯。这就是一个变相名词的
灵魂罢了。张先生引欧氏之语曰："第三曰精神元素之作用，此
为一种深远能力，非常人所能察知。"这正用得着丁先生所谓"无
赖"玄学鬼的鬼攀谈。他不过有了一张社会哲学家的牌子，否
则什么"深远能力非常人所能察知"的语气，何异南池子口头，
文王八卦摊上的话？高等一点看，也不过福音堂里外国先生的
讲道理一样呀！我辈固是常人，欧先生难道便是天人？既不曾
察知，如何老了面皮，竟"大摆大摇"，把"精神元素"一个
名词，写了出来？但是我们要原谅欧先生。他是一个绅士，在
欧洲社会里，不信上帝，无异在我们社会里，不信有天。我们
说到道学先生对了屋漏，在那里寅畏，什么人都悚然起敬。他
们若举念动足，说有上帝鉴视了他，也庶几像一个穿燕尾服的
人物。这正可以如陶渊明所谓"不求甚解"的呀！因为反正终
是解不透彻，不如不解，落得保存着身份。否则成了无法无天
的"狂徒"，便不能在中国绅士队里厮混。做了不信神的"恶
汉"，也便不能在西洋上等社会里存身。因为认有上帝，就不
能不连带认有灵魂；认有灵魂，更不能不说"人为万物之灵"。

横了此等魔障，于是进化确亦可以言：有所谓向上。可惜不免
上其所谓上。创造确亦可以有所谓"超人"。可惜不免超其所
谓超。而张先生等的人生观，一若含无穷悲悯，本着欧先生的
精神元素作用，起而救世；果适类于抱薪救火乎？张先生等未
计其责任也。其实精神元素自身的没有着落，止是一种绅士应
酬上帝，有麻醉性的调言，岂但欧氏独为之？近代破天荒之哲
人，若裴根、笛卡儿、斯宾挪萨、康德等力可以推倒上帝，其
地位非特不敢斥言，并且显然反与拉拢。惟孔德、达尔文、赫
胥黎、海格尔等现于声色矣，终未忍大决裂。尼采是绝等聪明
人，然其意正欲利用上帝。柏格森的胸中最是雪亮，然不能无
所委蛇。故尼采主张创造是出于权力意志，这是千对万对。然
而又有什么："由我们内部深处流出，决不是机械论所谓的力，
支配我们肉体的团结。"机械的力，只要支配得出你的权力意志，
亦何嫌何疑必要寻个"内部深处"？内部深处，便是变相的精
神元素。柏格森主张"宇宙是一个大生命，永远的流动。生之
冲动，故……"那更千对万对。然又什么："向上的本能的过程
中——为植物动物。"下向的解体的过程中——为矿物"。又云：
"人类不是大自然的完全点，乃是大自然活动的顶点。"这个顶
点，又就是人为"万物之灵"。尼、柏两位实在都是委蛇了上帝，
所以有一些不彻底。尼氏的超人，徒然做了强权者的护法。柏
氏的哲理，也就做着玄学鬼的有滋味材料，没有影响于人生观。
介绍到了中国，却被深通"鬼神情状"的易学名家，证明了他
的"生生为易"。以为孔二先生实是二千五百年以前的柏格森。
柏格森反做了孔二先生人生观的经纪人。

　　其实用着尼、柏二位洋先生的几句话，也就够开除了上帝
的名额；放逐了精神元素的灵魂。一样还是可以向上，可以超

人；并且在责任上讲，也可以权吹着人为万物之灵。（前已说过，后当再说）。我们只要说"宇宙是一个大生命"，他的质，同时含有力。在适用别的名词时，亦可称其力曰"权力"。由于权力，乃生意志。其意是欲"永远的流动"，以至流动而为人，分得机械式之生命（质与力），本乎生命之权力，首造意志。从而接触外物，则造感觉；迎拒感觉，则造情感；恐怕情感有误，乃造思想而为理智。经理智再三审查，使特种情感，恰像自然的常如适当，或更反纠理智之蔽，是造直觉。有些因为其适于心体，而且无需审检，故留遗而为本能。如是，每一作用，皆于神经系增造机械，遂造成三斤二两的脑髓（这是戏语成趣，因吾乡俗说"头大九斤半"脑髓当居三分之一，故云然）。又接上五千零四十八根脑筋（亦戏语，五千零四十八，亦吾乡极言数多之市语）。中惟直觉经理智审查情感而生，约略如胡适之先生所谓"直觉是根据经验的暗示，从活经验里涌出来的"，甚为张先生所不服。张先生看直觉与意志同，以为皆出于先天。虽然我们这种瞎嚼蛆，终之要被什么心理学家等笑到前仰后合；然一根鲠已刺在喉咙口，也不能不随便一吐。譬如孟老爹说："羞恶之心，人皆有之。"羞恶确是直觉之一。然天津祝寿的或对靳云鹏说：我来替你老太太做个媒罢！靳先生一定红涨于脸，勃然大怒。然若对"劳爱乔治"说之，彼亦止笑谢曰：伊想无此兴会了，伊想无此兴会了！则此羞恶之直觉，实曾赋自环境，并不出于天然。

丁、张两先生皆以电话室作譬，互相诘难。其实电话室亦聊用取譬云尔，何足深诘？三斤二两脑髓及五千零四十八根脑筋，彼构造的繁复，岂人力一时所能殚究？一原子大小，假如截头发丝一段而为立方，足可容原子四百兆。每一电子游离于原子"核心"之旁者，其小又止得原子十万分之一。照这样说来，一粒原子，他自己带动了核心及电子，已经如太阳带了行星卫星，自成一系。把这种兆兆兆兆的原子，构成这三斤二两的脑髓，五千零四十八根的脑筋，他的机关复杂，还有什么粗重的电话室可以拟议？他那发动出来的能力，什么高等意志，极等理智，超等直觉，上等情感，头等感觉，优等本能，皆有何难？哪里用得着什么精神元素所谓灵魂者，来做隔靴搔痒的帮助？所以他腐烂了，或割除了，亦便冥然阒觉。一位个人的宇宙，便算终了。几千几百个蛆虫的宇宙，从而开始。哪里有许多闲空的堆房，去存贮许多"得意精虫"（人）的灵魂（一次性交，解放着二百兆条精虫，止有一条得意着做个"万物之灵"。不知一百九十九兆九十九万九千九百九十九条失意精虫的灵魂，又堆放何处？一笑）。

我排斥灵魂，却止举张君劢先生引着欧立克先生的"精神元素"，说破他是个变形妖怪。不曾来得及引着杜里舒先生簇新的"豆人儿"叫做"隐得来希"，这不是我的遗漏。因为上帝那位"大摇大摆"的"无赖"，久矣无处逃生。虽然他摇身一变的方法，自然比孙悟空还多。但他变化到灵魂，打算屈居喽啰，可以衬托大王；已想出一个极苦恼的苦肉计，以便推附在人身上，用三位一体的故智，糊里糊涂，作个同病相怜的奋斗。且利用吾人自大好吹的弱点，比人于禽兽，已怫然大怒；何况比之于无情顽铁之机械，自然坚决的不屑。见着炉火灼天，像煞有介事的动作，似乎竟有点私叹不如。故又气又羞，一定要清清楚楚，明明白白，辨一个完全没有关系，才保固了"人生观"的尊严。不料上帝在大罗天上，拍手笑乐，赞同他的尊严。水涨船高，我才牢居着神圣不可侵犯的地位（但痴人并忘了机械是积着几百年人智，用顽铁造成的；你是积了几百兆年、用兆兆担的蛋白质壅培起来，进化得来的。不必瞎吹，你栽培自己，与你栽培你的机器，花的时间经费，那就巧历也不能开清账的比较了。当然千年狐狸〔人身〕决不必降尊与浆糊三脚猫比例。可以不必着急。）人身要与机械论个出身的贵贱，最便当，自然是多个灵魂，同少个灵魂。有如挂了一等大绶宝光嘉禾章，去立在施衣棉袄队里，不必自读脚色手本，便迥然不同。因此灵魂又摇身屡变，多方撑持他的架子。变到精神元素，已戴上科学面具。况且精神元素，便是精神元素。老实不客气，也不配何人去问他来历。这种"大摇大摆"的"无赖"，如何轻易便混同夹账，放他过去？至于"隐得来希"，名目的混成，纵然还逊我们苏州的"像煞有介事"一筹；然他的面目，突然之间，似乎还比精神元素，来得特别。但是这把戏，不是滑头演出来的，是一个老实的吃香肠的老先生演出来的。所以手势不大灵便。一方面把这只猴子，着起纱帽圆领，像煞一位官人；一方面又自己把尾巴拖到台面前。因此也可以不用理会着的了。因为杜先生是一个博闻强记，色色懂得的学者。他最富的特长是分类。他不是卖膏药的江湖，口齿不老。他是极能耐的天桥衣摊学徒；假如说"马挂一件咯，止卖一元钱，领子值三毛，钮子五吊钱，里子值四毛，送了一个面"，这便是他的演讲。所以他一方面将"隐得来希"同"物质"争持，成立个二元论；一方面又说"隐得来希之意欲，即要机体构成"。"隐得来希"是"初式"构的，"心是次式的"。呀呀！"隐得来希"既被机体构出来的，还要同爸爸（物质）争个二元，真傻小子！

好了！现在真要将我的宇宙观的紧要话头，交代明白，便将这篇文章的宇宙观从而结束，而这篇文章的人生观可以在下期太平洋杂志上开始。

在无始之始，有一个混沌得着实可笑，不能拿言语来形容的怪物，住在无何有之乡，自己对自己说道："闷死我也！"这样的听不到，看不见，闻不出，摸不着，长日如此，成年如此，永远如此，岂不闷死人吗？（请恕我，这几句肤浅陈腐的帽子，而且是"柴积"上撒着诞，但加这几句想当然的话，非但说下去才不突兀，庶几叫他是主要的天机，一旦泄露，才彻头彻尾，亦无不可。）说时迟，那时快，自己不知不觉便破裂了。这个破裂，也可以叫做适如其意志，所谓求仁而得仁，顷刻变起了大千宇宙；换言之，便是说兆兆兆兆的我。他那变的方法，也很简单。无非拿具有质力的若干"不可思议"量，合成某某子；合若干某某子，成为电子；合若干电子，成为原子；合若干原子，成为星、辰、日、月、山、川、草、木，鸟、兽、昆虫、鱼、鳖。你喜欢叫他是绵延创化也好，你滑稽些称他是心境所幻也得。终之他是至今没有变好，并且似乎还没有一样东西，值得他惬意，留了永久不变。这是我的宇宙观。

自从我们不安本分，不甘愿做那听不到，看不见，闻不出，摸不着的一个闷死怪物，变了这大千宇宙，我们的目的何在呢？我是不敢替我们自己吹一句牛皮的，却逼住我不得不说他是要向：

真、美、善！

但是尽管你一样一样认着"真"，要做得好看叫做"美"，做得不错叫做"善"，毕竟叫做终不合意。所以秒秒分分，时时刻刻，把旧的变去了，从新换着新的。正如下棋一般，下成了，又投子在盒中，揩着棋盘又下。这种"无意识"的轻举妄动，变到如此"一塌糊涂"，收拾不来（我是戏语）。于是众兄弟们，自然而然，要闹出三种意见：

（甲）

他说很有趣的呀！我们本来嫌闷死，才来这样变换。换不好他么？我抵死也不相信。就是换不到顶好，当换一个较好，也就很够消遣了。

（乙）

他说算了罢，多大的失望！要这样的麻烦死了我，还不如闷死了我。什么能叫做较好，值得我来忙？便做到了顶好，那时节一动都不好动了。五光十色，都像嵌在玻璃球里一样，不依旧闷死么？有勇气，何尝不可连那听不到，看不见，闻不出，摸不着的一个境界，索性也牺牲了。

（丙）

他说：不要太高兴，亦不要太烦恼，我来折中，我来折中。什么叫做真美善？与其毕竟达不到，不如说"苟真矣、苟美矣、苟善矣，我说达到，便算达到，岂不停当"？他又摇头吟哦曰："他人骑马我骑驴，仔细想来终不如，蓦地回头挑担汉……"

这三种人，就是梁漱溟先生所谓三条路。他把三条路做了西洋、印度、中国的三代表。胡适之先生虽嫌他包含过多，然也可以拢统的代表一代表。固然要仔细的分别，不但一民族之大，决不会共走一条路；就是一个人，在一世之中，或一日之间，也不是止走一条路。那三条路是容易随着环境，时时变换走的。可是环境的力量能成功一个总算账，却竟有一大民族，共上了一条路。中国向来走的是丙路，所以孔二先生以前的民族心里，会造成孔二先生的学说。孔二先生又能隔了二千五百年用间接直接的方法，来逼住了梁卓如、梁漱溟、张君劢、章行严诸位聪明绝顶的先生进他的圈套。虽一路有什么庄周、墨翟、胡适之、丁文江、任鸿隽等许多异端，全不济事。我们在"柴积"上、"日黄"中搅扰着，那更不相干了。不过我们自己把小锣镗镗镗的敲着，唱个道情儿罢了。你老有什么人生观？朋友呀！下文再详细说罢。

人生观

什么叫做人？先要恭敬的又好像滑稽的对答道：人便是宇宙万有中叫做动物的动物，人又便是动物万类中叫做哺乳动物的哺乳动物。人又便是哺乳动物许多种类中，后面两脚直立，前面两脚脱除跑路义务，改名为手，能作诸多运用的动物。这是就外表上说着。人的脑袋，其大九斤半，有三斤二两的脑髓。人又有五千零四十八根脑筋。把什么哺乳动物脑袋的"大"量，来同那动物自己脑髓的"多"量，作个比例，所得的额量，都比人少。什么哺乳动物的脑筋，也没有人的五千零四十八根那么样多（我的三斤二两脑髓哪，五千零四十八根脑筋哪，在上半篇宇宙观里已经加过注。止是用游戏的俗谈，作一个约略而干脆的报告。一笔确数的清账，自然要问博物学家。我们在"柴积"上、"日黄"中谈闲天，只要〔大致〕不荒唐，也就罢了。）还有许多生理上的组织，比较着什么哺乳动物，都有细微差别。但供着我们紧要的谈话，就是三斤二两脑髓，五千零四十八根脑筋，也就够分别这个是"人动物"。这是就内容上说着。概括起来说：人便是外面只剩两只脚，却得到了两只手，内面有三斤二两脑髓，五千零四十八根脑筋，比较占有多额神经系质的动物。

什么叫做生？就是无论你说上帝造成的傀儡罢，"隐得来希"串出的戏法罢，真如幻起的妄相罢，直觉悟着的变动罢，绵延不断的罢，片段分割的罢，或承认我吴稚晖所谓"漆黑一团"（另注下方）破裂了，变起大千宇宙，至今没有变好中的一变罢；终之我们讲话，止好大胆的把绵延的分割着，说道：这便是兆兆兆兆刹那中，那位或造或幻或变的赵老爷，或钱太太，或孙少爷，或李小姐，从出了娘胎，到进着棺木，从吃起三朝汤面，到造了百岁牌坊，他或她，用着手，用着脑筋，把"叫好"的戏，或把"叫倒好"的戏，演着的一刹那，便叫做生。于是我又敢通着文总括一句说道：生者，演之谓也。如是云尔。生的时节，就是锣鼓登场，清歌妙舞，使枪弄棒的时节。未出娘胎，是在后台。已进棺木，是回老家。当着他或她，或是未生，或是已经失了生，就叫做择吉开场，暂时停演。

"漆黑一团的宇宙观"，是《北京晨报》替我起的标题。这"漆黑一团"的名词才叫干脆。因为我要把无始之始，非有，非非有，听不到，看不见，闻不出，摸不着，混沌得着实可笑，不能拿言语形容的怪物，所谓整个儿的"一个"，简括地，而又活泼地说出，甚不容易。若止说"一个"，或变称"一团"，便囫囵呆板，终不痛快。又或者开口闭口，动辄称做"本体"，或言"太极"，那是在"柴积"上，"日黄"中，谈闲天，却扮出玄学先生的面孔，冒着讲学的招牌了。犯不着如此迂腐。所以我们信口开河，自由说笑的谈话，宁可犯了"漆黑"两字，稍落着边际的毛病，叫做"漆黑一团"，便活跃着，说也得神，听也爽朗。但听的人若竟把"漆黑"两字，真当着石炭，当着木炭，当着烟煤，当着墨汁看待，那就糟了！止希望当做"非有非非有"的代名词，才刚刚恰好。

宇宙有四谜：一是叫做怎样起头？二是叫做怎样完结？三是叫做大到怎样？四是叫做小到怎样？这四个谜，我们常说绝对不可知。现在敢说惟有那整个儿的"一个"，乃是绝对。此外更无绝对。有"有"又有"无"，有始又有终，有大又有小，都是相对。知道绝对是"一个"，便是已知一切。无所谓更有什么谜，更有什么绝对不可知。始终大小，只要拿中国老玄学鬼的滑头套话，他们有他们用套话的目的，我们有我们借套话的理由，恭恭敬敬的说着，就什么道妙，一齐拆穿。更有什么谜，更有什么绝对不可知？假如：

有始是有，无始是无，有无相对，同出于绝对的一个；乃就说个"无始之始"，始就已经知道。

有终是有，无终是无，有无相对，同出于绝对的一个；乃就说个"无终之终"，终也已经知道。

有大是有，无外是无，有无相对，同出于绝对的一个；乃就说个"无外之大"，大也已经知道。

有小是有，无内是无，有无相对，同出于绝对的一个；乃就说个"无内之小"，小也已经知道。

从"无始之始"，到"无终之终"，这条时间线，就是宇宙万有唱戏的季候。"人生"也在中间占有演唱的钟点。从"无内之小",到"无外之大",这个空间场,就是宇宙万有唱戏的枱盘。"人生"也在里头占有舞蹈的角隅。

无始之始,我们已经不管三七二十一,把"漆黑一团"去说明了。那无终之终又如何呢?现在可用四个譬况,表明三种结果。我在宇宙观的结末,说是我们宇宙万有的众兄弟们,虽然都是那"漆黑一团",所谓整个儿"一个"的分裂的变相。然而既分裂了,便自然的各有个性。有的是"常常高兴者",他愿意尽变不歇,便是梁漱溟先生所谓向前要求的。这是甲。有的是"死不高兴者",他到底不愿再变,便是梁先生所谓向后要求的。这是乙。有的是"也能高兴而到底退缩者",他很盼望不必尽变,便是梁先生所谓持中的。这是丙。我所谓三个结果,就是因为甲乙丙三种的个性。何以三个结果,却用得着四个譬况?他的理由如下:

第一个譬况是"下棋",得到向前要求的结果,所谓进步,属甲。甲以为真、美、善是有的,是无穷的。变起来终能较真又真,较美又美,较善又善。向前不歇的变下去,狠好玩。从当初"漆黑一团",变到现在的局面,虽极不满意,却正好再变。这种变个不歇,并非多事。这是下棋人常有的倾向。下得最好,也不恤随手乱着,检子入盒,从新再下。这个精神,应用到人生,即所谓四时之序,功成者退。又所谓已陈刍狗,不必再登。无所谓圣、贤、王、侯,到头皆空,定要不胜其戚戚!

第二个譬况是情愿"漆黑一团",得到向后要求的结果,所谓灭绝(好听点叫做涅槃)属乙。乙以为真、美、善是没有的,是幻执的。变起来止有苦趣。若妄执了再变下去,叫众生愈加的沉沦在苦海。不如反到"漆黑一团",虽然说不到真、美、善,也就看不见伪丑恶。倘嫌"漆黑一团"的气闷,不如努力把漆黑一团都灭绝了,成个正觉。这个精神,应用到人生,便是自杀,便是灭种,所谓求仁得仁。

第三个譬况是"活动影戏",得到持中的结果,所谓命定,属丙。丙以为真、美、善是有的,是固定的。宇宙的变迁,止是顺着定数的变迁。"活动影戏"乃是这个意向的惟一说明。从前惟袁子才"子不语"上,曾经有这种类似的譬况。数年前傅佩青先生在伦敦对我说:英国亦有人相信这个道理。他们相信宇宙好像"活动影戏",就是以为宇宙万有,乃是一次铸造停当,好像是"活动影戏"的胶带一般。这个胶带是狠长,胶带在那里转着,就是宇宙的万象换着。周而复始,已过去者,从新再现;只是时间长得不可思议罢了。有如现在有个中华民国十二年,又有个北京石达子庙,又有个吴稚晖在这年,在这庙里,写一篇"一个新信仰的宇宙观及人生观",从前也是如此,已有过了兆兆兆兆次。以后依旧如此,还要兆兆兆兆次。这算做滑稽,然不能不说他有些理致。(但恐那条胶带,若也一样要磨损,便恐走样,倒是一个问题。一笑!)这个精神,应用于人生,便是乐天知命:"适来夫子时也,适去夫子顺也。"(见《庄子·养生主篇》)"物与我皆无尽也,而又何羡乎?"(见苏轼《前赤壁赋》)……一类的哲人、高士、诗翁,都隐隐消息在这个玄中。

第四个譬况是"玻璃花球",也得到持中的结果,所谓停滞,也属丙。这又有丙 A 及丙 B。丙 A 是一个"便宜玻璃花球"。丙 A 以为真美善是有的,是要就现实而容易取得的。不变固不可,太变亦不是(钱玄同先生常笑这类先生终带些从前某冬烘不撒姜食的八股调:所谓"神明不可不通,神明亦不可太通")。这种精神,应用于人生,就是把石器时代的茹毛饮血,穴居野处,看做文明不够。把物质世界的飞机、潜艇、汽船、火车，又看做文明太过。惟鸡犬相闻，老死不相往来，或扶犁荷锄，载耕陇亩。芒鞋竹杖，相伴风月，或至奢泰；即垆香鼎茗、犊车渔艇，得此至于宇宙末日，亦可算得至乐，算得清福。这是要把苟完苟美的现实状况，定为宇宙悠久的标准。把这个现实状况，嵌在玻璃球中，固定不变。他也不问这个玻璃花球，到底工料如何？所以止好唤做便宜玻璃花球。

丙 B 是一个"精致玻璃花球"。丙 B 以为真、美、善是有的，是要想法而赶紧结账的。随宜泛变是纡曲了前途，不如直接的开起一笔清账来，一变就变到顶点，一劳可以永逸。这种精神，应用到人生，就是崇楼杰阁，玉阶瑶柱，名曰天国。奇花美草，青狮白象，名曰仙境。入其中可以永乐，居其间可以长生。或信仰而得救，或熏修而飞升。终之失了变动的意志，上有息肩的欲望。果然如愿以偿，亦永远的嵌在一个精致玻璃花球之中，长此不变，几与"漆黑一团"的毫不变动者无异。若说天国仙境亦尚有不断的进步，乃便显得天国仙境仍非顶点。所谓一劳永逸者何在呢？

于是可见宇宙本身的所以要变动，所以要绵延，便应有高兴的义务。不如取甲的向前要求，下着棋，不断的进步为好。乙的向后要求，反到"漆黑一团"，也太负气。至于学丙的持中，弄到做成活动影戏，做成"玻璃花球"，皆固定了，停滞了，变成死板板的，也就无味极了。

现在闲话插了许多，又要言归正传。所谓人生，便是用手用脑的一种动物，轮到"宇宙大剧场"的第亿垓八京六兆五万七千幕，正在那里出台演唱。请作如是观，便叫做人生观。这个大剧场，是我们自己建筑的。这一出两手动物的文明新剧，是我们自己编演的。并不是敷衍什么后台老板，贪图趁几个工钱，乃是替自己尽着义务。倘若不卖力，不叫人"叫好"，反叫人"叫倒好"，也不过反对了自己的初愿。因为照这么随随便便的敷衍，或者简直跟跟跄跄的闹笑话，不如早还守着"漆黑的一团"。何必轻易的变动，无聊的绵延，担任演那兆兆兆兆幕，更提出新花样，编这一幕的两手动物呢？并且看客亦就是自己的众兄弟们，他们也正自粉墨了登场。演得好不好，都没有什么外行可欺。用得着自己骗自己吗？并且卖钱的戏，止要几个台柱子，便敷衍过去。其余跑龙套的也便点缀点缀，止算做没有罢了。这唱的是义务戏，自己要好看才唱的，谁便无端的自己扮做跑龙套的，辛苦的出台，止算做没有呢？并且真的戏，唱不来，下场了不再上场，就完了。这是叫做物质不灭，连带着变动，连带着绵延，永远下了场，马上又要登台的呀！尽管轮到你唱，止是随随便便的敷衍，跟跟跄跄的闹笑话，叫人搜你的脚跟，说道：这到底是"漆黑一团"的子孙，终是那"漆黑一团"的性气！不丢人吗？

我反复的先讲这几十句的老生常谈，为的是什么呢？为的是我说："人生"便是"两手动物唱戏"。生怕有些道学先生同高明哲人听了，犯了他们的尊严，失了他们的高尚，嫌我游戏得太利害，未免不敬重人生。所以我在滑稽里头，表示出我的敬重人生，还要比他们迂腐。而且正正经经的板着一回面孔的分辨：照我的敬重人生，还比较透彻。我却并不以为止有两手动物的新剧，该当唱得认真。便是什么木石戏，鹿豕戏，都该一样的认真。我与读者先生们，都不是个木石，都不是个鹿豕，止是个两只手的人，所以我们商量着这幕戏，我们应当也唱得精彩。如是的罢了。

两手动物戏的剧评，虽多到不可究诘。我尽管把什么诸子评论、哲学史、儒学案、名人传记等，摘抄起几万纸来，登到《太平洋杂志》第一千期也登不完，还一定是挂一漏万。所以我索性不嫌疏漏，止把三句话表明头等名角的态度。纵然粗看这三句话，好像拉杂；细讲下去，也颇可以算做概括。三句话是：凡是两手动物戏里的头等名角，应当

有清风明月的嗜好，

有神工鬼斧的创作，

有覆天载地的仁爱。

现在这三句话，好像随便在玻璃厂书画铺里，把乱七八糟挂着的对子，抄上三句便算。但是第一句是诗翁相对赞成，第二句是美术家相对赞成，第三句是宋学先生相对赞成。自从物质文明破了产，现在我们中国新文化造出来的，便是诗翁、美术家、宋学先生最多。皆是精神文明的产物。因此我不能不先尊重这种新人格，为相对的承认。但既然承认了之后，不能不把这三句江湖尺牍调，再解剖了，剥了他们的皮，赤裸裸使他们的真相，用粗俗话交代明白。换三句粗俗话是怎么呢？便是：

吃饭，

生小孩，

招呼朋友。

这三句话未免太粗俗了。况且这三句粗俗话，同前面三句的江湖尺牍调，又有什么密切的关系呢？

且慢且慢！这是到了我这篇文字的中心点了。我这篇新信仰的宇宙观及人生观，也可以说就为这三句粗俗话，与那三句江湖尺牍调的关系，所以做的。我自然把那关系，在下面分段的详细说明。

但我现在却先要插说几句闲话。我说：吃饭，生小孩，书本上便叫做饮食男女。再包括紧一点，也可以叫做食色。从前也有人大胆的说道：食色性也。仔细一点的，分别着，叫他这是欲性。招呼朋友用什么手续呢？最周到是要恻隐、辞让、是非、羞恶完全了，招呼才算尽心。这恻隐等四项，还标明便是仁、义、礼、智四根大柱子。人有这四端，便像人有两腿两手的四肢一样。这是人皆有之的良心。亦即是人性本善的善性。与吃饭生小孩的欲性分别着。这个叫做理性。或者承认欲性是性，理性也是性，不过彼此加个形容词是要的。这就是主张性是善恶混的。或者承认理性才是性，欲性是情。这就是主张性是纯粹善的。或者承认欲性真是性，善都是人为的伪做作。这就是主张性是纯粹恶的。道学先生各自善其所谓善，恶其所谓恶，牢把善恶二字胶粘在胸中。所以性善性恶的官司，打到现在也不曾判决。但是无论哪一种的道学先生，都是右理抑情，乃是不约而同。到了文学家、美术家、哲学家的眼光里，大都右情抑理。以为情即是性，理智的确起于后天。故文学家、美术家隐隐承认饮食男女含有至情，即是至性。如此，那讲性恶的道学先生着个恶字，便多事了。哲学家则谓恻隐、辞让、是非、羞恶都是直觉的情，尚了理智便伪。如此，那是讲性善的道学先生以为四端出于理性，且认是非为智，也错误了。然而尚感情则精神文明将普及，尚理智则物质文明将侈张。现在文学家、美术家、哲学家与科学家又正是各进诉状，缠讼不休。恐怕这种精神物质的官司，也与性善性恶的交涉，到世界末日，不会结案。我们是一来没有那种学问，二来是没有那种工夫，能把古今中外的案卷都吊齐了，做个大裁判。我们随便在此略略的提及，简直狂妄点，要想把他们的玩意儿加个总批驳，算他们都是梦中的说梦。一方面老实说话，我们说的话，材料还是他们的。不过觉得他们朝三暮四的说着，说得不痛快。我们改个朝四暮三的说品，似乎称了我们自己的心，像煞新鲜点罢了。

我们怎样说呢？我说：（一）我们的老祖爷爷，那位"漆黑一团"先生，摇身一变，今天变，明天变，变这样，变那样。变的日子已经没有法子数得清；变的东西亦是没有法子数得完。内中有个我。我将占着号称的饭一百年。那兆兆兆的一百年里，有一个一百年，不能没有个我。非但是理论，竟成了事实。然我没有吃，七天便死了，如何支持到一百年？所以赶紧给我饭吃。如此，各位听清楚，吃饭便是存在一百年的我。（二）据说猴子变了人，已有三百万年。我若向上些，竟说人变超人就在明年，自然是说得最体面。可惜说不响嘴，怕要打嘴巴，不如索性仔细点，说是人的变超人，还有三百万年。于是六百万年便是人世界。那兆兆兆兆的六百万年里有一个六百万年，不能没有人。非但是理论，也成了事实。人是怎样有的呢？最便当，便是请人来自己创造。甲人创造乙人，乙人创造丙人，平均三十年创出一个。从甲人创造到我，已有三百万年。我便是第三十万次的一个。那三十万次的老人，都已尽过创造义务，叫做生小孩。（或从国家起义，名曰造百姓，一笑！）从我创造到超人，还有三十万次。我是前三十万次生出来的一个小孩。我又是后三十万次，应该生小孩的一个人。如此，各位再听清楚，生小孩便是存在六百万年的人。（三）在一百年里，宇宙也不是专门只要一个我。在六百万年里，宇宙又不是专门只要我来生小孩，或只要我生的小孩来生小孩。同一百年里，应要数不清的我。又要更数不清的"非人的"我。同六百万年里，数不清的我，都要生小孩。数不清的"非人的"我，也都要生小孩。

倘若我竟不讲理性，简直只好有我，只好让我生小孩；那就盘天际地，一物无有，只有"我他"与"我伊"，及所生的小孩存在；无异反到"漆黑一团"，还哪里有什么宇宙？如此，各位格外听清楚，招呼朋友便是"存在"老祖爷爷——"漆黑一团"先生所爱变的宇宙。换言之，就是存在万有。

如此，食的性，色的性，恻隐、羞恶、辞让、是非的性，并没有什么善恶；无非"漆黑一团"先生变动绵延，要扮演万有的作用罢了。

如此，清风明月赏玩之情，裸体美人创作之情，本着良知直觉，以无抵抗为大同起点之情，并不是什么神秘的精神生活，也无非"漆黑一团"先生变动绵延，要扮演万有的作用罢了。

好了！我们"柴积"上，"日黄"中的称说道妙，也只可至此而止。我们急急乎要把三句粗俗话，同三句江湖尺牍调的关系，所谓我这篇文章的中心点者，来畅说一番。要头绪清楚一点，可以竟把他分做三节。并且不客气，不管他通不通，做出三个题目，叫做：

（甲）清风明月的吃饭人生观，

（乙）神工鬼斧的生小孩人生观，

（丙）覆天载地的招呼朋友人生观。

（甲）清风明月的吃饭人生观

吃饭这件事，有时被人看做最重要的一件事。所以我们也不必讳言，竟把吃饭列做人生观的重要成分。有时又被人看做最鄙陋的一件事，到彼时我们也实在难为情，竟把吃饭要审入人生观的高尚问题里讨论。

例如东京大地震，有巨万灾民没有饭吃。世界各国都赶快送饭过去。那种风义，全世界什么人都感动。这是证明吃饭确是人生观里的重要成分。

例如中华民国的八百罗汉，境况为难的，实在也居大半。不靠南北奔驰，捧住那只饭碗，简直便有许多人将憔悴失业，弄得室人交谪，有无穷的苦趣，与东京灾民不相上下。而且东京灾民是等灾象过了，有从新复业，自行寻饭的希望。那些寄生虫的罗汉，并没有另寻正当新饭碗的勇气，完全被那鸡肋式的议席，消沉到零度以下。因为没有什么事业，再比这种可贫可富，可贱可贵的勾当，逍遥而容易。所以只剩了一个患得患失，不肯另图别业。老实说，那种高等流氓贪吃懒做，也少有人请教。

故彼等的实在，可以算做终身落难的灾民。纵使大选费呀，出席费呀，尽他受用，原有些可恶。至于仅仅发一点北京的打折岁费，受一点上海的客中津贴，存在存在他的装饭臭皮囊，或兼恤他的妻子，也正与赈济东京灾民一样。即使让一步两步说，也不好算有十分差别。然而大家对他那种吃饭，竟有种"说不出话不出"的鄙恶；全世界无论什么人，没有一个不摇头。这又证明吃饭很辱没了人生观。

又例如黎菩萨前年有句话，叫做"有饭大家吃"。在狗争骨头同军阀吃人的状况中，得到这句很像体面的谈话，一时也确实感动着人心。又证明吃饭问题，虽够不上说是人生观里的重要问题，毕竟还算得上一个问题。

又例如自从得了菩萨的暗示，不但占据地盘的，偷窃高位的，公然自诉他的为着饭碗，有所不得已。余如绅士专为子弟谋差缺，学生专为父母求文凭，更看作领了菩萨法旨十分正当。现在也不必凭着理论，来讨论我们的满意不满意；但凭事实，来看大家的赞成不赞成。那可说赞成的居少数，都以为被吃饭害了。又证明吃饭问题，似乎在人生观里是应摒斥的问题。

这样的忽是忽非，原悉数不能尽。引着两个比较，也够可把一切概括。尽管有如创办实业，叫多数人有饭吃，自是好事。然结局自己面团团作富家翁，便不大高明。又有如勤俭成家，叫子孙有饭吃，也不算大差。然结局造成许多无所事事的少爷，就毕竟错误。诸如此类，皆可让大家空闲了自己推想，不必我来多占《太平洋杂志》的篇幅。总而言之，统而言之，归到实际，吃饭是，完全是人生观里的重要成分。吃饭本身一毫不鄙陋，一毫无罪恶。

惟吃饭有个标准。我却没有新鲜批评，只有老生常谈。就是：

（一）是吃饭要用自己的劳力换得才是（到了大同世界，"各取所需"，也要将"各尽所能"做交换；不过人人道德高尚，去了算账式的交换形迹而已）。

（二）是我的吃饭，若把阻碍别人的吃饭得来，就不对了（现在的罗汉与菩萨叫人民愈穷，资本家叫别人歇业，少爷叫供养他的增多劳苦，皆阻碍人家吃饭）。

（三）是花了劳力吃不到饭，还是不愿意夺别人的饭来吃，也便算做难能可贵。

（四）是能够想出许多饭来给人吃，自然最好。但反过来，夺了许多人的饭，给我亲爱的去不劳而吃，那就更不对。

第一条吃饭要用自己劳力换来，其原理是：宇宙万有，都从"漆黑一团"变出。维持各个体的存在，原无从再到宇宙以外去想法。只是采用此有，供给彼有。但其原则，应希望取于无用，以供有用。虽取于异类，亦难免因不能尽知，误取有用者自给。然实出一时所不知，自可相恕。至对同类，既深信自己为有用，即应推知同类，皆为有用，应当互相供给。所以同类相残，什么东西都不肯干。劳力即为生命的一部分。吃饭不用自己劳力，一定牺牲别人的劳力，供养自己，即犯第二条的阻碍别人吃饭。间接消耗人家一部分的生命，无异同类相残。故第一条便是救济第二条。但是尽管遵着轨道而行，仍不免于失败，亦是宇宙变动中所不可避免的实事。因为万有杂然自由出发，各自进行，并不受有划一强制之命令。所共同遵守之大法，惟不许有意为无故的相斫罢了（以其愿变万有，不愿吞并为"漆黑一团"而知之）。然惟其甚自由，故无意中之互相阻碍极多。宇宙永无至极的真、美、善，亦就因为如此。所以个体尽了劳力，竟换不到吃饭，或吃亦不能饱，乃是道理上的寻常之事。到此劳力既尽，吃饭艰难之际，若定要强吃，亦必生有阻碍别人吃饭的影响。因此那第二条，用第一条救济了不够，应当再用第三条救济。说到第三条救济法，吃饭问题遂忽变为清风明月问题了。

吃饭罢，食罢，原不过维持个体存在的代名词。个体存在的需要，类乎饭的很多。譬如饱吃白米饭，固然肥头胖耳。但饱看明月，饱领清风，亦神清气爽。白米饭同清风明月，在生命上同一需要。因此把维持个体存在的需要列举出来，当说：营养需饮食，呼吸需空气，肌肤躯体需光热，需衣，需住，目需色，耳需声，鼻需嗅，心脑需愉快（忧愤则顷刻可以殒命，终夜可以顿老）。概括说之，可曰生活问题。吊诡其词，不妨就说吃饭。侥幸只有食、衣、住，都要花劳力的高价，方能备物。至于半分钟不可断的空气，一半天不可少的阳光，江上的清风，山间的明月，耳得之而为声，目遇之而成色，都能取之不尽，用之不竭。没有玉米馍馍那么矜贵，没有高粱秆子的土屋那么难得。于是悲悯的哲人、高尚的节士晓得吃饭常有缓急。劳力有效，自然被絺衣，鼓琴，食不厌精，脍不厌细，"固有"之可也。

倘劳力失效，则饭糗茹草，若将终身焉可也。一箪食，一瓢饮，在陋巷，不改其乐亦可也。饮水，曲肱枕之亦可也。即井上有李，三咽然后耳有闻，目有见，亦无不可也。而且饿死勿做贼，尽将出于自然也。而又在平日，一味把取不尽用不竭顶便宜的江上清风、山间明月，贮做有客无酒，有酒无肴时的代用娱乐品。还把所谓尽善尽美的道德礼乐，怡悦心脑，连肉味竟可以不知。索性早晨闻了道，就不吃晚饭，死了也无妨。把它包括说起来，便是凡人不可无高尚的存在，便叫做应有清风明月的嗜好。他的意思，就是啬于口腹而丰于耳目，一样也可以得到生命的舒适。我虽忘不了吃饭，却也极崇拜清风明月，故愿意两全了，成功一个清风明月的吃饭人生观。其实说来说去，无非要当着花了劳力吃不到饭的时节，能做到还是不愿意夺别人的饭来吃，圆满了第三条，去帮着第一条救济第二条，使第二条我的吃饭，不阻碍别人的吃饭，可以实行就是了。

但是这清风明月的吃饭人生观，既为消极道德的极轨，为至难能的"持中"主义，断无不表一百二十分的相对同情。可惜若把这个主义勉强一般人民，便是衣食未足，叫人知荣辱。便是救死不赡，叫人治礼义。便是不等富之，即便教之。春秋责备贤者，或者可以有效。拨乱世而反之正，抑或因有一二模范人物，只手可以擎天。然结果只小部分，自尽其心，为天地留正气而已，无补于生民之涂炭者其常。所以大布之衣、大帛之冠、又必务材训农、通商、惠工，立成器以为天下利，方足以致小康，开太平。因为消极之道德，乃个人之道德，非公共之道德。若因自己要持中，便纳履踵决，出金石的歌声，坐啸于清风明月之中。其君子居于陋巷，致其小人皆群陷豕牢。若还说君子爱人以德，赠之以困穷，无异赠之以高贵，也就滑稽太厉害了。当初"漆黑一团",变动而为万有,绵延而亘无穷,时时倾向于真美善,难道准备如此的苟延残喘,敷衍这持中的么?所以反对物质文明,几无异自己萎缩其精神,还有什么精神文明可言?故分析人生观之成分,清风明月一问题,吃饭又一问题,二者不可偏废。况其人非即黄州太守,谁能轻易到江上去领略清风,到山间去玩赏明月?清风吹向无褐之夫,明月照进空釜之室,凄惨则有之,而高旷何在呢?彼物质文明进步之邦,从工厂出门,即入广大花草的公园中披拂清风;执壶浆行市,即在坦平列树的大道上仰看明月。其君子避嚣于江上与山间,其小人行歌于公园与大道,以视曳破胶皮车于泥涂中,啖窝窝头于败厕边,我等为我同胞之设备,果尽心焉否耶?高谈个人私德,拒人于千里之外,绝不顾全体公德,至此而知饱享不取值之清风明月,直即自然界之扒手而已!(望之也重,故责之亦周,幸勿以为忤也。)故吃饭的正轨,应该归结到第四条。所谓能够想出许多饭来吃,那方才使得衣、食、住略与清风明月等价;虽不能说到不尽不竭,亦足以多取多用。吃饭问题,便解决起来,容易多了。要想出许多饭来吃,不仰仗物质文明的科学,更有什么方法呢?

况且因吃饭之故,对于人与人之同类,即不必用科学去进取,但使人人能淡泊消极,亦确可敷衍解决。至对着供给我们吃饭材料的异类而言,却又有大问题发生。上面不是说宇宙万有各自维持存在,只是采用此有,供给彼有么?不又说但应取于无用,以供有用么?为呼吸,肌肤,耳目计,取于空气,取于光热取于清风明月,都是不尽不竭的东西,别人用不了,就算无用亦可。取那种无用的空气、光热、清风明月来供我有用的人,自然恰好。至于为着口腹,以供营养,便不能不取牛、羊、鸡、豚、稻、粱、菜蔬。难道他们都是活着无用，惟我活着有用，所以取彼无用，供我有用么？真是因其异类而多所不知，不免很错误了。故从浅显的看着，似乎宇宙只是一个相矽的世界，什么竞争互助，全说不上。所以佛做太子时，在郊外看耕田，见犁锄把泥土翻了过来，蚯蚓甲虫便一齐显露。随即鸦鸢三五的下来，把他们啄食了。太子感伤这种相杀，决意出家，把宇宙使他涅槃，仍反做"漆黑一团"，免得常演绵延的惨剧。然太子时代，科学还说不上，还只见其一，未见其二。若在现在批评，更觉得相杀的程度远高。譬如一鸢啄食三五甲虫，或饭庄佳客点食清炒虾仁，这都是一个杀多个。但尘土飞扬，肺痨病虫数万入口，或饮水不洁，虎列拉菌成队下肠，或三数周年，或三数小时，一个庞大个体，就此涅槃，这叫做多个杀一个。拿着此有，来供彼有，是无从另到宇宙外想法的缘故。倘不高兴的向后要求派有如佛者，他不愿意看这相矽世界，原也大有理由。但他要涅槃，涅槃不了，徒然造成许多待布施的乞丐，简直无意中阻碍同类吃饭，好像是变相的同类相残，也是他初意所不及料。然就着他的实行消极，有两条办法，虽助不了涅槃多少，却帮助了我们高兴进行的，也开着一些法门。我们不甘愿"漆黑一团"，尽着高兴地进行。所有维持万有的存在，无非便在万有中，拿着此有供给彼有，这是无可讳言。但于无法中想出一条方法，叫做取着无用，以供有用。什么叫做有用无用？没有确实的标准好定，定了也没法强制的执行，也是无可讳言。因为若是标准容易定出，或执行可以强制，岂非绝对的真、美、善，便真正可以涌现么？绝对的真、美、善，与真正的涅槃一样，哪里有这么一回事呢？所以确实的标准，也是永远没有。惟较有理由的标准，乃是随时可定，随时可改，终有一个尽着心的较好又较好可言。这便是试能动物，为了"美善"，竭力倾向于"真"，只管据其所知，尽心罢了。因此据我们（是指"柴积"上"日黄"中的我们。）尽心的立起几个无用标准，便是：

（一）是依我们现在的智识，没法想得出他与我们有同样的作用，及同样的感觉，便权且妄认他为无用。

（二）是尚未成熟，暂时分辨不出他同成熟的一样，也便权且妄认他为无用。

（三）是在这一物的自己，亦不知彼所愿弃的成分，到底还是有用或没用，也便权且妄认他为无用。

（四）是这物已经公认为无用，不管他到底确实否？也权且妄认为无用。

第一条的，例如金石及草木：金石是至今被人看作专为动植物的补充品。妄断做无用，虽有吴稚晖代毛厕里石头辩护，说他在理化试验室里，也会闹恋爱自由，到底吴稚晖在另一问题上，又持之不坚。至于草木，从前"绿满窗前草不除"的道学先生，也已经能够赞他生机洋溢。所以吴稚晖在天文会讲"漆黑一团"的宇宙观，也虑及和尚留朋友吃素饭，田里的青菜必听见了同留着后拔的青菜泣别。南先生在晨报上做食枣小说，也说枣魂掉泪不答。但我现在闭着眼，忍心害理的瞎说，也就可以抄老文章，说"诞降嘉种"，青菜同枣子的作用，只是天爷爷仁爱我们，专为我们而生。况且他们的泣别与掉泪，秋波生在何处？我们尚未发见。所以为我们吃饭要紧，权且妄认他们为无用，暂时我们也不会败诉。这就是我佛慈悲，主张素食的一个办法。他把他作为正觉未圆满的暂局，我们也可把他化作为五光十色进行中的改良过程。但和尚到底不及博士，就是科学博士要想在金石中取出蛋白质，乃博士使将来能实行古代风流天子辟谷饵金石的仙方，可以免流青菜红枣的几缸眼泪。和尚毕竟还要咬着菜根，如此要想从佛学进一步，不就是科学么？

第二条的，例如精虫及卵子：死的孕蛋同精虫，有显微镜片子及书本的插图可看。活的虽杀着兔子之类，也能看到。我却同许多朋友看见了人的活精虫。当着他们出了阳性的机体，约有半分钟，便把针头拨一滴在玻璃片上，用一百倍的显微镜看着。早看见这针头大的一滴原精，显现了带尾的蝌蚪虫，不下二三百尾。在透明的玻璃世界内，彼此南行北行东行西行，比北京前门大街在热闹时的过客，还要繁忙。不过精巢里尚无科学工艺，还没有一个"不可徒行"的大夫在内，胶皮车汽车是都不曾备。可怜忙了三分钟，玻璃世界大约酸化了，起了超过东京地震的大灾，把二三百枚的曳尾客都变成一塌糊涂，一齐超入涅槃。剩着黏滴滴的鼻涕一团。这就是全部的精虫宇宙史。所以叫精虫是无用，老僧摇头不敢答。但是一英方寸肺痨病的痰，可含痨病虫二百兆尾。精虫比痨病虫大上多少倍，我因不考性交博士，没有查考。但曾在五百倍的显微镜里，看同样一滴的肺痨病虫，也有二三百尾光景（这是我的姨甥马光斗君吐出的血痰，他不到一年便死在比利时了。一个很聪明的少年，因不相信食物洁净等等，便做了多个吃一个的一个）。姑且瞎说精虫大上痨病虫五倍。如此，每与"老妻敦伦"一次泄漏半茶杯的原精，够算五英方寸，也是二百兆尾。倘个个精虫都要出世，只要某三爷同某三太太两回团圆，就可以把全国四百兆百姓流放南北两极，尽叫他的少爷来补充。那就总统选举票，投四百兆张，也不必运动，全体通过了。可惜据说某三太太的孕蛋，都能得到。可惜一张偏为人买去，每回只有一个至多两个或三个。所以某三爷每次花用的精虫，倒有一百九十九兆九十九万九千九百九十七枚，花给冤大头身上了。不说笑话，这花给冤大头身上的一百九十九兆九十九万九千九百九十七枚的精虫，简直可以算是无用废物呀！倘然抽足了鸦片，又要应酬三妻四妾，又要胡同里去偷偷摸摸，伤害了恒河沙数的未来小百姓，还有什么李闯王、张献忠比得上他的凶恶呢？

然我们那位"漆黑一团"的老祖爷爷恐怕后面吴稚晖要做神工鬼斧的生小孩人生观，没有资料，竟不肯把性欲绝了。今且按下不表。再说有人说过，一对苍蝇倘然孳生三礼拜，一无夭折，全球便止能位置苍蝇，更无别的飞禽动植的饭碗可剩。又如播谷一升，得稻三担。倘三担尽要入地传种，也不上数年，地球上只能插稻，更不能并容种稻人插足。到了这里，我们便由不得冒冒失失，暂时要自称得着一个结论：就是"漆黑一团"先生真是周到：一是对于宇宙中万有中的每一个有，预备着恒河沙数倍的后补当选者，做个绵延（传种）的计画，机会较多（他竟花几百万元，去买十万额一元一张的彩票，把额票一齐买了，便什么彩用不了的，便充别一个的存在资粮。三是本来不过预备着，原知道恒河沙数要遇着天然淘汰，于是宇宙万有，各自有得刚刚恰好，便叫至真，极美，最善，"漆黑一团"先生就要改名精致玻璃花球了。可惜也做不到，所以谁应若干，还是辛苦的在那里分配。自以为分配常有进步，因此叫做进化。或笑着只有绵延，故定要改称积迭。闲文我们不管。我们此处，只把他所谓后补选不到的，所谓本来充资粮的，所谓晓得要淘汰的，举这些的精虫子蛋，皆权且妄认为无用。因此大米饭三碗一餐，没人非议。红枣儿十枚一吞，只算小事。并且鸡蛋到眼，就是和尚也许流涎。所谓"混沌乾坤一气泡，也无皮骨也无毛，老僧送尔西天去，偏偏失却头彩，所以也还有不断的灭种），不怕诸有的不绵延。二是把这请你喉咙里边跑"。到底比便壶里偷炖猪蹄，罪恶轻些。欧阳竟无先生也必定点头允许，称是"方便法门"。但是除了少数的贺兰进明（？）一流的龌龊怪物，有什么嗜精辟之外，精虫就不得充数杂粮。然而在从前南京考举子的时代，有首传诵的打油诗，叫做"何物秦淮有，妓楼试院通，廪增附监贡，尿屎血脓虫"。然则狼藉秦淮河边的精虫，天然认为无用。自有担粪夫同尿屎一齐收拾去，充做肥料，间接使他化身在谷子枣子里，供我们大嚼。而且每次性发，制造了二百兆，就是止许有一条放他跑进孕蛋。果真是一条一条无限制的叫他成人有用，人数必然太多，也没有许多白米、红枣、鲜蛋，能供他受用。因此老僧虽偶尔思凡，也要强制了入定。竟叫他在卵巢里暂增二百兆口，顷刻复灭绝在卵巢里。这又是我佛慈悲，主张绝欲的办法。他是用他实行涅槃，我们也可以借他限制过庶。我们倘然凡心未净，偶尔放二百兆大国民逃出卵巢，他里头的最大多数，自然是自讨苦吃，徒然去逐队脓血，浮沉在秦淮河边。就使有一二强梁头目，公然闯进孕蛋，而花旗国又来了一位女菩萨，叫做珊格夫人，竟能用辣手连孕蛋拖进醋浸棉花里，结束他的历史，决不放他成功有用。但这位女菩萨虽学过些科学，还不算甚精。手术偶尔不良，仔细弄点悲剧出来。如此，要想绝欲绝得道地，避孕避得稳当，能够不好好的去请教科学么？（科学家在传染病不曾成功时，想出打针的预防法，也就是替代微生物避孕。并不是一味相斫。科学功用之大如此。）

　　第三条的，例如牛乳、羊毛：奶妈买人乳，与胶皮车夫卖腿力，差不多一样。人乳消耗，有肥肉汤可以充补。腿力消耗，有窝窝头可以充补。因此料想大武太太供给我们些儿牛乳，也可以用干草充补。在母牛自己看来，简直可以算做无用，落得供我们的有用。我们两个月不剪发，自然嫌他太长。三十二枚铜子的剪发费，要省也不能。剪下的发，再也没有人用毛巾包了回去。听凭整容匠积多了，若干铜子一斤，卖给庄户去充肥料。这正像绵羊因为御冬之计，长了一身长毛。一交夏令，正没有方法脱却那重裘。我们却替他一齐剪了，令他一身轻快，免得学狗子的伸舌取凉。我们那舶来的哔叽大氅，从此得到。果否牛乳、羊毛自身亦有生命，那就敬谢不敏，不敢置答。幸亏目下也无人诘问。拔一毛而利天下，杨朱弗为。那是古代剪刀难得，改剪为拔，自然剧痛。若早说剪一毛而利天下，杨朱定也欣然。照此种的不必难为牛羊，我们居然饮牛乳，穿哔叽，饱享文明之福。两利为利，什么更有圆满于此呢？惟狐貉之厚以居，割不方正不食，就惨厉厉的不堪设想了。便是食夫稻，我们在上面讲过，算是废物利用。至于衣夫锦，那就糟糕。一衣之锦，其来路至少要几千条活蛹，宛转在沸汤里剥尽茧丝而死。所以佛祖爷也不赞成孔圣人衣锦尚纲，褐裘而行。然而他的八宝庄严，也还免不了绣缎宝披，盖在象背，增出大罗天上威仪。即我亦赞成到无政府时代，应该街上皆铺红缎毯子。而且我们不喜欢油盏，爱在电灯光下，讨论玄学，则电线的绝缘，又不能无丝。消极办法，惟有共换布衣，改点油灯，强火车倒开到宋朝。倘要积极进行，周、程、张、朱的格物，他们都不是寻一物来格，叫做格不到区区之蚕。这件小事竟也同蚕在汤里，叫做僵了。幸亏二十世纪的科学家，他把药水瓶横和竖和，倒在破茧烂衣之中，居然在法兰西的里昂城里，缫得上好的细丝。于是有了办法，蚕在作茧以后，听凭他在茧里成蛾。他咬破茧头飞去。我们拾他的破茧，抽得好丝。电线、缎毯、缎披、合着最美之锦，可以无一不备。虽现在一面药水已经在那里救世，一面仍旧整千万担的活茧在那里汤煮火炙。这只是我们还怕麻烦，贪图省事，不顾伤天害理罢了。却已不是我们没有办法。有了办法，自然将来蚕国里的浩劫，可以避免。将来恒河沙数的蚕公公、蚕婆婆都应到科学庙里去磕头谢神。我想我们暂时承认牛乳、羊毛、破茧，于牛于羊于蚕为最是无用。他的不关痛痒，几同金石一般。但做起我们衣食的供给来，又最是得力。我们倘要不看见相斫世界，我们如何不在科学上努力，把研究科学，看做宇宙间第一义务呢？

第四条的，例如死体遗蜕：这个但拿我们人来一说，不必多赘。人死七日不殓，便蛆出于户。足见第一把我们的废物先可做蛆的美餐，真是惠而不费。照例不给为蛆粮，亦可得油若干，提盐若干，骨灰充肥料若干，我亦何为而不许？而且纵使竟费材木，并灾土石，建筑了山陵，亦不过早晚之间，毕竟是虫蚁之点心。倘投牒阎罗王，讼将来的虫蚁为相斫，阎罗王必掷状地下，命牛头马面扶出。所以这个死体遗蜕，当然确可承认为无用之物。但此种品物，什八九皆有碍卫生，不合我们供给。除是科学家能消毒利用，则巨额之废物甚可惜矣。所以也是念念不忘了科学。

至此而我清风明月的吃饭人生观，略已说明。我们再来生小孩，造百姓。

（乙）神工鬼斧的生小孩人生观

把生小孩子，着个神工鬼斧四字，这个题目，就使不算七扯八扭，无理得可笑；便被冬烘先生看做生小孩是名词，加上神工鬼斧的形容词，也就"无赖"得可以。他定然大吃一惊，预料这神工鬼斧般，生出来的小孩，决非区区徐树铮或吴佩孚。也不像只是楚霸王同拿破仑。至少定是托塔天王或是齐天大圣。这真被他猜得糟了！然冬烘先生的天人化，犹可说也。最怕是被新文化少年去看做神秘化。以为生小孩碻有神工鬼斧的奇妙，那就更糟。这就不可不在未入正文之先，百忙中插说几句。

生小孩的一件事，决连不上什么神工鬼斧。生小孩是只是宇宙变动的绵延。狭言之，又只是宇宙万有各个自己的绵延。例如人爸爸，人妈妈，生个人小孩，便是人在六百万年中，绵延六十万次。如是而已。宇宙万有各个的绵延，并不用绝对相同的一种方式。假如下生动物，阴阳便寄于一体，并不需有"他"又有"伊"。我想阴阳具于一体，难免容易絪缊，容易醇化。销耗过频，母体亦就容易涅槃。我们为慎重生命起见，渐渐各自把阴阳两性，随宜排除，减杀其醇化。或偏排阴性者，至于阴性由不发达而沦灭。偏排阳性者，阳性亦积久渐失。于是甲则偏存阴性，乙则偏存阳性，及絪缊洋溢，有需于醇化，必得两物相遇，方可实行。其实恰可救济早衰，得生命之向上。此当为动物进化的最巨一阶段。质言之，恰如照相显影药水，甲贮一瓶，乙贮一瓶，可经久不败。临时配合，功用以显。而转瞬亦遂变性，以至于无用。设平时亦甲乙共和一瓶，便无法持久。所以"他"也者，不过甲瓶贮精虫者也。"伊"也者，不过乙瓶贮孕蛋者也。"他""伊"交接也者，不过精虫想合着孕蛋，绵延一小宇宙者也。故生小孩也者，并不需有神工鬼斧，绝无奇妙可言者也。其以奇妙称者，有最为"臭肉麻"之绮语，若曰："夫妇之爱，乃不可思议特别之爱，是直爱之至也。"是真丑之至矣。（一笑）。其实只因精虫起了缊缊，来寻找孕蛋来醇化。孕蛋也起了缊缊，要寻找精虫来醇化。一如饥之择食，寒之择衣，皆一种需要时的反应作用。与久病后思父母昔年之保抱，困迫时思良友充分之救济，其"因"所冲动，而起所"反应"，完全无不同。此时爱情对比，暂亦加重于床头人者，因其时精虫孕蛋皆不起作用，而痛痒及危急，非卿卿我我所能体贴入微及有力援手之故也。然疾痛困迫、其暂；富即想易妻，饱暖即想淫欲、其常。两性常易缊缊，又为人类所特别，于是知好色则慕少艾，有妻子则慕妻子，似乎两性之爱，一若甚深不可思议，决非他爱所能并矣。岂知全是生理作用，并无丝毫微妙。倘于此有人，以为"男女出于性欲，可以相对承认。因老爷上胡同里走走，姨太太向游艺园荡荡，原说不上爱。至于高尚之夫妇，同死之情人，亦谓只有性欲，未免侮辱人生。"我则对曰：坚决的说到男女之爱，纯粹只有性欲；可不问其为胡同里之老爷，为游艺园之姨太太，为高尚之夫妇，为同死之情人。高尚之夫妇，乃是用他爱来制限性欲之爱，故得高尚。高尚其因，而夫妇其果。否则赤裸裸一对狗男女而已。决非夫妇其因，高尚其果也。同死之情人，乃性欲横决，被抑而发狂，所以同死。是性欲之爱，不肯受一毫制限之结果。所谓一对痴男女而已。我之如是批评，未含一毫称扬或侮辱，乃恰如其同死之目的而止。但上文置答两事，皆引而未申，易起随便之反对。故只能多费笔墨，再分条详细一说，以罄吾之所见。

（一）就高尚之夫妇言：世间性欲甚淡之高尚夫妇，爱情甚浓郁者，多至不可胜计，此事实之不可诬也。吾应曰唯。在此我要插了不伦不类的议论，才能讲到本题。

当"漆黑一团"之际，自然先有意志，才起变动。如此无外之大，无内之小的宇宙，包罗无量数之万有。一部十七史从何说起？若说何不设一预定之计划而动？我可以说至今也不曾计划得好，何论当初？自然先是瞎撞。胆大妄为，全要仗着情感。故意志立而情感随生，必为原始时候的真相。任情而行，遭遇阻碍，遂由思维而生理智。由理智再增意志，从而再增情感，从而再增理智，如环无端，变动而已，绵延不可划分。起二百兆条精虫，去撞一孕蛋，或尽一孕蛋，去撞二百兆条内到底能满意否的一条精虫，其瞎撞之程度，自然过高。而情感之盛，自然可惊。一撞不已，盲目再撞，亦自然不肯自己限制。"漆黑一团"的能变为万有，且永远绵延，永远瞎撞，全同精虫孕蛋的性格一样。

但情感由你去盛，而制造精虫孕蛋的原料，却自有限制。制造原料不足时，精虫孕蛋为暂停纲缊。停止纲缊，或发生纲缊，其时间的久暂，及间歇的疏密，大约都看原料供给的来源，及醇化时消耗的状况，为各物之不同。所以他种动物皆每年止有一定的纲缊期。惟人则常年随时能起纲缊。故我上文说：两性常易纲缊，又为人类所特别。推原所以致此之故，照我瞎说，一定他的重要原因，其一必为原料的供给较丰，其二必为醇化的消耗较当（恰恰合度，不浪费也）。又推原消耗较当的一端而言，必是由于人的神经系发达，理智较为细密之故。疏漏点说说：在单纯男女的情感中，又加多了节适生命的理智。因节适则供给富，故纲缊可频。因纲缊频，将消耗多，故节适更密。因需要而循环促进，为宇宙惟一方法。

由此转入夫妇正文，不难说明其高尚。高尚者，一是他们的精虫孕蛋，不肯盲目多撞而无限制也。二是因性欲节啬，而以夫妇名义之道义，以准朋友之声气与术方，相与补充也。二者加入男女，遂得夫妇之真。现在男女未到废婚姻程度，故需夫妇之名。需其名，而又行其真，恰合时宜，斯推为高尚矣。究复有性欲媒介其间；因节啬而不即不离，自然趣味更永。粗率认为夫妇之爱，特别微妙，乃不加深察的错误罢了。我为什么要揭去微妙等笼统名词呢？因为笼统说个微妙，等到夹入性欲，往往恃有笼统之微妙，不复能制限极炽之情感，便要弄出甚大的错误。赤裸裸止剩着男女，不成其为夫妇。失夫妇之真，在少数抑或恰能超入无政府世界，其多数定不免于胡同式的对待。

Love 一词，毕竟带有义务性质一半。单用"爱"字移译，原已适当。惟华字独用，往往含义两歧。爱国爱人一爱也，爱嫖爱赌又一爱。所以必帮贴一字，意义才能比较固定。现在往往帮上一"恋"字。恋乃未免多带着权利性质。爱上加恋，恰恰好像固定在爱嫖爱赌方面。恋与慕正同。知好色则慕少艾，有妻子则慕妻子（虽定"妻"之名义，不过作一己慕到之少艾观。）这两个慕，即恋爱之确解。赤裸裸止是男女，未尽合于夫妇之真正。孟子于此有微词，以下文慕君与热中连说，可以见之。惟对了父母，能用权利之炽情，移作义务之永爱。过头一点，因为尚孝，故慕父母可以迁就赞同。换句话说，孔夫子赞成好德如好色，其意亦相似。非慕少艾之慕，因慕父母而妥当，亦非好色之好，因好德而高明也。故名 Love 为恋爱，用之于情人较当，用之于老婆则较失当。还是用"情爱"移译。目前常说的夫妇当以恋爱结合，不如改做夫妇当以情爱结合，毛病较少一点。试粗直的把两语各做一回答，便可分出差别。如甲方曰：我不爱你了，你另走道路罢！倘契约是以恋爱结合，乙方只可问曰：你竟不恋我了吗？自然应曰：我不恋你了。乃理直气壮，叫做失恋便算。倘契约以情爱结合，乙方可问曰：你竟无情于我么？就不好应曰：我无情于你了。因为情不大理直气壮，不能以无情便算。虽毫厘之差，而有千里之别。夫妇果以单纯的恋爱结合，恐去高尚尚远。

若全世界之男，及全世界之女，皆用情爱，男女本可杂交，用不着夫妇名义。夫妇者，为男女尚落恋爱时代，故不得已残存。今反说夫妇当以恋爱结合，剩着赤裸裸的男女，仅有胡同式之交关，岂不大误？情爱者，用理智限制情感。大同之世，乃一杂交之世。挟贵挟富，固无其事。即挟贤挟美，亦在所陋。性交之事，直与二个朋友会谈相等。因需要谈话，便聚而谈话，谈竟各散。不因有谈话之遇合，遂衣食，居处，子女互相牵累。于是不正之性交需要，亦无从彼此相强。今夫妇因性交而有衣食，居处，子女等之共同。牵系多端，性交复多起于需要之不正，乃仅以恋爱轻易结合，轻易解约，真所谓谈何容易！

废婚姻，男女杂交，乃人类必有之一境。然必在子女公共养育，私产废止之时。又有一大难事，非科学更向上，不能解决。即杂交以后，如何而血统不乱，可使人类更为优种是也。同姓为婚，其生不繁，即前乎今日一万年之野蛮亦已知之。因血属相交，所以子女往往盲目残缺，乃科学所证明。人类的最高道德，即在改良进种。由人而变超人，其机键在此。血属之分辨，用人类之标志，不如用天然之生理。必待科学一步一步的增进，辨明人类内部有如何的差异？即显现于外部，为状貌之如何分别？男女彼此一望便知，有如今日之辨别诸姑伯姊，血属相同；或肺痨麻疯，不可向迩。皆不待诰诫，自不起性欲。并精细的辨知甲乙交合，虽配偶适宜，然无良于道，而有损于身，皆自惕然冰冷，不待另加检制。如是则杂交自行。杂交既行，无家室之私，则节孕益周。过庶之患，亦由此而救。世乃可以大同。大同之效，惟课之科学而能实现。

（二）就同死之情人言：精虫孕蛋因绸缪而欲醇化，以图厮并，冀造其小宇宙，常常至为热烈。故无论夫妇情人，凡为性欲之情感所用，即有抟起两块泥，造成一个我，造成一个你，再把并合了，再造一个我，再造一个你，你中便有我，我中便有你之概。故当佳晨月夕，感事伤往，往往互相拥搂，恐百年终有差池离散之苦。欲如泥之抟而为一，又不可得。故觉同衾复得同穴，差可相代。不如早遂同穴之愿，庶几欣合无间，可以早些成就。所以无端涕泗交颐，愿即相抱倏逝，一若至快。这种不识羞的肉麻丑态，虽彼此相笑，然闺房之内有甚于画眉时，谁亦不免。因此神工鬼斧的大文豪，亦遂借此"至情"，造其至文。有人讥议，必吐之为伧矣。其实我来拆破板壁说亮话，无非精虫孕蛋欲厮并混合之度至强，因此感得他们贮藏的二个瓶子，亦想厮并混合。如是而已。夫妇则同穴之希望大，故能忍而有待，不以自杀急进。情人则有种种阻难，离散在不可把握之间，于是断然同死，了此不可说之苦趣，遂其说不尽之感恋，也不问到底有他们所想的一回事么？他们也不愿问。吾故以不狂为狂，正正经经谥之曰痴男女。

终之男女罢，夫妇罢，情人罢，杂交罢，都是生小孩惹出来的枝叶。因生小孩而有精虫孕蛋。因精虫孕蛋而有强烈的绸缪情感。因强烈的绸缪情感而有奇妙微妙等之批评。因奇妙微妙等之批评而有恋爱男女、高尚夫妇、同死情人、科学杂交等之主张。于是神工鬼斧的文学、艺术及诸多美术品之创造。不但新式文学艺术家之解剖，两性实为骨干；即老顽固亦言诗首关雎，易纪乾坤，看得精虫孕蛋，终是不可思议之大神。实在我来浇上冷水一勺，生小孩的本身，止是一件应当科学化的小事情。原先我们那位"漆黑一团"老祖爷，倘进过了一个甲种科学学校，然后再造宇宙，也便不至于分配万有如此杂乱。预备补充如此过剩。岂有造一个小孩，要耗费二百兆精虫？造了一次造成，或造了数十百次尽造不成，浪费也未免太多。并且反引"他"呀"伊"呀，芬芳浓郁，甜蜜得要死。迷离惝恍，神奇得要死。生离死别，辛酸得要死。神工鬼斧的创作，描摩得要死。这漆黑的老头儿，真是恶作剧。照我办法，若早有科学的精密计算，纲缊也不必如许之频。纲缊出来的精虫少爷，孕蛋姑娘，也不必如许之多。把他们分装在"他"的瓶及"伊"的瓶，自是好法。但亦当用钱先生所诵的不撤姜食八股调，训之曰："你们恋爱，不可不恋爱，亦不可太恋爱。"而且生小孩也不是个个负有义务。如此，不必节孕，也就分配恰好，不愁过庶。这就叫做科学的恋爱。岂知这种科学恋爱，不但梁卓如先生早就嘲笑，并且冰冰冷的，简直精虫也睡觉，孕蛋也负气，不客气拒绝做工。各位试想北大第三院开救国会，忽有一位少年，对众"明光亮"的小刀一闪，指头割破，写起救国两字。旁观皆咋舌击掌。明晨报纸大书特书。区区半小杯血，就没有第二个人再肯牺牲。一次性交的原精，过于半小杯，消耗过于热血。倘无盲目的过剩精虫，大家各要寻着孕蛋，争一饭碗之故，热烈驱他下水，谁肯化半杯原精，替国家造百姓么？尽管报纸一样大书，也不劝了。所以袁子才晚年得子阿迟，有些老而无子的健羡者，写信请求方法。他回信说："你们学狗"（在他的尺牍中）。亦竭力形容性交之先，若先在祖宗神主前点起香蜡，请祖宗帮同请祈阎王，俾今夜郑重敦伦，必一索得男。于是上床道：娘子，卑人无礼了！院君答道：相公请便。这种科学式的有条有理，卑劣的精虫孕蛋会兴奋吗？于是知道"你们学狗"四字，真是才子神工鬼斧，镂心呕血想出来的神秘浪漫派的写实作品，真不愧是前清一个文豪。自从蔡孑民先生欲以美学代宗教，国人得了这个暗示，年来文学的创作品，艺术的创作品，都用神工鬼斧的手段，叫空气中造成浓烈的高尚感情。使枯寂无味贫弱的中国有活泼生气，得引出无上真爱，弥满全球，可造永远和平。伟哉今日神工鬼斧的创作，仁哉今日神工鬼斧的创作，高明哉今日神工鬼斧的创作！而两性骨干的原则，洋溢于新文学之篇章，及新艺术之出品。就是国故先生，亦东南学府，京津文坛，弦诵关雎，阐扬乾坤，协助进行。懿欤休哉！新诗赋，洋八股，轶明清，而驾唐宋矣。惟爱情之定则，恋爱之原理，不能不使乘神工鬼斧之潮流，倒灌逆卷而来，终夺美感之席，盛开丑化之门。学狗之徒，又复公然打油诗篇，评花文章，助麻将乌烟，在胡同公园作一般之普及。

新文化欤？旧国粹欤？老江湖欤？胶粘在一片。还我戊戌前"说空话"之旧物，乃现象所不能讳也。此坐先以生小孩为神秘，摇身一变而为爱情。摇身再变而为美学两性化。摇身再变而为神工鬼斧之创作，使精虫孕蛋，居改造世界之中心。然创造宇宙的原始，亦不过拿神工鬼斧，做一过程。意志生情感，情感起理智，理智定意志，循环为联合，不曾有中心。生小孩之精虫孕蛋相盲撞，自是情感之表现。但分贮两瓶等之作用，又理智之表现。故不必但有爱情之恋爱，尽可尚有科学之恋爱。且神工鬼斧之手段，合以生小孩之始愿，我们漆黑老祖，已以神工鬼斧，造成星辰日月飞禽动植的奇观了。我们亦何不可以神工鬼斧，造成铱质炉，以太线，开火星航路，结月球探队，帮他老人家，生些机械性的小孩，助着万有的热闹呢？你若说地球有时而毁灭，即造成了火星航路，必有如横滨为断港。即结成了月球探队，必有如东京之绝地。我应曰：此言是也。然你的令郎几十年后反正要入木，你现在造之之勇，何为竟兴奋如此乎？万物方成方毁，如刍狗然，陈即撤去。下棋式之宇宙观，生小孩式之人生观，方觉意味无穷。此即我的神工鬼斧的生小孩人生观是也。

欧阳竟无先生作生公之说法，说到宇宙及人生之幻，尚要拿梦来譬况。殊不知科学家并不必做梦，已断然无物常存，无物实有。然他呀，的确执了一个物质。我亦不必做梦，可坚言无物常存，无物实有。然我呀，也的确执了一个"漆黑一团"。欧阳先生辛苦的做着梦，才劝人知道一切皆妄，万不可执。然他呀，也竟的确执了一个真如，又添上一个正觉。大家所争止在半斤之与八两。王恩洋先生六根未净，婆心甚炽，忽妄执了一个现在时世衰败，要把真如正觉来救济。我虽一面有个大惑不解，盖因真如正觉，乃教人涅槃。衰败比着隆盛，去涅槃较近，正是渐入佳境，何以反要救济？又佛法无边，何以但救衰败，不救隆盛？将救衰败之世，使进于隆盛乎？何以佛之出世，能助人入世？此皆愚惑不解者也。然王先生竟开方便之门，暂认衰世非妄。如此，正可予我方便，进与一商。充认衰世之本意，实即承认万有虽妄，只有物质，只有"漆黑一团"，只有真如正觉。然当前衰世，姑可并予妄在，舍身入梦，救使隆盛。然后再把隆盛之世涅槃，使归正觉。正与我说现在佛法废话，姑可暂予妄在，执笔做梦，救使入世。使主张科学，烧却亡国灭种之佛经，造成物质文明。然后再把物质文明毁灭，共返正觉式的"漆黑一团"。彼我固同一主张。若笑造物质文明是妄，则造隆盛之世同妄。又是半斤八两之争。我当结以谐语，使彼此同发一笑。

吾十四岁时在苏州玄妙观听"小热昏"唱瞎话。他说:"先生吃饭像真珠,吃了下来就变屎胡勿吃子屎?"这"小热昏"都比我们彻底。饭便是隆盛之世,及物质文明。屎才是正觉及"漆黑一团"。我们若爱正觉及"漆黑一团",正应吃屎。吃饭亦是吃妄。但"小热昏"自己也只是嚼蛆罢了,也不肯吃屎。"小热昏"罢,吴稚晖罢,王先生罢,欧阳先生罢,皆只管吃饭。有时还偶尔要上禅悦斋呀,六味斋呀,吃至好之饭。因此看来,我们本此精神,只管造隆盛之世,只管造物质文明,也不算太愚。物质文明的破产,还是远哩!好比现在正在烧饭,出恭还要到夜分哪!(这一段很像着谤佛,因为在"生小孩人生观"的文章后,微微触犯着不肯生小孩的出家人,也是顺了口收不住,得罪的很!)

上面两个人生观,都是所谓人欲横流的人生观。岂知说穿了,也不见得同道德有多少的冲突。现在且把天理流行的人生观,叫做覆天载地的招呼朋友人生观者,再在《太平洋杂志》下一期上拉杂来说说,安慰了别人的精神文明,贡献了理想的物质文明,于是便把一个新信仰,从而结束。再会再会!

(丙)覆天载地的招呼朋友人生观

这个"柴积"上"日黄"中的信口胡扯,居然延长了一年。从中华民国十二年在北京"日黄"中讲动了头,夏日炎炎便辍讲,秋风凛凛又辍讲,直到民国十三年开始,又坐在上海的"日黄"中瞎诌起来。且莫讲什么叫做覆天载地的招呼朋友人生观,我们来把去年十二月胡适之先生在商科大学讲的"哲学与人生"开头有几句话,先引了出来,做一个小开篇。因为他那几句话,恰与我这篇东西里的这段,大有关系。他说:

"吴某人就在太平洋杂志上发表一篇他的一个宇宙观，其中下了一个人生的定义。"他说："人是哺乳动物中的有二手二足用脑的动物。人生即是这种动物所演的戏剧。这种动物在演时就有人生，停演时就没人生。所谓人生观，就是演时对于所演之态度。譬如有的喜唱大面，有的喜唱花面，有的喜唱老生，有的喜唱小生，有的喜摇旗呐喊。凡此种种，两脚两手在演戏的态度，就是人生观。"他带引带补的，把我的意思说明了，他又说："不过单是登台演戏，红进绿出，有何意义？想到这层，就发生哲学的问题了。"

他这种提醒，一面使人注意他要讲的哲学；一面还叫人把我在"太平洋"四卷三号说过人是演戏动物后，附带着一段，也要参考。那一段虽然已经写在本文的前面，但与"丙"段尤有密切的关系，故把他复写在下面：

"所谓人生，便是用手用脑的一种动物，轮到宇宙大剧场的第亿垓八京六兆五万七千幕，正在那里出台演唱。请作如是观，便叫做人生观。这个大剧场，是我们自己建筑的。这一出两手动物的文明新剧，是我们自己编演的。并不见是敷衍什么后台老板，贪图趁几个工钱。乃是替自己尽着义务。倘若不卖力，（今按：便是胡先生所谓单是红进绿出。）不叫人叫好，反叫人叫倒好，也不过反对了自己的初愿。因为照这么随随便便的敷衍，或者简直跟跟跄跄的闹笑话，不如早还守着"漆黑的一团"；何必轻易变动，无聊的绵延，担任演那兆兆兆兆幕，更提出新花样，编这一幕的两手动物呢？（今按：这就是胡先生所谓有何意义？）并且看客亦就是自己的众兄弟们，他们也正自粉墨了登场。演得好不好，都没有什么外行可欺。用得着自己骗自己吗？并且卖钱的戏，只要几个台柱子，便敷衍过去。其余跑龙套的，也便点缀点缀，正算做没有罢了。这唱的是义务戏，自己要好看才唱的，谁便无端的自己扮做跑龙套的，辛苦的出台，只算做没有呢？并且真的戏唱不来，下场了不再上场，就完了。这是叫做物质不灭，连带着变动，连带着绵延，永远下了场，马上又要登场的呀！"

这些话，我就是盼望既有了人生，便要讲些哲学，把演唱的脚本，要做得好好的，然后不枉一登场。反正哲学是有胡先生同诸位大哲学家向我们慢慢讲。我们且把我们三出小戏，问一问撒了烂污没有？第一出吃饭戏，唱到了清风明月。第二出生小孩子戏，使出了神工鬼斧。这两幕，还算鬼混得有劲。现在要看招呼朋友，如何叫他覆天载地？

慢来，又要打断话头，请问什么叫做招呼朋友？孟夫子所谓"宫室之美，"便是你的吃饭之一端。所谓"妻妾之奉"，便是你的生小孩的全部。宫室之美，妻妾之奉，现在一班军阀、猪仔、政客、学蠹，电报同宣言上，所谓身死而不受者，到了关头，便居然"为之"了。你请他们跑进清风明月，不要在那里乱使神工鬼斧，那也有理。然招呼朋友，难道又是孟老爹说的"所识穷乏者得我"么？我笑道：一定不是，一定不是。我所谓吃饭，便不一定是"宫室之美"。所谓生小孩，更不是妻之奉，何况妾之奉？那我所谓招呼朋友，自然一定不是"所识穷乏者得我"。况且吃饭同生小孩，是人欲横流的人生观，还不许"宫

室之美、妻妾之奉"去专有。那岂有招呼朋友是天理流行的人
生观,可把"所识穷乏者得我"去冒充呢?我们既经讲到这个
旁文,还索性让我来多说几句不相干话,然后再入正文。我说:
普通人的见解,以为世人的作恶,弄得人不成人,国不成国,
社会不成社会,都是歆羡"宫室之美、妻妾之奉"的人太多。
至于"所识穷乏者得我",只得一点小毛病;并且以为未必人
人把"所识穷乏者得我",看做同"宫室之美、妻妾之奉"一样。
哈哈,用我个人的观察,这几乎是一个普通谬误。孟老爹自是
一个有经验的聪明朋友,他把"所识穷乏者得我"列在第三项,
安知不是有注重在结末一项的意味呢?我到了民国元年,住在
北京有大半年,集了许多感触,方悟得世上作恶的人,颇有"宫
室之美""妻妾之奉",可相对不受的;独有"所识穷乏者得我",
竟少有几个人不嗜之如命。弄得人不像人,国不像国,社会不
像社会,几乎全是这"所识穷乏者得我"在那里作怪。内中的
一大半,不消说是借这"所识穷乏者得我",来广植党羽,做
一个猎取"宫室之美""妻妾之奉"的手段。然而也竟有一小半,
纯粹为着"所识穷乏者得我",从而恋栈,从而捣乱,从而出
身犯难,从而亡国丧家。这种肤廓的谰言,止要每个人闭了眼睛,
把世人同自己一一细想,便好像绘在面前。倘这种毛病,人人
能改去三分,便天下自然太平。用不着什么精神生活,孔颜乐趣,
将高价人参去滋补,然后强盗军阀、饭桶官僚、猪仔议员的世
界才会改善。

　　所以那"所识穷乏者得我",真是招呼朋友招出来的祸害。
可见天理流行,不是绝无毛病;正与人欲横流,也不见得绝无
是处一样。情感是终要把理智洗炼过了,才许自由的呀!

　　写到这里,我的朋友陆炜士先生来说:"论语上的老者安

之，朋友信之，少者怀之，真是愈读愈有意味，恰可以当得你的招呼朋友的人生观，也几乎是覆天载地哩呀！"我想能够如此，还有什么话说呢？但是，我在柴积上日黄中说的招呼朋友的朋友，乃合着人类非人类统统在内。单就人类讲，既有年纪大似我的老者，又有年相若的朋友，又比我年轻的少者。换言之，就说是包括了全人类。所谓安呀，信呀，怀呀，便是招呼的各种方法。招呼全人类的朋友，都有方法招呼他，不能不说孔老先生的周到。然我讲招呼朋友，到底就如法炮制么？那就要说：孔爷爷是圣人，我们是乡下老，如法炮制，"则吾岂敢？"还有他对了少者，板起面孔，用个怀字，那种当仁不让，也是圣人时代，给圣人的权利，我们怎敢僭享？（怀字若用抚育来解说，原也可省却批评；可惜两部皇帝的官书，一是何先生说："怀归也"，邢先生又说："少者归己，施之以恩惠也"；一是朱先生说："少者归之以恩"；便加了不少色彩，应当斟酌。）在我们的希望，止是老者招呼之，朋友招呼之，少者招呼之。对于"是人类，"合着全体，终要想法招呼之；对于"非人类"，统了一切，又要想法招呼之。招呼得周到不周到，十分难说；招呼得尽心不尽心，一定要问。那就天也在我们招呼之列，地也在我们招呼之列，便叫做覆天载地的招呼朋友人生观。覆天载地四个字，是科学的，是朴凿的写实；并不是玄学的、海阔天空的吹牛。不是像什么"精神生活，孔颜乐趣"一类麻醉性的词头，可以骗得自己来心安理得，也骗得人家去灵机活动，只是糊涂结账。

我以外便是朋友，朋友乃是非我的别号。我的招呼我，大部分已经把吃饭生小孩，所谓食色之性者，刻刻把自己招呼了。然招呼自己，任着食色的欲性，让感情率领了，一味的混闹，还恐给食积伤害了，给色情夭折了，也要请个恻隐、羞恶、辞让、是非的理性，做一个理智的算账工夫，把我满招呼才是。何况"非我"？"非我"的食色，我都容易地痛痒不相关，而且容易地为着我的吃饭，把"非我"饿了；为着我的生小孩，把"非我"灭了。因此，这个恻隐、羞恶、辞让、是非的理性，即是招呼"非我"的惟一工具。

有人说：哈哈！你上了当了。你说这个恻隐、羞恶、辞让、是非的理性，即是招呼朋友的惟一工具，却被反对科学的玄学鬼擒住你的破绽了。既这种孟老爹发明的四端，可作招呼朋友的惟一工具；你说四端是理性。他们却是玄学鬼，素称玄学是没有论理可言的。"理性"也罢，"天理流行"也罢，凡词头较麻醉，可以装点他们门面的，他们终可以姑且相对含糊承认。——但他们是有自由意志的。——一到了他们要发笼统脾气时候，他们定说："理"是错了。虽颇有他们的徒子法孙，随便讲说，也有"发展理智，征服物质"等的话头。这是他们的外道，工夫还未超到老大哥时代的攀谈。他们正正经经承认四端，止是直觉—良知—非量—良心。——是灵机活动。惟辞让是非，稍含理智成分，也是要委蛇他们的先圣，开一方便法门。你今承认四端，便无异承认他们的直觉—良知—非量—良心。且承认他们的灵机活动。便无异承认招呼朋友，要覆天载地，止有自由意志，并无科学理智可用。岂不是你竟上了大当？

我说：我是愿受科学洗礼的玄学鬼，不是那"大摇大摆"反对论理的"无赖玄学鬼"。除了那灵机活动，无异"隐得来希"，叫人莫名其妙外，我知道自由意志，相对说起来，是可以承认的。但"无赖玄学鬼"的自由意志,还受着直觉—良知—非量—良心——物化名千百个的大神支配着，灵机才会活动。那就绝对的自由，他们也承认没有的呀！如今且把直觉—良知—非量—良心—四个化名，随便单提一个来问问他的价值；止再讲我用孟老爹四端，是什么意思？他们用他去自由，又是什么解说？一个不相同的焦点，便显出来了。

什么叫做直觉？若回答道："这便是灵机，直接使人觉着，不由我自己心理作主。换言之，便是说上帝所命。"果真这种"无赖"，我就莫赞一词，拱拱手说道：你到福音堂传教去罢！

什么叫做良知？若回答道："这便是不由经验、推想，或遗传而知；是停停当当由天之所赋，自然而知。换言之，便是说阎王给他带出娘胎的。"果真如此"无赖"，我又莫赞一词，拱拱手说道：你上两庑吃牛腿去罢！

什么叫做非量？若回答道："这便是梁漱溟先生说错的。梁说：另外有一种作用，就是附于感觉之受想二心所。受想二心所是能得到一种不甚清楚，而且说不出来的意味的。如此，从第一次所得黑的意味，积至许多次，经比量智之综合作用，贯穿起来，同时即从白黄红绿……种种意味，简别清楚；如是，比量得施其简综的作用，然后才有抽象的意义出来。受想二心所对于意味的认识，就是直觉。换言之，这真是梁先生说了胡适之先生的话，可戏名之曰'胡说'。岂有积至许多次，简综过了，抽象的意义才出，然后直觉先生跑到受想二心所，去认识那意义，才圆满了直觉的功德；乃是梁先生已经量了出来，还可以算非量么？非量者，止是说非人能量。庶几观音菩萨领了玉皇大帝的钧旨，可以代量。然而天机不能泄漏。"果真如此"无赖"，我又莫赞一词，拱拱手说道：你到南京问欧阳竟无先生去罢！（因为梁先生本说他的话，是"对于唯识家的修订"。似乎又见什么报上，欧阳先生的高徒说："梁先生是不懂唯识。"我们更是外道，所以玄学鬼若不满意梁先生的修订，便觉非问欧阳先生不可。）

什么叫做良心？若回答道："这不必换言不换言，就是天老爷给你的好东西。有张报纸说笑话，一个小孩跟着父亲到一座铜像前去闲逛。小孩问铜像是什么？父亲说：是伟人。小孩道：是什么做的？父亲道：是铜做的。小孩道：中间有心肝么？父亲道：没有。小孩道：伟人都是没有心肝的么？你懂得小孩的话，你便晓得良心之所以为良心。"果真如此"无赖"，我又莫赞一词，拱拱手说道：你进同善社读《太上感应篇》去罢！

假如不是福音堂传教，不必到两庑吃牛腿，慢点去南京请教欧阳先生的人死观（梁漱溟先生赞印度灭绝的一条路，是人之极轨。我说灭绝是人死观，用不着在人生观里讨论。梁先生所以也暂且不讲，先大讲孔圣人的半生半死观。惟欧阳先生还讲他的灭绝法，所以他是人死观。讲人生观的，且可以慢上南京去）。又不肯死心塌地地读《太上感应篇》，竟要把人生观一板再板，和着我们"柴积"上，"日黄"中的兴，"诗云""子曰"的大讲起来。那就决不可用"隐得来希"的灵机活动圈，把人一股脑儿套将进去，就算功德圆满。如此，梁漱溟先生的"积至许多次简综了，抽象的意义出来，对于意味的认识，就是直觉"，正就是胡适之先生的"直觉是根据于经验的暗示，从活经验里涌现出来的"一般的说法。这种"胡说"若容我瞒了心理学的科学家，加几句"柴积"上，"日黄"中"漆黑一团"的外行话，于是直觉罢，良知罢，非量罢，良心罢，都明明是理智支配的东西；并不是什么灵机活动，麻醉得了不得的神物。

让在下在"柴积"上，"日黄"中，先从闲话讲到正文。我的宇宙观里，已经说过几句大胆废话，现在再把他述出来："宇宙是一个大生命，他的质同时含有力；在适用别的名词时，亦可称其力曰权力；由于权力，乃生意志；其意是欲永远的流动。及至流动而为人，分得机械式之生命；（质与力）本乎生命之权力，首造意志；从而接触外物，则造感觉；迎拒感觉，则造情感，恐怕情感有误，乃造思想而为理智；经理智再三审查，使特种情感，恰像自然的常如适当，或更反纠理智之蔽，是造直觉；有些因其适于心体，而且无需审检，故留遗而为本能（本能到不适当时，亦要审检改造）。如是每一作用，皆于神经系增造机械，遂造成三斤二两脑髓，又接上五千零四十八根脑筋。"那种说得像煞有介事，已经说过："必定要被什么心理学家都笑得前仰后合。"然我们"柴积"上，"日黄"中，只要把我们的见解，达了出来，成了我们的理论，不叫科学家骂是无赖玄学鬼，也就算了。现在且讲下去：譬如我们要出台唱戏，我们若不是在后台习练了好久，然后出台，那无人不晓得要闹笑话！若习练得极熟，及到出台，居然演手堵脚，使枪弄棒，好像行所无事，出于本能，才像个局面。岂有宇宙间的万物，在宇宙大剧场演戏，能够不如此，就好登台吗？因此，鸟能飞，兽能走，鹊能筑巢，蜂能制房，小孩能吃奶，皆积了恒河沙数代的习练遗传，方挟此本能，使登台后，不为人骂为怪鸟废人。即就吾人而言，能看能听能跑能坐，所具本能，不可殚数。这就是本能者，所以适其登台。在台上又各自运用情感理智，天天改良，使彩声日高，一代一代积下去，再成新本能。叫宇宙大剧场兆兆兆兆幕后，角色愈好。这是"漆黑一团"老祖爷爷倾向真美善的原则。这种积成新本能，天天练习的把戏，便是今日所争的美学、玄学、科学（其详另见下文）。可见本能乃是从"漆黑一团"先生，变为万有后，慢慢习练而来。并非有什么"隐得来希"的上帝，派阎罗王设立了"本能制造厂"，把整个筑巢的本能，添进鹊的灵魂里，把整个制房的本能，添进蜂的灵魂里，把整个吃奶的本能,添进小孩的灵魂里,他们才有本能。本能只是各个角儿，要登台便利，不能不慢慢经了恒河沙数代造成。目前的本能并不算满足，还日日在那里变动演进。不过显着的新变化，现在吾人考验得出的，还居少数罢了。科学愈进步，自然就说得出的变化，愈多了呀！

如此说来，把本能作个小引，拿来比例直觉。本能便是情感要登台，经理智练成的动作，作为不能候登台后再准备的应用品。直觉便是情感要盲进，经理智在恒河沙数时代，及恒河沙数环境，细细审查过，遗传了，经验了，留为情感一发，不及思索时的救急扶持品。所以新理智计虑未周到时，而恒河沙数时代及恒河沙数环境，遗传下来，经验成功的直觉，其中含有旧理智，经彼当先审查时，比较的计虑周到，故有时直觉并能纠新理智之失。

好了！说到这里，就叫我覆天载地招呼朋友的人生观，所以也用孟老爹的四端，得到了焦点；而且把四端算做灵机活动的玄学鬼，他拼命辟除理智，以人生为不容科学解决，也就显出了误点了。

那是这么一回事：因为直觉并能纠新理智之失，故古往今来把直觉算灵机的玄学鬼，就误把直觉放到理智之上（哪里知道它不过是理智精细的产物）。以为理智是不能批评直觉。岂知直觉固然一定是一种救急宝药，却并非万应灵丹。它也要靠着情感理智，更迭作用，做一个恒河沙数不断的演进。没有理智常川的助他演进，那直觉就可以显出无办法，无意味，闹起直觉的破产。那就"良心靠不住，良知包办不来"的怪声，反聒耳的来了。现在我们且把玄学鬼最看做武器的恻隐羞恶两直觉，作一具体的讨论。

先讲恻隐。玄学鬼常喜欢引证的名言，最普遍而崇信的，就是孟老爹的"今人乍见孺子，将入于井，皆有怵惕恻隐之心"。其实这个恻隐之心，不算十分难见。然而却劳着孟先生丢了身份，说着许多废话。他接下去说道："非所以内交于孺子之父母也，非所以要誉于乡党朋友也，非恶其声而然也。"他所说的非，至今还是非。就是今日祸国的军阀，受贿的猪仔，杀人的土匪，见有孺子将入于井，起着恻隐之心，亦可以"非所以"及"非恶"，同出于自然。如此，孟先生那种废话，何以脱口而出呢？这要在无心流露中，研究其背景。就是当时社会，惟到生死关头，刺激较强，才把恻隐之心，自然流出。至于小小同情（同情就是恻隐之别名），便自然流出较少。甚而至于有"所以"，有所"恶"，才强迫而出。语云"千百年犹一旦暮"，何况我们信而好古，述而不作的民族，自然孟先生时代的世界，还做成今日的世界。那我就要将我们"灵机活动"的人类，同"算账生活"的人类，作一同情心的比较。我们且把孺子入井，刺激较强，而且较稀罕的同情心，放开另讲。先讲刺激较弱，其实较常用的同情心。假如有一个骑自由车的，在通衢中跌倒，皮是擦破了，泥是沾满了，他自身的苦痛懊恼，也不算少了。然而若在灵机活动的人类中，演此把戏。第一，旁观的人物，可以十有七八，先引起灵机活动的忍俊不禁。第二，是没有一个去扶起他的身体与车子。第三，那就更没有人给他贴上橡皮膏，刷去他的泥把。倘这种把戏、演在"算账生活"的人类里，我不敢说忍俊不禁的没有一人；但皱眉或震骇出于自然者居多数。急去扶持，扶其人，起其车的，也不问身份高低，惟以距离远近，急遽争为之者，终有二三人。指点药铺，或代去购求橡皮膏者，亦如素

识之供奔走也。我不敢谓绝无要誉，绝无恶声（孟子注：恶有
不仁之声）。然大都习惯了，遗传了，出于直觉之同情者为多数。
今则海通以来，亲见过"算账生活"社会者，亦有少数出而扶
助矣；然可以说要誉恶声，在所不免。孟先生时代，亦必有此
例外要好，也大都内交、要誉、恶声，才一为之；所以孟先生
脱口而出。然此等小小同情，如何可以不经理智讨论，把他养
到自然，成了新直觉，叫直觉进化呢？又有关系较大者，当去
年我在北京石塔子庙"睡昏"的时节，有一天，有两个清华学
校的学生，骑了自由车，从西长安街，转入南长街，恰巧有辆
汽车，是从南长街，转向西长安街。若按照行车规则，都从左
边行着，是本来没有问题，可惜那汽车夫贪图靠右转弯，可以
抄近几步。于是两辆自由车北去，一辆汽车南行，走在一路线上。
侥天之幸，两个孺子，不曾入井，只把自由车一齐擦倒，两位
少年跌了些"苏木水"（血）出来。当地恰有巡警，就把汽车
扣住。你说坐在汽车里一位灵机活动的两手两脚先生，如何使
用他的直觉呢？他就板着面孔，呼叱巡警道："我是陆军次长金
永炎，你敢误我的要公么"？巡警一松手，汽车一溜烟的向西
长安街去了。于是可怜的两个少年，止好巡警替他雇了两辆胶
皮人力车，送进医院。这段新闻，是载在北京晨报。后来见晨
报告白，两位少年还就是梁任公先生的文郎。现在要讲同情，
我不是要说痴愚的话，希望金次长偿梁少爷的命。终之，出了"苏
木水"，送到医院去，愈快愈好，是稍有同情心的人，无不赞
成的。那么，我们警厅穷乏，不会十字街头，处处有载伤人的
汽车停着，于是当梁少爷等苦流"苏木水"的时节，惟一减少
他们苦痛的，便是金次长那辆汽车有此能力。金先生却不要内
交于梁任公，也不愿要誉于吴稚晖，也不恶晨报之声，竟不肯

表此同情，叫直觉放些光彩。灵机活动的人类，如是如是，我们又要说到"算账生活"的人类。不多几时，北京京报又载了一段新闻。有一天，瑞典国公使馆的秘书，从崇文门外坐了汽车入城，却将一辆载煤的大车撞翻。煤车夫跌倒在地，也出起"苏木水"来。那个瑞典秘书立即停车、跳下来，叫车夫同巡警，把煤车夫扛上自己车子，开往医院。医生接了去敷治。那位秘书便留下住址，仍坐了汽车，自去干自己的事。虽说这种洋大人，在中国地面上是少数；然他们在自己国里，却习惯了有此直觉。这就是瑞典秘书的祖宗，已算了几十代账；陆军次长的祖宗，只把孺子入井，算作灵机活动，没有算账到"少爷翻车"上去，所以直觉便有程度差等的分别。

现在再来讲孺子入井：孟先生在"说明语"的"入"字上，加了一个"副语"的"将"字，这个恻隐功课，便十分轻松。所以我说军阀、猪仔、土匪，皆能自然交卷。倘然我来替他换个副语，把"将"字改为"已"字，成为"今人乍见孺子已入于井"，那就问题大了。那种难题，我们便不必向军阀、猪仔、土匪去开玩笑，向他们讨答案。我们并且也不必去穷问孟先生自己。我们可以现成的请顶天立地的玄学鬼孔二先生出来。一天，宰我说了一句痴愚的话。说道："仁者虽告之曰：井有人焉，其从之也。"从之是入井救去。当时他的孔老师，若恻隐之心更发达点，入井原也是一件相对可能的小事。他尽可说道："仁者其将然乎？其从之也，宜先投之以救命圈，后系己于起重钩；有关联梯，亦可徒下；从之宜不待些须也。故君子将行仁术，宜讲科学。升降可习也，器物必预也。"有何矜张，必将直觉一脚踢翻，直拒之曰："何为其然也？"从而诎诎拒人，支离为之词曰："君子可逝也，不可陷也；可欺也，不可罔也。"

照何、邢两先生替他下的解注,真糟得一塌糊涂。他们说:"逝,往也。言君子可使往视之耳,不肯自投从之。唯可欺之使往视,不可得诬罔令自投下也。"去看看,还是张开了眼睛上当骗去的,真叫做什么话!幸亏朱先生还有点脑筋,替他改着说道:"逝谓使之往救。身在井上,乃可以救井中之人;若从之于井,则不复能救之矣。欺谓诳之以理之所有。罔谓昧之以理之所无"。仁者从井,是理之所无。宰我妄说,君子不受他的罔。但人家掉在井里,要死要活,他不讲救人办法,从井怎样下去;先一味救了自己不仁再说;还把往救,自称君子。圣人的焦头烂额,亦已现面盎背。理之所有,理之所无,要同直觉相打,配享大成殿的大儒,也就顾不得"隐得来希"的灵机,赶向理智菩萨皈依。然而一个恻隐之心,到底还是毫无办法。若平日早动天君,晓得世上有井有人,终有一日,人可入井。人之入井,是一件大不忍之事,"君子"必有预备。"凡事预则立,不预则废",也是圣门常说的口禅;何以起重钩,关联梯,救命圈,不在井旁随手现成安放?倘早有此种施设,宰我也就用不着说出那种痴愚的提议;也就不叫孔老师那种狼狈。所以直觉还是经过理智不断的帮助,叫他进而愈进;不可算做神物,做起难题来,弄得惊惶失措!

　　这个恻隐,还有一段袭伪承谬的名言。就是我们无政府主义家老将克鲁伯金,也于反对理智作用太过,犯了笼统的毛病。他有一段话说道:"比方一个小孩,掉下河里。有三人立在河岸。这三个人,第一个宗教家、道德家,第二个是乐利派,第三个是清白的平民。譬如第一个首先对自己说:以为救那个小孩,今世或来世终有幸福的报应,于是去救他。但是他这样做,纯是一个计算家,再也没有了。至于那乐利派呢?比方他这样想:

人生快乐，有高尚和卑下之不同，救那个小孩，将给以高尚的快乐，那么，任我跳下河里罢！但是假使有人是照样想，他不过一个计算家，社会能够进步，也不十分依靠他。这里还有第三个人，也不计算那么多，他看见小孩的生命危在顷刻，他就如同一只好狗一般，跳向河里，救回那个小孩，而当那做母亲的谢他，他答道：为什么？我是不能不这样做的。这是真正的道德。"但克老先生说话，虽然说得好听，他却忘了一个问题：便是小孩是在河里了，立在河岸的三个人，一个宗教家、道德家，一个乐利派，一个清白平民，是否同狗一样的跳下河去，有把握救回小孩，能同去见他的母亲么？倘三人皆有把握，那道德家、乐利派还要计较，自然可以说更恶。然而这个清白平民，也不过自己确有入水能力，行一个恻隐之心，不费之惠，便夸说自己"真道德"，恐怕也是五十步笑百步罢！至于入水能力，止有清白平民所具；那两个饭桶，虽想来世报应，或想高尚快乐，本止能望洋兴叹；而清白平民原是责无旁贷，又何足卖弄他的自然呢？设或入水能力，三个人中，惟清白平民缺乏；那两人迟迟计较，自尤可恶。清白平民好像好狗救主，奋不顾身，自更可敬。然这件事情的结果，还是教士救了小孩，享他的报应；乐利家救了清白平民，乐他的高尚；清白平民还止做了宰我口中的仁人。舍身为人，自是另一美德，我们下文要讲。我们现在所要讲的，那两个饭桶，一得来世报应，一得高尚快乐，无非平日早有预备。凫水术常常讲讲，就河水中轻轻便便。否则河水里本只一小孩，忽尔又添起一个清白平民，既害了宗教家，为小孩袈裟湿透，又累了乐利派，为清白平民，皮鞋着潮。那种滑稽的把戏，"社会的进步，恐也不十分的依靠他"。清白平民无所为而为，所欲全者，只见"小孩生命危在顷刻，不能不这样做"。就是全那恻隐之心。既是恻隐之心，亦仗能力补救，才有意义。于是平日又不能不运些理智，到处设起铁梁铁柱，磁砖白石，温凉水常便的游泳池来。自然大家看做家常便饭，老老少少，男男女女的清白平民，皆是凫水高手。河中拯一小孩，与街上扶一骑自由车跌倒的相等。固然不要别人的母亲来谢，也没有母亲去谢他。社会岂不更自然呢？所以设了许多难题，不叫科学神去轻便解决；偏要玄学鬼竖起清白平民招牌，硬请宗教家乐利派出丑。这不免又是一种未扩充的恻隐之心罢！（我们古人也有"耻独为君子"者，就是要扩充恻隐之心，所以激起了羞恶之心。）

于是我们再来讲羞恶之心：羞恶之心，较锐利于恻隐之心。所以孔圣常说"小人"，孟老亦言"禽兽"，吴稚晖亦破口而称"军阀、猪仔、土匪"，调笑而引"无赖玄学鬼"，人家亦以"漆黑一团"两手两脚动物反唇相讥；无非要激起着羞恶之心，使人反省。但反省的工具，便是"是非"问题。于是激起羞恶，虽较锐利；然而要想解决他，却靠了理智更多。理智要替他用算账工夫，筹备得更劳。

什么要解决羞恶，靠了理智更多？

什么要解决羞恶，理智要替他用算账工夫，筹备得更劳？

要入这两层的正文以前，却不能不先提许多闲话，解说了许多误会，才说到这两层时，容易表明我个人贡献的意思。

（一）我是坚信精神离不了物质。什么真如正觉，也不过用几个物质的麻醉性名词，叫人昏昏盹盹，悠悠洋洋，得个"说不出话不出"的精神快乐罢了。其余什么清风明月，高山流水，说得像煞有价事，也无非借那取不尽，用不竭，又好又廉，够懒惰，趁现成，拿来安慰自己的精神罢了。甚至于反证着，弃去美衣佳味，甘心饲虎尝秽，也借着外物，做个痛苦的干脆了当罢了。其余浅近的，什么"窗前草不除"的理学，熙熙皞皞的农村，更是无办法而各尽天年的持中罢了。闹来闹去，自己是"有"，还是借些"有"，恐弄明白了是痛苦，所以拿它含混了算精玄。你骗我，我骗你，送完了"有生"便算。真是草草人生。他要多这一轮回，到底为什么？故我以为与其这样的不死不活，莫若止走两条路：一是积极进行，连天地都改造一番，便是向前的人生观。一是消极办法，把什么都涅槃了，便是向后的人死观。那种持中态度，还老着面皮，说是为生活而生活，真是"现世报"——"活现世"。"漆黑一团"所没奈何他的"落脚"子孙。

（二）我是坚信宇宙都是暂局。然兆兆兆兆境，没有一境，不该随境努力。兆兆兆兆时，没有一时，不该随时改进（此言"凡"生观。反此，能到无境无时，便是"凡"死观。惟有不生不死，终古如此，便是苟延残喘）。地球是三百兆年的暂局。人类是六兆年的暂局。皆要从地生观人生观再到地死观人死观。不过地球未死以前，我相信人类以后，还要有超人类。人类未死以前，我相信孔子以后，还要有超孔子。石器以后，曾有今日的物质文明。今日的物质文明以后，还要有骇得煞张君劢、章行严各位先生的超等物质文明。物质文明非但现在说不到破产，就是再几兆年，还是进行。惟先着地球而变成僵石，或随地球而化为星气，皆我所承认。

（三）本此原则，批评书契后数千年中的人类，数千年的短时间，本似一个旦暮。所以若说也有少数古人，胜过今人，我可以相对承认。但从大部分着想，就是孔二先生，说不定及不来梁任公梁大先生，梁漱溟梁二先生（我在此文篇首，已经说过)。至于一般普通人,可坚决的断定古人不及今人,今人又不及后人。

(四)我所谓古人不及今人,今人不及后人,不是单就善的一方面说。是说善也古人不及今人,今人不及后人。恶也古人不及今人,今人不及后人。知识之能力,可使善亦进恶亦进。俗语所谓道高一尺,魔高一丈,未免愤激太甚。若道高一尺,魔亦高一尺;或有时道高一尺,魔高二尺;也有一时,道高二尺,魔高一尺;皆可信为实在。此即宇宙倾向真美善,永向之,亦永不得达之之原则。人每忽于此理,所以生出许多厌倦,弄成许多倒走。我在民五的《中华新报》,最近的《东方杂志》上(《东方杂志》民国十三年正月特刊,题为《二百兆平民大问题最轻便的解决法》)。两次写得甚长,今姑不赘渎。

综以上四条,有两个基本观念:一是人类物质文明的进化,还有三兆年。二是人类古今不同,心理亦变迁甚多。梁漱溟先生为生活而生活,不管这许多。所以他有他的基本观念:一是人类永远就是这么一个人类。二是物质文明是有限,今日西洋的物质文明,已达极度,再进便离破产不远。(这是他上别人的当。所以他以为他有许多证据,何不条驳?岂知他所引的证据,如有条驳价值,乃唐焕章的八月十五后天翻地覆,他若引了,难道对面人也有驳正的义务么?)到了西洋今日物质文明的程度,自然而然,便改向持中一路。孔子是持中太早,所以走不到西洋文明的路上,持中便失败。现在中国,应当一面全盘的迎受西洋文明,一面持中。过了一个时候,那种西洋文明,及支那持中,又厌倦了,便实行印度的向后要求。(不言而喻,便是灭度。或者也就是他的世界混沌观念。从此四大皆空,永永真如。)他常怪人没有看懂他的书,便下批评。即我亦有这个感觉。人家没有看懂我的书，也便下批评。所以我发了心愿，把他的大著，连看六遍，抄摘也有四五十纸。看是一定不能算看懂，却悟了各个人的基本观念出来。说句笑话，他是住在孔圣人世界，我是住在孙悟空世界。他是规规矩矩的世界，我是古古怪怪的世界。说句僭妄话，他是住在哥白尼以前的世界；一个玻璃壳的天，挂些日月星辰的灯彩，罩在地皮上；玻璃上面，佛坐第一位，玉皇大帝第二位，孔圣耶贤，各有班序，才灵、学怪，辘轳回轮；有朝一日，真如放光，四大永空（梁先生的智识，虽远超于此，然而他的概念，似乎仍在这玄中）。我却自信住在哥白尼以后的世界；既不曾有天，何来天理？亦不曾有地，何来地位？（人为万物之灵等。）不过无量数变动，及无量数假设；假设成理，谓出自然，名曰天理，亦名词而已，本无乎不可。假设有我，谓灵万物，灵之而已，相对亦足容许。本来无有，如何有空，如何非有？文明文明，演进别名，何产可破？两方观念，既如是不同，所以我若驳他的，还是惹他一笑。正如人的驳我，也惹我一笑。我为此文主旨，前面亦略已说过，今再缕述一二。第一在三四年内，看见厌世自杀之人太多。我终怪他们把生活看得太认真。第二一方又见做一日和尚撞一日钟的自了派，年来亦不少。我又嫌他们把生活看得太不认真。第三经欧洲大战，物质文明破产之声，可笑几与唐焕章八月十五后天翻地覆一样。然而群众心理，有口难分，我想是他们生活的根本观念错了。第四，是前面说过，觉着年来梁卓如、梁漱溟、朱谦之三位先生的著作（朱先生的思想今又改变），都有点害国病民的成分在内。其祸根还是胡适之先生引鬼上门。所以我决意挟了予不得已的气概，要想做这篇拉拉杂杂的文章，向他们哭一场。明知螳臂当车，徒引一笑，也是我尽我心罢了。

动笔中间，又遇着丁张开战，章老将归农，就并为一谈。更弄得千头万绪，无从下笔。仅仅写三四万字，延长了一年。我明知生在此种社会，真是不幸，只好把我自己要说的，尽量说完了便算。苟其人犹有上帝灵魂，"隐得来希"，灵机活动者，根本观念不同，只好任他们去自杀罢。

（五）我信物质文明愈进步，品物愈备，人类的合一，愈有倾向；复杂之疑难，亦愈易解决。故黄帝以前，只酋长各据部落，榛莽秽阻，交通不出数十百里。从城郭、宫室、衣裳、车马、舟楫、耒耜、杵臼、弧矢，物质文明大进，始有国的意味。不多几时，夏禹便操其橾橇畚锸，治工程于数千里之间。至于商周、礼、乐、冠、裳，文明大备，于是部落皆成都邑，并合所谓"万国"者，成立数十大邦。经春秋战国，才智辈出，桔槔而汲，削鸢而飞，驱坚策肥，裹粮行滕，周流历聘者，交通大繁，自然趋于秦汉之统一。由是而五百六十尺之巨舟，期年可以毕事。郑和遂抵好望角。麦智尼、哥伦布亦寻出新世界，环游地球。华特的蒸汽机一动火，轮船火车推进，黄发碧睛之动物，遂如水四溢。炎民巷、海大道、静安寺、九龙湾便尖塔高矗，一万年也不再行矣。故物质文明之于一民族之祸福，我不敢知。惟四千年前舞干羽两阶，七旬方格之有苗，今固高隐湖南、贵州山间之农村，世界人类学小册中，几漏载其名。所以物质文明帮人类统一地球，从而共产，从而大同，是我所坚信。果为何等人类，我耸肩而不敢答。好在今日玄学家，彼时亦成鬼久矣，彼亦可不负责也。因而在这一段文章里，始可列为悬案，存而不论。我们再讲物质文明帮助人类在地球上大同之进行。前年美总统有选举之说，无线德律风预备临时添置二百万具。那就人民普遍的监察，运用愈周，共和可以愈真。如德国之工业教育，虽全厂工程师战死，工头能代行职务。工头又死，工人亦能勉强开工。于是劳工大学等之设备，成为理论。工人智识愈高，合作工厂将代用资本工厂。业组之社会主义，可不烦流水而成。铁柱日铸万枝，水泥日出万桶，试验仪器，充积厂屋，精铁油木之桌椅，满贮仓库。三十里而峨焕完备之大学，已在面前。二十里而崇闳富丽之书库博览室，又堪跬足。一动车而千亩云堆，一开机而万卷雪迭，人皆为适量之节育，亦各操两小时之工，如此而共产，庶几名实两符。你想倘要如此"睡昏"的做梦，缚了理智之脚，要想请直觉先生去苦滴滴的进行，他高兴么？回头过去，向后要求，走最高等之一路，是其结果矣。然而地球上自有人类，用不着玄学鬼子孙承乏支那。犹之乎江南自有"吾兄"太伯之吾弟稚晖，能长子孙。用不着断发文身的荆蛮哥哥，舍却湖南山中农村之乐，来实无锡版图也。

至于梅兰芳舞衫上之电灯，"小白脸"面上的雪花膏，尖头政客绒垫下之汽车，公以为物质文明即指此乎？然而畸形结果之来，现象自当承认其如此。故昨夜与吾友陈仲英、丁芸轩两先生行过先施公司、永安公司之间，丁先生喟然叹曰："文明乎，抑外国货之贩卖场耶？"既伤消极之无从，复苦积极之难说。此正与玄学家大做好梦，毅然消极，以为"人且破产，我行坦途，庶几挽此狂澜"。若能得你家第十老祖朱先生所说扶了东边西又倒，还是罢了。

可惜东边既不曾扶好，新新公司又将开幕。而西边却同善社、道德社、大同教、吴鉴光、小糊涂、金刚眼、皆猖獗得远超过于戊戌以前。你要得孔颜乐趣，他的坛上，便孔子神位，颜子神位，早供上座。你要致王阳明良知，他乩盘里，便王文成的静坐法，王心斋的泰州躬耕诗，早登在卍字杂志，他刮你们的面皮，从老先生的梁任公、梁漱溟、张君劢，刮到小先生的谢赞尧、谢国馨。使我们切齿痛恨，以为弄到蛇鼠黄狼，一齐显灵。二十四夜灶君皇帝的上天，耀武扬威。农民的辛苦米粒，都装入妖巫道姑袋里。皆是东西文化哲学，欧游心影录，清华学校的人生观演说稿，间接直接鼓吹出来。这真是冤哉枉也。也正同梅兰芳、小白脸、尖头政客刮我们的面皮一样。从激昂的陈独秀、李守常、胡适之、钱玄同、吴稚晖等，刮到中正的任鸿隽、朱经农、唐钺先生等为止。使你们切齿痛恨，以为半洋半相的男女，桃红柳绿的创作，无耻苟偷的猪仔，皆是我们鼓吹出来。弄得民穷财尽，子不孝父，弟不友兄，学生不敬老师，真是三纲沦，五常灭。这也有些苦哉冤也。若两面相恕，正可以说，大家都无法于道高之一尺，及魔高之一丈。平心而论，那种孔颜乐趣，体验良知工夫，若在十八世纪以前静稳世界，用直觉来压住了理智，不任多事，大家持中过度，实是快乐。现在若个人不负什么社会责任，偶有少数，抽出自己身体，与高隐一般，亦未尝不足以安心定命。所以上举的姓名，除两位谢先生，我未识荆外，其余三位，都曾承过颜色。除任公先生人人晓得，不必再加批评。至于君劢先生、漱溟先生两人的人格，实可钦佩。讲起孔颜乐趣来，吾尤服膺漱溟先生。我虽只与同座一次，偕游一次，然四面八方打听，他的内行敦笃，吾闻而知之；他的气度温纯，吾见而知之。然而我们逼住了不能不做乐利派的眼光看去，梁先生终不免做了十七世纪的一个废物。我可以自己权且承认，我或者是言伪而辨，他却也免不了学非而博，正是一对少正卯。我至今代他终想不通的，请条举于下：（第一）：持中一路是要得到西洋今日的文明，才走上去不失败。这是梁先生自己说的。如此，中国不曾有今日西洋的文明，差不多同孔子时代一样。有今日西洋文明的，只是西洋。那么，梁先生的"东西文化哲学"里的中国化，为什么不去专给杜威、罗素等受用，却给中国的梁漱溟、谢国馨等先受用，难道不嫌早吗？（第二）：孔子当时，早走了持中的第二路，所以走不上第一路。西洋不曾早走第二路，所以就在第一路上全跑过了。这又是梁先生自己的意思。而且梁先生的意思，没有在第二路全跑过，断不可走第三路。所以印度态度，现在要绝对排斥。绝对排斥印度态度的缘故，无非为要迎受孔子的持中。那么,要全盘迎受西洋的第一路,如何便用不着迎受第二路,绝对排斥第三路的比例呢？这是梁先生自己也要搔搔头，笑起来的呀！（他或者持有"根本改过"一语,请看第三条。)（第三）:姑且让一步讲，什么持中了能否向前么？什么两条路可以同时并走么？皆不必深究。梁先生的路是"整齐得很好玩"的。（一是）三条路皆是世界化，世界人类皆当依次走到。（二是）先到第一条，然后再走第二路，然后再走第三路。第三路是功德圆满，最高的一条路。（三是）果然把第一路走完，自然转到第二路（不言而喻，若把第二路走完，自然转到第三路）。照这样说来，非但中国要绝对排斥印度化，印度便更要排斥自己的第三路；且一定还要相对的排斥中国的第二路。因为他第一先要全盘迎受西洋化，若也学中国，跨了一二两条路走，在他于中国化完全不习，定然与中国人不能得同样之效果，而有难逃之弊害。梁先生！你想，印度人要全盘弃了他自己态度，学过西洋，再学中国，然后再把自己态度拿出，印度人不是顶倒楣么？若说也可以同中国一样，把西洋化全盘承受，根本改过，就可以"西""中"混合而进。在印度，亦可把西洋中国两化，全盘承受，根本改过，也可"西""中""印"混合而进。照此比例，西洋中国何不援照印度法，大家"西""中""印"混合而进，令全世界早达最高贵的第三路，岂不于人类进化有大益？何以西洋中国反绝对的要排斥印度化呢？（第四）：梁先生个人，止把一个孔子来安心定命，排斥了西洋化，居然也其乐洋洋。（难道梁先生已将西洋化的第一路走完过了么？想决无此滑稽！）就证明个人的安心定命，可以躐等。如此，何以梁先生对于个人，不力求上达？既悉印度化的精微，仍下乔入谷，吃酒肉而乐妻孥，尚支离自解！故"西洋化人"视你为仇敌，诚浅薄矣；而"印度化人"斥你为叛徒，先生将何说之辞？先生将曰：吾为孔子，即将为乔答摩之预备。然先生不曾成达尔文，如何能做孔子？（此夫子自道。）殆以"东西文化哲学"上抄几条西洋化如何坚卓，当全盘承受，即算已成达尔文，所以尽管自然转入第二路，去做孔子？然则先生描写孔颜乐趣，固加倍精细于描写西洋化诸条；是先生又成就了孔子矣，如何不急急进与乔答摩合体乎？终之，梁先生说得整齐好玩，太高兴了一点，便矛盾百出。所以全书尽管天花乱坠，引证得翔实。在矛盾中，不免都成了童呆废话了。一个人决不能包办一切。梁先生既愿吃酒肉，乐妻孥，服膺孔子。在我谬妄，则拍手赞叹为进化。全书中描写孔颜乐趣，定比康有为、陈焕章不同。可与梁先生的人格，同一佩服。何以欲解其叛佛之迹，阳极尊之，而阴置之死地（绝对排斥）？又恶守旧之名，名则全盘向前（第一路），实则画之半途（持中）。梁先生之心或无是，而迹实如是，效又如是。梁先生答胡先生言："陈仲甫先生在'前锋'中说：'梁漱溟、张君劢被适之教训一顿，开口不得。'我不觉得我反对他们的运动，我不觉得我是他们的敌人，我是没有敌人的"。梁先生说他没有敌人；在他个人人格上，何消说得。我信胡、陈诸位敬佩梁先生，也是过于别的朋友。但梁先生书中却不免夹了"敌言",所以别人也用着"敌驳",这正所谓大家当仁不让。"言敌"而已,非"人敌"也。梁先生说:"我不觉得反对他们的运动。"这真是梁先生苦不自觉,所以别人也不能已于言。梁先生以为西洋化要全盘承受,如是优礼西洋化,宜得崇拜,何反来咨嗟?然此等滑稽,不嫌拟于不伦(实在拟于不伦,惟类例却如一)。有一现成的比例可说。若曰:梁先生"东西文化哲学"中的全盘承受西洋化,恰与曹锟完全宣布中华民国宪法,无心而相同。梁先生是拿西洋化开玩笑,曹锟是拿宪法开玩笑。我可信先生之志则非是,而先生之实乃有然。道德之价值,空言无益,乃在事实,故孔子罕言仁。倘满口致良知,天花乱坠,求其隐,付诸一叹,则圣言无光,梁先生所言孔颜乐趣,弥觉矗矗者,非他人不能言,乃有人格照映之故。而其"西洋化全盘承受",人乃置之一笑。即梁先生其实藐视之,而且不屑过问之反响也。倘用意若曰:事必分工,贤者识其大者,吾任持中之道;不贤识其小,让无聊人去承受西洋化。谁则堪此蹂躏?报之曰"童呆"宜矣。有如王阳明,亦其人格事功,两相辉映,而后言益见重。否则曾国藩之道学语,周孔教亦言之矣,有价值耶?今之士夫,不以梁先生之模范绍介于人,却欲以梁先生之美词宣扬于世,岂忧军阀政客及洋八股学生,发电投稿,尚无料耶?今有人焉,内行一准于孔子或阳明,然而口不一言。口所言者,声光化电,两利公理,竟足与第一路内人抗手。如是,在乡而一乡化,在国而一国化;"东西文化哲学"中之西化全受,中化持中,一定成功。张君劢先生自治学院中,亦人才辈出矣。否则彼此皆以学案语录相欺,麻雀之声,达于户外,西洋之学,断烂朝报,最好结果,多几个教士式的废物;否则简直再烧教堂,重起义和团。梁先生乎，你以为西洋不持中乎？你上了自己的当了！
请观下文。

（六）我信道德乃文化的结晶，未有文化高而道德反低下
者。虽生才不遇，我亦可以相对承认。然一民族全体总和的道
德，合千百年而衡评：谁实分量较高，便是此民族内的分子
大半较良；谁实较低，即此民族内的分子大半较劣。什么"持
中""前进"，不过各民族的哲人构成道德的方术，标一最概略
的总目。而其千百细则，如何配造适宜，纤悉有效，则良劣分焉。
自春秋战国以来，有文化者四族：一、白种亚利安族，即所谓
希腊、罗马，至于英、美、德、法、西洋化之民族也。二、白
种闪弥、罕弥两族，即春秋前之埃及、巴比伦，中古以来为希
伯来，下至亚剌伯之民族也。三、黄白合种印度民族。四、黄
种中国。宗教皆创自亚剌伯民族，印度亦受其影响，故一为神
秘，一为虚玄，简直是半人半鬼的民族。所以什么佛，什么祆
神上帝，好像皆是《西游记》《封神传》中人物。其实他的圣
贤皆懒惰邋遢，专说玄妙空话。所以他的总和道德，最劣。最
相宜的，请他讲人死观。凡懒惰邋遢人接近之。我料三千年后，
他们必定止剩少数，在山谷中苟延残喘（内惟犹太人少数流徙
者，并入欧族）。中国在古代最特色处，实是一老实农民。没
有多大空想，能建宗教。只祈祷疾病等，向最古传下来的木石
蛇鼠，献些虔诚。至今如此。即什么宗教侵入，皆以此等形式
待遇。他是安分守己，茹苦耐劳。惟出了几个孔丘孟轲等，始
放大了胆，像要做都邑人，所以强成功一个邦国局面。若照他
们多数"大老官"的意思，还是要剖斗折衡，相与莫逆，把他
们的多收十斛麦，含哺鼓腹，算为最好。于是孔二官人，也不
敢蔑视父老昆季，也用乐天知命等委蛇。晋唐以前，乃是一个"乡

老"(老庄等)"局董"(尧舜周孔)配合成功的社会。晋唐以来,"唐僧"同"孙悟空"带来了红头阿三的空气,徽州朱朝奉就暗采他们的空话,改造了局董的规条。(六朝人只去配合乡老的闲谈,所以只是"柴积"上,"日黄"中的话头。到配了规条,便有了威权。) 所以现在读起十三经来,虽孔圣人孟贤人直接晤对,还是温温和和,教人自然。惟把朝奉先生等语录学案一看,便顿时入了黑洞洞的教堂大屋,毛骨悚然,左又不是,右又不是。尽管那种良知先生,已是粗枝大叶,然还弄得小后生看花是天理,折花是人欲,板僵了半边。然而这种民族的真相,还是只晓得擎了饭碗,歇工时讲讲闲话,完工后破被里一攒,一觉黄粱,揩揩眼眦再做工。怕做工的小半,便躲躲闪,去鸡偷狗窃。有福的,跟着乡老,在柴积上日黄中,讲讲玄学,赏玩赏玩清风明月。虽局董也有什么洒扫应对,礼乐射御,许多空章程贴着;他们只是着衣也不曾着好,吃饭也不像吃饭,走路也不像走路,鼻涕眼泪乱迸,指甲内的泥污积叠。所以他们的总和道德,叫做低浅。只有他们近处的一种矮人,性情脾气,虽也大略相同,惟勤快得多,清洁则居世界之上。所以拿他的总和看起来,他家虽有名的圣贤极少,却一定无名的"局董"倒是振作。因为他的老大哥(支那)的性质,秒的程度,固然没有超过印度亚剌伯人,懒的程度,却差不多相同。懒则必说大话,又必向内山安闲处乱攒。深恐他们久而久之,也要卜宅湖南、贵州山中。现在要讲一个算账民族,什么仁义道德,孝弟忠信,吃饭睡觉,无一不较上三族的人,较有作法,较有"热心"。横竖我在下文,此处彼处,把重要的还要说着,今且不必细表。讲他的总和道德,叫做较高明。请凡到过他们家里,有如张君劢、章行严、梁任公诸位先生,摸了良知,不必偏激,讲与梁漱溟先生听听。我们自己顾些面皮，然后批评人家。我们持中，持的什么？他们算账，算的什么？至于拿"善进恶亦进"的原则来说，他们算账的恶人，一定有中国没有看见的，并且也是中国维新党正如法炮制的。然他们多数算账的好人，也有合了两个孔子都抵不过一个的。难道我们可以盲了目，只当不看见，瞎吹我们的持中，胜过他们的算账么？居乡，人与人不服善，人人知为恶德。难道可以倚仗了"种拘"媚世，不服善到如此？所以"他们物质文明破产，他们道德搁浅在第一路"，据了几个发牢骚人的激言，嚼闲蛆人的自夸；或在"外国四马路"，被野鸡拉了去，就下断语，说："外国上海"全城女人，皆不着裤子；就引来算金科玉律、著起了不朽著作，若曰："你看不懂我的书，你驳你驳，你也不敢驳。"真立直了做梦！这一番的西化破产谣言（西化革新，入于尤高尚的一境，则有之。如帝国主义完全扫地，社会主义将代共和，皆在实现及酝酿中），却引起了一个新问题。梁先生书中，已把往事详述。说："我们对于西化，初但注意极可笑的物质；后乃得到了赛先生台先生，就得到了归宿。所以断定他尚搁浅于第一路。因为赛先生是智识，台先生虽是道德，止是公德。"我们这农民民族，对于他四围的乡邻，如西域东夷，在私德，素算我们是讲究，故以私德自豪。及这个绿眼睛的动物东来，观其举止，接其言动，着实有些吃惊。然不肯降服，便不与讲"行"，而与讲"心"。故称我曰"持中"，称人曰"算账"。又把人伦理方面之笃厚者抹煞之，把他与我们抵触者诟病之。不幸就是诟病的一部分，算起账来，又算他不过。虽良知之少年，亦将男女恋爱，看做最神圣。居然把什么王阳明要大哭三日的有岛武郎与波多野夫人，昂昂然与文天祥史可法同传。还说是杀身成仁的良知。这正证明良知破产，算账奏凯。于是纯正如梁漱溟先生等，与算账更势不两立。其实洋鬼子并未物质文明破产，道德也并不算账。少年眼光锐利，称他为杀身成仁之天理流行，确是天理流行。破产算账的谣言，价值还低过于唐焕章的八月十五后天翻地覆。简直同三十年前故事一样。有一御史上条陈，言与洋人打仗，只要各肩黄豆一袋，或挑水担一副。洋人赶来，委豆于地，横担于途，洋人一跌倒，脚直而不能起，预备绳索捆绑是了。脚直是前三十年御史的话。西化破产，洋圣人算账，这是今日出洋博士，大学教授的话。民族如此低劣，真要气破肚皮！若我也怕骂"洋子洋孙"，不揭此黑幕，我真对不过孔仲尼、王阳明。并且我顺便要向陈仲甫、胡适之诸位先生商量，这是梁漱溟先生提醒的功德。我们中国已迎受到两位先生——赛先生台先生——迎之固极是矣，但现在清清楚楚，还少私德之迎受（只零星的，拣些较可作恶者，或胜奇、或细小者，偷偷摸摸，大家拉点扯点，未曾正式的鼓乐迎娶）。这是什么东西呢？就是可以迎他来，做我们孔圣人续弦的周婆的，叫做穆勒儿（moral）姑娘的便是。请她来主中馈，亦且无妨牝鸡司晨。才把我们那位"灰葱头"（上了锈）的局董，不要老是曲肱饮水。振作点，一面本着天理流行，浴乎沂边之游泳池（巴黎森河边便有），风乎舞云之列树下；一面不妨狐貉之厚以居，食不厌精，脍不厌细，申申如，夭夭如，像个在文明人境。商羊萍实，陈于客座。鸟兽草木，采作标本。老农老圃，再不许骂为小人。周冕殷辂，一定要随时打样。货恶其弃于地也，力恶其不出于身也，不独子其子，不独亲其亲，决不可任梁世兄恐怕抵触持中，乱说浅薄（明知借他招牌假托，说得对，亦何妨说不管若自其口出）。于是穆太太对一班徒子法孙，温温和和的，常川教导。使得他们，出门与父亲亲嘴（孺慕）。上车替娘舅提包（服劳）。饭是摊着桌毯吃，还是一粒饭颗不掉；痰是隐在手巾吐，莫说肮脏痰盂宜设；指甲修得烁光；须根刮得皓白（洒扫应对进退之节）。别人作事，莫好像饿煞仙鹤，延颈而旁观。千人一室，勿好像闲空瘪三，张目而互看（施诸己而勿愿，亦勿施于人）。小节说不其尽，大义更要效慕。朋友托孤，可千万家财，代管二十年，增产两三倍，积起账簿数箱，一一编号而交付。海轮触冰，顷刻要沉，送妇孺稳上端艇，二千人作乐唱歌，谈笑而共逝（舍己为人）。算账的穆太太，断断不弱于持中的老"夫子"也。所以迎受了：

穆姑娘治内，

赛先生请他兴学理财，

台先生请他经国惠民。

如此，庶几全盘承受。如此。专心在第一路上，向前进，开步走，是为正理。何可折回半途（持中），哭哭啼啼，向老迈的孔鳏爷爷讨索冷饭剩羹。逼得他曲肱饮水，没了法，还止好溜回桃源洞里，直达贵州苗山深处，耕田凿井，强度鼻涕眼泪之岁月乎？

（七）我信"宇宙一切"，皆可以科学解说。但欲解说一切之"可"，永远不"能"。能解一切之"可"，无异说能知无始之始，能知无终之终，能知无外之大，能知无内之小。这自然不能。惟能虽不能，而可则自可。向可中求增其能，是为之学。不问其可，自信别有所能，是为美学态度；不信其可，而愿姑试其能，是为玄学态度。心知其可，不肯自限其能，是为科学态度。

以美学、玄学、科学三态度，包括一切之学，我在民八投文"新青年"言之。当时美学称文学，玄学称哲学。后数月，不记那位先生，又于北京大学日刊言之。彼以美学作宗教，玄学亦作哲学。玄学与哲学，本为一家。惟哲学之名，古曾包括科学。在此三分别上，不如作玄学为便。第一类则无确当概括之名词；名之曰情学，则较合。然为情学二字太生疏，故姑以美学、文学、宗教等代之。文学不能包美学，美学则能包文学，惟仍不能包宗教，宗教自然愈不能包美学、文学。惟此第一类，实包有宗教在内，所以若称情学较合。今用美学代表之，请读者勿嗤其疏漏。且于三者皆可别立便利之名称，下文当随宜称之。便利之名称如下：

第一类美学、文学、宗教，可便称之曰情感学。

第二类玄学、哲学，可便称之曰情理学。

第三类科学，可便称之曰理智学。

古称哲学为智学，即与科学未分家时，哲学实自以为彼是理智学，与宗教、美学等的情感学为对待者也。惟称科学为理智学，只方便称之而已，实未极贴切。科学固纯然为理智之事，然彼仅接受理智成熟之一部分；而未成熟之一部分，仍隶属哲学兼赅情理的理学中（又以上三分别，谓可概括一切之学，仅就性质言之。世间尽有杂有三类或两类之性质，别有面目，而自成其所谓学者。赅而属之则可，画而隶之则不可。故学术家、目录家等之分类法，自又各有其自己之门类。言非一端而已。夫固各有所当）。

美学、玄学、科学三者之于人类之学，犹轻养二气之于水，缺一而不可。惟各有其成分。成分将如何？则谨谢不敏曰：止信"可"知，尚未"能"知。现在谬妄武断，则美学、科学各四成，玄学则二，似状态正当，而不显其畸形。在今日西欧北美之态度，美学四，玄学1.4，科学4.6。所以科学家似乎夺了玄学鬼的饭碗，稍呈不安之象；而科学破产之诅咒亦来。以言中国,不就成熟方面言,但就形式方面言之:文学六,玄学 3.9(若就成熟方面言:难道今日中国文学哲学家有如许之多,必引世界匿笑),科学 0.1。所以玄学鬼拿了别人医治武士道家的方子,来医治新生孩子,不给牛乳奶粉他吃,倒要灌巴豆大黄,便叫科学孩子,不管三七二十一,举起小手,戟指毒骂曰:"你这玄学鬼,你在欧洲,饭也没讨处了,你还到这里来大摇大摆"!科学小庙里的香火老老,亦起而应和曰:"这个臭瘪三,拿我们先施公司玩具部买的机关枪来,打到他七零八落。"这玄学鬼还是持持胡子,笑而不动,微答曰:"小孩儿!老头儿!不要闹,你们太粗太粗!(指物质文明),自有精——精——精"(指灵机活动,"隐得来希",天理流行)。这就是此次科玄之战的小影。所以我已总批评一句曰:"混闹一场。"至于对各人崇论阂议而言,很给我们许多片段精微之智识,双方皆极美富;惟战争却各不曾针锋相对。而微言多中,却推任叔永先生。彼温和而举科学家名人人格,多数无不伟大,即隐劝张君劢先生勿偏信峻肃的理学中,包办君子。恐结果则迂远固陋其报。我于此,就本地风光而言,张先生虽自信年来人格之愈高,得力于内外名儒。然丁先生固粗头乱服之科学家;"反对朱、陆",排斥玄学者,何以彼之可敬爱,即张先生所大首肯,并与张先生同?倘议会中尽如丁在君,也决不闹五千元之把戏;不必尽如张君劢、章行严、梁漱溟也。足见人格用"心"造,乃印度之苦行家,黑暗时代之经院教士——今天主教之基督派如故——宋明之道学,试验而效实平常之一法。孔墨老庄、释迦、希腊群哲,皆不如是之刻狭。至颜习斋等躬行君子,不好穷究"造意"后;至于近世,若曾涤生之类,皆世称君子人,都已变易宋明刻狭之气度,乃归于和易。吾上文所谓:"如入深深黑暗之广大教堂中，左又不是，右又不是"，实因长袍端垂，明晃晃的金十字，稳悬胸前，凝然不动，骇得三岁小孩，苦面不敢哭，阎王殿上，殊非人境。故有人訾议"柏格森的直觉，便是良知"。说他不是，自然不可。然我想"骗骗巴黎女人"，亦是丁先生的戏言。至于柏格森止是谈学，并非谈道，则不可不分别。若援彼为西洋王阳明，充作偶像，大建道学庙，则断断不可闹此滑稽剧。有如佛者，教人出世之道，徽州朱朝奉等倒暗地把他来装点入世之道，弄得局董的规条上，生出战栗的威权，真弄了一出悲剧。你看南宋以后，社会多少干枯！经老鞑子（元）小和尚（明太祖）同他们夹缠了一阵，空气里稍有一点生趣。不料他又要嘘冷气。幸亏所谓王阳明、顾宪成之类，也是粗粗粗；就被顾炎武等跑到前面去了。所以新鞑子的世界，便五光十色，大放光明。我们的经院黑暗时代，最冷酷的是南宋。文艺复兴是清朝。我在民八"新青年"所作一文，即言东海西海，心理并同，空气不必用舟车而能同。西之希腊小亚细亚，像春秋；雅典，像战国；罗马，像汉魏；中古黑暗时代，像宋元；文艺复兴，像清朝。时域的短长，虽略有参差，而大致符合。故今日社会尚有一种怪声，群谓我们还要从文艺复兴入手。又是骑马寻马，倒开火车的大谬误。我们今日文学、美术，自然也当整理改造，正是接连了令他光大的时代；与欧洲今日去整理改造那三百年前复兴之草创物，其事正同。不必我来盲目瞎说，可用事实证明。今之所谓国学，在顾、黄辈远接汉唐，推倒宋元之空疏黑暗，乃为复兴。于是戴、钱接顾、黄，段、阮接戴、钱，经洪杨小顿挫，俞樾、张之洞、黄元同、王先谦等又接段、阮；接俞、张等者，如刘师培、章炳麟等，竟跑进民国，或尚生存。何时黑暗，而当复兴？即文学、美术，但就中国言，清朝至今，亦复兴了汉唐之盛，远过南宋元明。何时黑暗，而当复兴？难道把戊戌以后十余年之一短时，给梁启超的西学书目表，打倒了张之洞的书目答问，又经陈颂平与吴稚晖，私把线装书投入毛厕，便算黑暗吗？然而其时恰又制造了中国裴根、狄卡儿、斯密亚丹等，如丁文江、张家森、章士钊等一群怪物出来。乃是文艺复兴后的新气象，何能算黑暗？文艺不曾黑暗，复兴二字真算无的放矢，泄气下向之谈。这种文艺复兴，科学破产的不根谰言，也竟会同洋鬼子腿直，及八月十五以后天翻地覆的笑痛肚皮话，一同在文人学士口中嚼蛆。这民六至民十三的七八年，真叫黑暗！（空辜负了五四运动。）所以伟人一齐破产，名流异常出丑，猪仔土匪竟滔天撒粪。得罪得罪，我们也太露形，整整衣裤，再向下讲。

正正经经，公平判断，美学、文学、宗教等情感学是父亲；玄学、哲学的情理学是母亲；科学是他们的少爷。情感学照性质言，是一个痴愚盲目的女性；为什么反叫他父亲呢？因为在功用上讲，干干不息，冒险猛进，胡说八道，大胆乱讲，简直热烈的像投标一个孕蛋，有不恤糟蹋二百兆精虫的气概。这非父而何？倘那种巢居穴处的野蛮，没有一种老奸奇滑，而又想入非非，披了头发，蔽了树叶的野蛮圣人，替他们想出蛇虎有"鬼管"，风雷有"神司"，皆可得祭拜而为保障；就如何能入山林，不惧不若，能居旷野，自信无恙？所以宗教实是愚人不必讲理，容易说懂的慰乐妙品。就是到了真圣人时代，虽一面说："未知生焉知死？"一面还是"祭神如神在,迅雷风烈必变"。用意自然亦是无恶，不过欲借屋漏寅畏，自雇巡警跟随。纵到了科学出世，还是"灵机活动，隐得来希"，满口抵赖，上帝或无，天理终有；一心糊涂调解，情愿暧昧不明。就其善意而说，终为容易将愚人检摄。因此，不但固狭的理学家。口不言宗教，实迷信寅畏上帝。即明通的哲人，早已不信上帝，尚坚称宗教可以与宇宙同尽。其实彼所指之同尽物，乃为宗教家久假不归的"信仰心"而已。信仰心自然与宇宙同尽。即我自己安慰，亦假设了一个"漆黑一团"，才算自有着落。而谓我与万有，皆其变形物。暂时有我，即当台唱戏。此戏乃为自唱，无烂污可彻。并且厌世亦是无用，还要登台。暂时万有，即从前之我，亦即将来之我。如此明白晓畅，何用我在书房之中，必雇巡警监我？而且巡警何在？已彻底遍搜而不存在，何能自愚？倘要代用上帝，请一博爱先生，即彼在我心腔，亦在万有心腔，无毛孔而不存在者，做个畏友，是我心悦诚服，决不敢否认者。其人如作恶，即不明以上之理，似别无他故。倘谓究不如上帝之易解，则请问持"漆黑一团"之理者，止我一人；信上帝者，兆兆兆兆之多；何以上帝亦未全能？古今中外之教士非教士，作恶者如恒河沙数！倘加一极不敢当之恭维语，奖我曰：子之理想，固亦是一义；然不可以遍喻人人。我则对曰：承先生谬赞。我想子之晓然无上帝，固百倍于我。子所不愿明白阐说，为安普众。其实先生殊误。先生平日笃信宗教之难灭，不但取其功用，并且震其势力。以为"如许愚人，即口枯舌干，至高则青年会，绝低则拜蛇，明通则大博士，痴愚则'小糊涂'，无一肯容纳子说，可见宗教之不可少"。我则曰：到焦点矣。如其然者，安慰愚人，自大有人在。我等止当尊重彼方亦一是非，敬爱之如常；不必人其人，火其书，庐其居足矣。此所谓时代尚未至，不可操切。如拜蛇时代，慢慢望他为未知生焉知死时代；又慢慢望他为"隐得来希"时代，更望他为虽无上帝，宗教……时代。从一个杀人而祭时代，渐进渐进，竟使如我无神之徒，也容许在光天化日下做杂志文稿，就皆由有人努力复努力之故。如我无神者，今欧洲社会党，至少有五百万人。无神之人，更强以宗教安慰之乎？抑听其一无安慰乎？则可见别寻一极有趣味之慰安物于信仰中，乃开明人境学者之责。身既不列教籍，而又刚治哲理，如何还把信仰贱卖于宗教，作锦上添花，而不向雪中送炭？信仰之原则，在能贴然安慰，而又饶有趣味。故蔡子民先生欲以美学代宗教，亦是一法。然仅仅美学，情感慰矣，而理智闯入时，尚或未有所对付。倘对付以"隐得来希"，此即三杯"臭麦烧"，把自己骗醉。万一中夜酒醒，布衾如铁，灰冷何如？故欲以美学代宗教，必更助以有着落之无终始，无外内、神通广大之后盾。非我"漆黑一团"之老祖爷爷而何？如其有人生观者，如下棋然，创造出无穷极，无比拟的玻璃花球，丢去一个，还续一个出来。如其有人死观者，还到"漆黑一团"，也刚刚恰好。惟不要不死不活，即表面以"隐得来希"，"灵机活动"，天理流行自慰；甚而至于委心美学；口虽言"就生活而生活"，实则自伤其为待决之囚，聊以忘忧，则殊可痛也矣！否则本不曾生，又何用杀？而曰："我于生活认真，我曾要想自杀"。阿弥陀佛！痴愚哉"隐得来希"，可怜哉"灵机活动"，苦恼哉天理流行！

然宗教实为未进化之信仰学。无论杀牲拜蛇，敬鬼神而远之；或"隐得来希"，反天理流行；其为思想家则同。故哲学是其所恋爱，至结为夫妇（下文再详）。美学则彼（宗教）为发明家。至今满城高塔，远山红屋，广殿风琴，古寺清钟，什么"佛格仑斯"什么天台雁荡，图画家、音乐家等认有丰富材料者，还是他的僵尸或变形。文学则彼为创造家。神话苗歌，洋溢于兽蹄鸟迹之世；于是雅颂作，而风谣继起。道德经，系辞传，皆未作也。鄂谟（荷马）之诗，亦前于小亚细亚七贤之名理者六七百年。然美学文学自身，彼等自有其理想中之热情，不必上帝能创造万物，彼亦自诩别有万状万境，在其胸中及手底。于是世间尚未有此人物，无端而描出此人物，写出此人物；世间未有此境界，无端而造出此境界，指出此境界；而又自认为非真，却莫不赏其神奇。自认为非真，所以自然与宗教分家；莫不赏其神奇，哲学的伊，亦就爱好之，既委身于宗教后，又再蘸于美学（文学本为美学之一体）以诞育其宁馨。美学文学，将随信仰学，与宇宙同尽，为吾之所坚信。美学文学且与信仰一表一里，一动一静，所以安定信仰，神化信仰，吾又坚信。惟彼等实一味热情，不恤精虫二百兆，寻一孕蛋，未免糟蹋太甚。所以不可使之孤阳独盛，变为虚华世界。质言之，美学文学成分是十成之四，决不可过。

情理学照性质言，既能多情，又能中理，以是男性。今谓之为母，亦于功用上言之。坤顺发育，庶物咸备，皆以为基础。彼能耐心与其前夫"宗教"，同处甚久。指摘其迷谬，将护其信仰，至于不可忍，方告离异。然情分甚重，与之为朋友，以迄于最近。用其断离时所拨"信仰"之财产，培植理智。且不断情欲，再蘸于美学。弹琴哦诗，居室极乐。遂就人境而尽人力，结科学之珠胎。风、火、地、水，点、线、面、体，谈天博物，烧丹炼汞，初止哄传哲学太太多才多艺而已；而太太亦不敢惊世骇俗，常口说"隐得来希，天理流行"，冀勿伤前夫之友谊。然自"后夫"为"前夫"幽禁许久，遭一黑暗；及至天上人间，重寻得美学郎君，遂于悲喜交集中，把科学小官官产出。这位小官官一出世，便专与母亲之前夫为难。其父固不直于宗教阿兄，亦不知所助于科学爱儿。惟仍陶彼情，适彼性，表示中立。惟其母哲学太太，左右为难，有时"玄学"心肠太软，还是"隐得来希，天理流行"一派敷衍话，阻止宝宝少爷的趁凶；有时"爱智"本性发作，又帮助了小后生发明一科，一科复一科。始而止把玄学鬼笑为物质文明者，量着秤着，拆穿西洋镜。近来又渐渐把玄学鬼矜为精神文明者，也有许多量着秤着，要想把西洋镜拆穿。简直有好些，差不多拆穿，或竟已拆穿。于是玄学鬼心里着慌，嘴里还是"大摇大摆"说："有隐得来希的法宝在。"把人生观九端含理稍错综者，骇禁少爷的朋友，说是万万拆不穿。岂知"隐得来希"的九端，有什么神奇？短时拆不穿，长时还要拆穿。至于"漆黑一团"，他拆是愿意人家去拆，拆又一定可以拆穿。无如他是无始为始，无终为终，无外为大，无内为小，拆了九端，又有九端，又有九兆九兆兆，数下去，又是无数为数，拆穿的工程，实在浩大。宇宙一日不完结，恐科学小官人虽强，功课终不能毕业。但是拆到哪里是哪里，便是哲学母亲遗传给他的性质。他不叫："可穿者变为能穿，穿得不多者变为渐多"，也对不过他的母亲。便是母亲还让"玄学丫头"鼓唇弄舌，不请爱智老夫子竭力帮宁馨儿的忙。张君劢先生果是个"哲学家的"贤母，也就出尔反尔，大大的说不过去。人生观有九端，尚非科学所能解决，正是玄学鬼要大显神通，指示科学来解决他才对。反帮那假爷"宗教"，请个"隐得来希"来威吓科学，真叫做"无赖"。如此，科学者，让美学使人间有情；让哲学使情能合理。彼即由合情合理，得到真正合理之一部分。美学随宇宙而做工不完，哲学随宇宙而做工不完，科学区域，亦即随宇宙而日扩日大，永永不完。物质文明之真正合理者，固是他管辖。精神文明之真正合理者，亦是他管辖。如有挟人死观之人，与其诅咒科学破产，毋宁希望世界末日。

　　我所谓许多闲话，竟写了万有三千字，姑止于此，再讲正文内直觉中的羞恶。

　　什么要解决羞恶，靠了理智更多？我国习惯，采作羞恶之对象者，最不堪的是男盗女娼。二者又以女娼为更丑。故下作人之泄忿，每以辱人之母，使对方内愧，以验其强弱。若屈服者便为无耻。因此，我已在总论之末，设有游戏譬喻，以明直觉非由天赋。若曰："天津祝寿的，或对靳云鹏说：我来替你老太太做个媒罢。靳先生必红涨于脸，勃然大怒。然若对劳爱乔治说之，彼亦止笑谢曰：伊想无此兴会了，伊想无此兴会了。则羞恶之直觉，实曾赋自环境，并不出于天然。"这就中外之环境言之；即就一国男女之环境言之；亦证明羞恶实有异同。倘寿久鳏之八十寿翁，就寿筵而语其子曰：尊大人矍铄如此，实还可续娶一新太夫人。必群相笑乐，了无一人愧耻。足见女子之不可鳏，鳏则其子将为小龟奴，全由程、朱老夫子等造成此直觉；直觉为理智之产物，晓然甚明。今就此至大之羞恶，再引事实，把他申论。范书《列女传》（编者按即范晔《后汉书》）："阴瑜妻荀爽之女，名采。十七适阴氏。十九产一女。瑜卒。同县郭奕丧妻，爽以采许之。因诈称病笃召采，既不得已而归，怀刃自誓。爽令傅婢执夺其刀，扶抱载之。女既到郭氏，乃伪为欢悦之色，请奕入相见。共谈，言辞不辍，奕敬惮之，遂不敢逼。采因勒令左右办浴。既入室而掩户，以粉书扉上曰：尸还阴。阴字未及成，惧有来者，遂以衣带自缢。"若请程老夫子的八股家，看了这条新闻，那荀爽什么还是八龙中的无双，简直是一个毫无廉耻的拆梢流氓。他还是老了面皮，对策起来，有"夫妇人伦之始"等的大言不惭；这只"老忘八"，真正可羞。然而范慰宗不过表了荀采一个同情心；把荀慈明的羞恶之心，完全不问。荀老先生也止是伤悲！伤悲！懊恼！懊恼；一若他那托病骗回，抱上礼车，许多卑鄙凶恶手段，于他的羞恶之心，皆由投胎时阎王不曾给他，故他还做他的名士。好了，第二条故事，出在一千九百年以后。有位松江周女士，曾经在上海务本女学校读书，很是端正。后到一个学校里去教书，因与校长互相惬意，就正式结了婚。不过只有媒妁之言，不曾有父母之命（好像母命还是有的）。她那父亲周举人，也故作欢悦之色，挈女同舟而归。舟至中途，突然将其女推坠水中。水急夜深，遂与荀采同命。一个做了缢死鬼，一个做了落水鬼。周举人因为其女做出"不端"之事，辱了他的门楣，就把投胎时阎王叫牛头马面纳在他脑门里的一个羞恶之心，顺了天理，大用特用。又过了十五年，湖南有位做修身教科书的谢先生，教出了一位贤郎，又得了天理流行家梁漱溟先生的指导，就服膺了阳明之学。凡是修内行的古德，无一不书列座右。日本有位有岛武郎，是个有妻之夫；又有位波多野夫人，是个有夫之妻；两人生了最热烈的恋爱，相约自杀。谢世兄就在恋爱史上，下了一笔特笔，称他们俩是有杀身成仁的直觉。这第三条新闻一出，不但荀名士、周举人的羞恶之心，发生了问题；连阴荀采、周女士的同情之心，也发生了问题。终之我们理智家是容易解决，曰：这是时代问题罢了。若在直觉赋自先天家，便十分狼狈了。我想必定有极精微的答案给我的，那精微处，可预料还是请理智先生来解围。所以理智审查了情感，预贮些直觉在脑子里，做个应急时的宝丹，是我们"人动物"的（或不只人动物）一种能耐。然而环境的变动，静稳舒缓，一代一代，止把老方子使用，好像只是一个上帝钦定的御方，不是父子传下，乃是开天辟地时造下，也就说得去。若环境变动剧烈，止十五年，便药不对症。

一定发见或是前的直觉（周举人的），或是后的直觉（谢世兄的），终有一个假冒仙传。若要说彼此被环境改动。那就要问谁是改方先生呢？方才晓得那改方先生，便是姓理名智。于是理智在剧烈变动的环境中，便门诊出治，应酬一个不了。这就是解决羞恶，靠了理智更多之一说。

什么要解决羞恶，理智要替他用算账工夫，筹备得更劳？女娲讲过了。这条问题，便可借男盗来，引条书本，轻便的作答。胡适之先生说："譬如我们睡到半夜醒来，听见贼来偷东西，我们就将他禁住，送县究办。假如我们没有哲性，就这么了事。再想不到人为什么要作贼等的问题。或者那贼竟苦苦哀求起来，说他所以作贼的缘故，因为母老，妻贫，子女待哺，无处谋生，迫于不得已而为之。假如没有哲性的人，对于这种吁求，也不见有甚良心上的反动。至于富有哲性的人，就要问了：为什么不得已而为之？天下不得已而为之的事有多少？为什么社会没有给他工做？为什么子女这样多？为什么要老病死？这种偷窃的行为，是由于社会的驱策；还是由于个人的堕落？为什么不给穷人偷？为什么他没有，我有？他没有，我有，是否应该？拿这种问题，逐一推思下去！就成为哲学。"他所谓哲学，便是要向着理智，把直觉细细拷问。引出一个较靠得住，又较靠得住的好直觉来。不要执着"饿死不做贼，你这个东西，无耻已极，打勒罢"！便算完了良心。我把胡先生的话，作个小引，再引圣贤的书本。孟阿爹说："富岁子弟多赖，凶岁子弟多暴。非天之降才尔殊也，其所以陷溺其心者然也。"凶岁子弟多暴，暴是抢东西也包括在内，实做其男盗了。他说非天降才尔殊，就说是人性本善。人性本善，权且也可说便是"漆黑一团"，先生倾向真美善，可无问题。就是胡先生的使人对贼穷想，也是权请这个本善之性在那里作用。但孟先生所谓天之降才，大约说天降以羞恶之才，皆能以暴为非。不过被凶年饿得肚子要穿，所以痛苦陷溺其心，遂忘羞而为暴。这就是主观的以直觉纳入天降。自谓不为暴，于心无愧，全是直觉所赐。宁死勿暴，即致了良知。这套工夫，"自了汉"用他成仁，原也可取；而且彼以为人人能如此，即真美善完全可达，也算有一点儿理想。今日天理流行的再造家，便抱此种宏愿。但于客观上，终欠些圆满。且于"招呼朋友"的责任上，亦欠些斟酌。不若多用些胡先生客观的理智算账工夫，尤较鞭辟入里。凶岁为暴，若止是陷溺其心，便是"母老、妻贫、子女待哺、无处谋生，迫于不得已而为之"。胡先生又下断语说："没哲性的人，对于这种吁求，也不见有甚良心上的反动。"孟阿爹便被胡老板一猜就着。他所说"非天降才尔殊"，竟是说：天对你不薄，你耐不得饿死，自作自受。但是说到天降，那贼的"不得已"，及凶岁子弟的"陷溺"，亦是天降。天还并降他那种东西，便天也早自破产。况且在说这话的孟老爹，天非但降他一个羞恶为暴之才，并且还降他羞成凶岁之才。所谓："禹思天下有溺者，犹己溺之也，稷思天下有饥者，犹己饥也"。不是尚论古人，也载在七篇之内的么？为什么水发成灾，庄稼歉收，成了凶岁，以禹、稷与颜回同道者，竟不负陷溺子弟之心的责任呢？这就是胡先生请有哲性人，要问："为什么社会没有给他工做"等的问题。又天下成了凶岁，何处为暴，暴的是谁？便又是胡先生要问："为什么我有他没有"的许多话。幸而那种凶岁子弟，生在战国之世，他们没有被理智教坏，只好低头承认陷溺其心。就证明为暴是直觉的羞恶所不许。若他们生在今日，给了他一点"哲性"，他就要还问：文王视民如伤，一夫不获，是余之辜；尧、舜、禹、文、武、周公传诸孔子，孔子传诸孟轲，轲之死不得其传；现在忽又有了天理流行，"隐得来希""灵机活动"，乃竟使物质文明破产，酿成凶岁？老实不客气，我等不为暴，即放弃人权，才是可耻。你们把火车倒开，将令永永生活于凶岁之中，倒来以暴骂暴，真是不知羞恶！是陷溺其心。"天理流行"诸公！切勿疑吴稚晖将借此即加暴于诸公。我既无此身手，诸公亦无此资格。不过类似此类话头，固洋溢于"西化全盘承受"的盘里，决非我所捏造。吴稚晖特借以证明天之降才，不是如尔简单。为暴不即由陷溺。在客观中尽可有此理论。倘要解决一般人之羞恶，恐凶岁富岁，不能任天降便算。那就必定要费却许多理智，筹备一个发昏十一章，才"天理会流行"，"灵机会活动"，"隐得来希"会土造（不用舶来）。这就是解决羞恶，理智要替他用算账工夫，筹备得更劳之一说。

现在四端之直觉，已把两端粗粗说明。证明非先天的胎生之物。还有两端，他自己的面孔，便不像天生，可以省却纠缠。况且直觉也非止四端，不过说招呼朋友的工具，直觉也是一项。这项里的四端，"隐得来希""灵机活动"家，看是"天理流行"。招呼朋友一事，可让吹做"天理流行"；故顺口标明"天理流行"家江河不废的四端，我也是看做是招呼朋友的惟一工具，惟一是郑而重之之词，不必定是记实。若说上了玄学鬼的当，与他们合伙用了直觉，那上面写了两万字，终算说明了，不是一样东西，不过名目相同。他们是用的天生的，我是用的人造的，有水晶与玻璃之别。他们的是古董，我的是商品。

还有在直觉上，有些小小余波。索性费几行，把他带说了，然后结出我的如何覆天载地的招呼朋友，便将人生观收束了，就算完卷。有人说："欣赏美术文学的热情，也是天生的直觉。"是否直觉，且不必羼说。终之不是天生，便较恻隐、羞恶等显然易见。今举一端略论，即谓"金字塔之流连，人有同情"。姑且权认开鲁之"驴夫"，也与"近东古史家"有同样感觉。然还是含有时代性。再六千年后，倘上海制造局之烟通，尚岿然耸峙于黄浦江边公园古物保存区内，而流连欣赏之人，当与金字塔边等数。所以以此例推，无一欣赏，不含有条件而成。终没有那种"天"，辛苦的替他"降"着的呀。

　　好了，真好了！我们来归结到招呼朋友如何覆天载地罢。我不必用天理人欲，虚空凿说，妄吹我能招呼朋友；且大吹而至覆天载地。但以我之理论，及我之事实说明，那覆天载地的招呼朋友，即显出了不得的自然，了不得的平常。正该赏彼一匾额曰："天理流行"；又当两边加注曰"只此一家，不许假冒"。你想，我们不曾占有"漆黑一团"，改其牌号曰："人一团"。仅在创造冲动中，以兆兆兆兆造万有，以兆兆兆兆之一造人，足见吾人爱好有天地万有。以天地万有作伴，始顾盼有情，俯仰自意。足见吾人爱好以天地万有为朋友。我又不曾占有造人之料，止造一个我。止在冲动造人的中间，以兆兆之料，造兆兆之他，以兆兆之料之一造我；足见我之爱好在我之外有兆兆之他，我非人境不乐居，我又常向人多处去凑热闹；足见我之爱好，以兆兆之他为朋友。此事实之天然为我证明者也。然交涉而以兆兆计数，不能把如是简单的事实，便算我心泰然。可以"就生活而生活"，盲目的以为顺了天理，便会流行。而于又一方面之事实，谬妄的占有冲动炽张时，常有有我无人，有人无宇宙的气概。一若宇宙止需"人一团"，或则止需"一团我"也者。是直有返于"漆黑一团"之趋势。或则忿疾其如此，又起了谬妄的创造冲动；欲想法毁我，毁人，并毁宇宙，别创一真如。其实即竟返于"漆黑一团"。所以就人生观的范围，而言招呼朋友，而求覆天载地，当分四层讨论，理论亦就与事实相符，证明我们新信仰之非妄。

第一层，人生观不是人死观；

第二层，人生观不止我生观；

第三层，人生观共同他生观；

第四层，人生观才有宇宙观。

曷言乎人生观不是人死观？盖言人生观者，言生非言死。"涅槃""自杀"等之毁灭，反乎人生观。"就生活而生活"，"顺天理"而待尽，表面虽敷衍，实则徒存躯壳，亦反乎人生观。我之"大我"，决意不惬于"漆黑一团"，始由"一团生"，散而为"万生"；因而有人生；因而有"我生"。人生乃宇宙前进之一幕；我生即人生幕里之一角。宇宙大剧场之兆兆兆兆幕中，万万不能缺一我。故（一）当善其相当形体之我；（二）当善其相当时间之我；俾我得演唱精彩之戏。于相当之食，相当之色，足以维持我生者，皆斟酌尽善，可取即取。就我为谦词，名曰人欲横流亦宜。就招呼朋友为征实，即我亦在覆载之内，并有一份之食色，以善我生。看花而觉其好，固是天理。好之并欲折之，果用理智，衡以世法，非偷非滥，吾斋有瓶，瓶当有花，亦竟折之；折亦天理。若就招呼而起义，并可正色曰：不折此花，无以乐吾生，即歉于招呼之量。蚁穴可以崩山，招呼"朋友中之一我"而不周，将结果可以天不成覆，地不成载，宇宙不能前进。以我为朋友而招呼，其自重如此者，所以重人生观也（但我此说，与近日有持杨朱为我之说不同。彼意中之"我"，既无此条之横；而进观下文，我于"我"之界说，亦不画于此条之"小我"）。

曷言乎人生观不止我生观？盖言人生观之名词，乃加于全体生存之人，非只加于我一个之生人。我不曾占有造人之料，止造一我；以兆兆之料，造兆兆之他；以兆兆之料之一造我；在事实，当矣。

因而宇宙大剧场兆兆兆兆幕中，遂出现一幕精彩的人生剧。然仅仅非人境不乐居，又常向人多处凑热闹，爱好兆兆之他为朋友，彼此"就生活而生活"，彼此"顺天理"而待尽，似彼此皆只为我，未曾彼此负招呼之责。并且未曾招呼人生，而至覆天载地，则人生一剧之能否精彩，亦必发生问题。于是取我之食色，皆当斟酌尽善，即恐妨碍他人之食色，歉于招呼之义。此招呼之小焉者也。于是尽量的改进天然，俾人生益益五光十色，即招呼兆兆人生，至于覆天载地。设或人生非特不能覆天载地，而且招呼不了，必捐吾一生，始得光大全人生，拯救全人生者，亦尽可以杀身。杀身无所谓成仁。正同牛羊之杀，全我人生，同一取于此有，以供彼有。惟牛羊则被吾人妄托亲疏而强劫，大有待于讨论。我则自度需要而捐之，不出于盲目，盖当于宇宙前进之理，了不同于涅槃及自杀。招呼朋友而至于捐我生者，又所以重人生观也。

曷言乎人生观共同他生观？盖言人生之一剧，将以他生为灯彩与布景，演得遂更精彩。今则妄托亲疏，杀牛为太牢之馔，烹蚕制美锦之衣，仅仅取彼之生，以供吾生；犹曰："就生活而生活"，"顺天理"而待尽。呜呼其可！痛苦相同之朋友，尚不设法招呼，将使列疏远而宰杀终古；则更疏远之茫然之天，及块然之地，更何暇问其覆载？以亲疏为不得已时之方便，已觉抱歉；况自居万物之灵，竟以亲疏为终古天赋之权，其荒唐为何如？四时之序，功成者退，万物过庶，可以节育。此吾人将行于己，亦可同样绍介于朋友。即是人口将按可居之地域，分配适宜，以节育抑制其繁殖；此法亦可绍介于他生物为之。吾人将于适当时期，望有超人接演第二幕，有如今之人类，可许积渐消灭；此法又可绍介于他生物知之。区区人类衣食问题，如吾前章所云：当暂取于有若人所暴殄之精虫，则有谷实鸡子之类；又有若人所无用之头发指甲，则有羊毛茧衣之类；又责难于科学，至取材于金石。终之竭吾人类招呼他生物之能力，冀日泯其亲疏，斯之为正当。否则，倘异日超人者，见疏吾人，与今日吾人之见疏牛羊相等！烹人以充超人之食，彼尚曰：知有亲疏，乃良知中天理之流行。滑稽将何如？所以招呼朋友，决不可遗他生物者，仍所以重人生观也。

曷言乎人生观才有宇宙观？盖言生而其于有人，宇宙之戏幕，自更精彩。至此而挟极度之创造冲动，及最高之克己义务，始可自责曰："人者，庶几忝为万物之灵（若享权利时，自以人为"万物之灵"，乃绝大错误）。乃覆天载地之大责任，为宇宙间万有之朋友所不能招呼者，岂由吾人招呼之。"如此，岂是"就生活而生活"，"顺天理"而待尽，可以胜彼艰巨？是故人也者，吹个大法螺，即代表"漆黑一团"，而使处办宇宙。又以处办得极精彩的宇宙之一段，双手交出，更以处办宇宙之责任，付诸超人者也。招呼朋友，实际亦知未能及于宇宙之些须；恃有"科学万能"在，区区覆天载地，正可当仁不让。责难吾人如此，真所以重人生观也。

悠悠宇宙，将无穷极，愿吾朋友，勿草草人生。此柴积上日黄中最诚恳之忠告也（录自民国十二年八月至十三年三月上海《太平洋杂志》）。

这本书是劝我的，也是劝人的。凡一切守旧，太新，太看得空，太看弗空，自私自利，气量瞎大，乐极的人，苦极的人，看他一看，皆可消解消解。

阿大阿伦请你们批评。中间虽游戏的说话太多，然要说明深曲的道理，游戏点容易了解。你们原谅罢！为我宝之。

世界有四

世界者，广之即合全宇宙若干星球一切一切，统合名之，亦无不可。世界自可无始，亦可无终。然在理论，世界亦应有无始之始，及无终之终。则粗率言之，世界有四。其三则理想世界，其一乃现实世界。

理想世界之一，则在无始以前，无终以后。我则旧时名之曰"漆黑一团"。既名漆黑，又称一团，欲以代表一无所有，自有语病。且"漆黑一团"，非雅名也。人每调我曰：此"漆黑一团"之理想家也。我亦无词可以解嘲。然毕竟以"漆黑一团"，代表一无所有，鲁莽以作不可思议之思，以代不可言说之说，则亦无可更易。故理想世界之一，即"漆黑一团"是也。

理想世界之二，又可曰精光湛亮，一物无有。此佛氏欲为"漆黑一团"解嘲，巧在之理想也。不能不佩我佛之聪明。去年夏与戴季陶先生同居重庆之黄山，人嫌戴先生常手佛珠。余亦以妇孺狂念南无阿弥陀佛千万遍而不厌，问其理由何在？戴先生解说彼之研究佛氏哲理，主要乃因印度与我为邻邦。异日交涉必多，研究彼邦哲理，可与彼邦哲人往来。余闻而首肯者再。彼又答我：南无者，印度语，译言至心诚意的蕲求。阿弥陀者，包括三义：即洁净光明永久。佛者，不必指人，即世界之代名词也。至心诚意，蕲求一个洁净光明永久的世界。念佛之人，即求生于此种世界。洁净光明永久，简单言之，即精光湛亮，永远无一物之世界。果能有此精光湛亮之世界，又无一物，不生烦恼，自胜于"漆黑一团"多矣。故理想世界之二，即一精光湛亮之世界，决可容许有此种理想也。

理想世界之三，乃嵌在玻璃球里，为一万花球之世界。人人薪求万物皆臻于至善，实此理想之宏愿。倘一旦万物并臻于至善，既至善矣，当然再不应续有变动。如此永远无变动，永远止有此至善之万物，怕不成玻璃的万花球而何？故理想世界之三，即一万花球之世界，永远寂然不动。

此三世界者，理想而已矣，不能不许我们有此理想。到底能实现否？则不能说：不可能。

其一现实之世界，即我们所处之世界。为千变万化之世界，或者是无始无终，合现实与理想，所以断定世界有四。故欲问世界之所以为世界，除理想的三个世界，不可说而外，可以姑且说说者，只有我们所处之现实世界。现实世界，何以千变万化，没有一种东西常住？

如破口谩骂，可曰此即宇宙之不惮烦。如其原谅他的不惮烦，又可热赞之曰：因为终想做得更好又更好，所以物质不变，止有此数。如用一块烂泥，做出千奇百怪，看看不好，毁了再做。做了仍看看不好，再毁再做。因此千变万化，变化到那一天为止，不可说，不可说。如其瞎说，做到成了任何一个理想世界，亦即变化停止。

于是又可断定：世界者，因为宇宙本身，欲得一好看的现象而后生出者也。千变万化者，因为欲使世界更好更好，更好愈好，有所企图而变化也。故世界本善，世界内貌小之吾人，其人性亦本善。不为善，即不必有人。此解说世界已终，从而解说吾人，将另为问题论之（录自《世界半月刊》第一卷第四期）。

我的人生观

民国十九年十一月八日在上海演讲

今天的题目是"我的人生观"。人生观很不容易谈，好在这人生观是"我的"，我就随便瞎说"我的"，随便我怎样观就是了。我想起陈先生要我讲宗教问题，我以为宗教问题无非是有神无神的问题。究竟有神还是无神，没有人能肯定答复。这问题很大，我也没有去讨论，我只能谈谈我自己的人生观。

至于我自己的人生观，我总想不明白。我想了几年，差不多天天想还是想不明白，就是想了几十年也是没有用。到如今我仍抱着我的意思，就是不怕麻烦，宇宙也就是不怕麻烦，好像涉到宗教也不外如是。神的名称多得很，在基督教有所谓上帝，在我们也叫做玉皇大帝，天上。可以说上帝也好，天老爷也好，宇宙的本身就是"造物"，我们的本身可以说就是"漆黑一团"。因为不怕麻烦，就造出宇宙，造出山、川、草、木，造出人类，甚至微小的蚊子、苍蝇之类也都造了出来。这样，我的人生观便解决了。就是我也是造物，哪一个不在创造？臭虫、小臭虫，也是造物，人也是造物。总宇宙就算他上帝，我不能否定，也不能肯定，但总之，都是造物。而人便是一切小造物中之一大造物。一个人光是吃饭总是不对，光是吃得饱，吃得好，到底干什么东西呢？这叫做造粪。吃好的饭，造好的粪；

吃不好的饭，造不好的粪。造粪固然有些难为情，但大造物——宇宙——为什么要造矿物等等东西，今天造，明天造，造个不了呢？这就是不怕麻烦。譬如一个好看的小孩子很可以谈谈恋爱问题。像我这样的一个老头子同我的老太婆，都已经不中用，可是我还可以跑龙套，谈天说地，给各位笑一笑，使我的人生观还有作用。这也就是不怕麻烦。总之，一个人总不能"二百五"，总要造，而且要加点本领，造好一些。拿这意思来讲，就是乡下人的"勤"；就是"勤""俭"的"勤"。不过我只取他"勤"，"俭"这一个字不能和勤同日而语。因为"俭"就是节制。譬如一个人能节制固然很好，但如果"俭"不中礼，那也不好。"俭"之对是"奢"。但"奢"也有好有不好的地方。譬如人怀着奢望，也是好的。至于"勤"和"懒"恰恰一反一正，"懒"是不好的，所以"漆黑一团"的时候是不好的。因为没有我，也没有人生观。于是父母造我们出来，我们又造出我们的儿女。一个人肯勤劳，自然是再好没有的了。但有的人想一劳永逸，勤一下子就不做了。既没有耐性，又没有计算。这种人虽勤犹懒。所以勤的人其实也是懒。所谓"一劳永逸"，实在世界上没有这东西。其次就是犯"因噎废食"的毛病。活不耐烦，要自杀。什么东西都不要，仍回到"漆黑一团"中去。这种人可以说是懒到透。这不是我的人生观。

复次，造了之后要保存。譬如吃东西就是保存，父母造我们也是保存。凡是一切食、色、支配欲以及无论什么野心，都是保存。道德也是保存。因为道德可以节制食色。但最要紧的有一点，就是单是保存总是不够，因为这样尚未尽造物的职务。第一要随便做一些，但不要一劳永逸。讲到中山先生，他为什么要发起民生主义呢？一般人总以为其目的在使大家有饭吃。

其实的意思并不是如此。他的意思不但要使人吃饱，而且要吃得好，吃得舒服。有一种人吃得很舒服，有一种人则否。因此，要人人能舒服，这也是不惮烦。再说我们的祖宗都是猴子，后来渐渐进化到现在的状况。其实他们戴着金丝毛，何尝不舒服？睡在山洞里也很好。但他们却把这毛脱掉了，而拿树叶来蔽身。这种努力的结果使后来的人连狐皮、马褂都可以穿了，这就是不惮烦。但这是什么道理？"大造物"为什么要拿猴子变成人？人和禽兽的区别究在何处？有人说：人之所以能异于禽兽，是因为他能爱己及人。我可不相信这句话。譬如牛羊不会打仗，不像人类常常自相残杀，要比人好得多。我以为人和禽兽分别之处就在这里：禽兽造得少而人造得多。因为人有手，又有创造的工具。这一工具一来之后，人会取火，而禽兽用嘴取火，便要烧掉胡子。人会使用机器，会应用火力，而禽兽则不能。所以上帝是大造物，人是二造物。总之，要造多一些，要造到无可造，要造到什么东西都有，而且要造得好看，那就好了。

不过造也要造得合理。譬如说到农，造人所吃的东西，只要米麦，而不要莠草。人一面帮着五谷的忙和莠草作战，一面揩揩油就吃。这样，人想一劳永逸，只待丰年到来。人手不够时，就叫我们"老同胞牛马"帮我们做。但因为没有精密计算，有时造得太多。结果人不做工，牛马也不做，只叫机器做，这也不对。还有一点，就是造要有把握。现在种田用机器，吃的虽然有了，看的可没有了。其实在山野中能点缀着一二只老虎也好，就是莠草也有作用。现在人们只是帮着五谷铲除莠草，这太不公平。不过莠草也有理由可以向上帝诉说："上帝，我和五谷都是你所造的，为什么定要铲除我呢？否则定是你上帝没有本领，生我的时候太不留意。"此外，在支配方面也要有分寸，

吃东西不要太专。譬如吃大菜，供我们吃的牛羊也不知牺牲了
多少生命。就是米、麦、蔬菜也有痛苦，许多人还美其名而曰
吃素！我想将来人努力的结果，终有一天人可以禁食，可以不
吃东西而能生活，只从怀里拿出一粒什么东西吞下就饱了。不
过这责任是全赖科学和公理去负担的，道德还在其次呢。

　　总之，人的天职不但是在保存，而且是在创造。从前我年
轻的时候，天天做着八股文，后来就这样跳了跳，直到现在，
愧未能尽造物的责任。不过我们所应当留意的，就是不要一劳
永逸。反过来说，也不要因噎废食，更不要活不耐烦。总是"造"
要紧。便是我们家乡的乞丐也会造耳挖之类的东西卖给人。这
是我的人生观。今天我也没有什么意见贡献给诸位，不过闹了
半天就是了，真是对不起得很！

宇宙不惮烦

宇宙自可无始，亦可无终；然无始之始，吾人应当探讨，则新信仰中名之曰"漆黑一团"。"漆黑一团"其雅名也，且有语障。然举不可言说不可思议者，强欲思议，强欲言说。而"漆黑一团"近乎不说之说，最合理矣。我在黄山，问戴季陶先生，何以佛氏所谓南无阿弥陀佛，举一切妇孺莫不千遍万遍诵说不已。先生曰：南无者，即至心诚意，敬谨祈求之谓。阿弥陀佛者，乃光明净洁无量寿佛之意。余即大韪之。余本在新信仰中亦称颂佛氏一切，涅槃为最聪明。以为即返，宇宙于"漆黑一团"是也。不料"漆黑一团"，到底懊倦乏味。彼则另有见解，欲返宇宙于永远精光湛亮的一团。佛真可儿。但无论"漆黑一团"或精光湛亮。只个无始之始，皆题目以外之事，可以存而不论。

当那"漆黑一团"或精光湛亮，终是宇宙惮烦，闹成那种乏味。于是宇宙不惮烦，大喊一声曰：我们大千世界，一粒微尘，各司其职，我们来造宇宙。

于宇宙之外而天帝，可以三牲香帛，哀之也。此宇宙不惮烦，必继新信仰而作也。

虽物我一体，宇宙萨那等学说，古今中外谈此过时之哲理者至多。然彼等或上布一穹盖之天，或下张一土壤之地，参三才而两之。拘于墟，则一尘绝隔矣。亦是题外问题，可置勿谈。

宇宙不惮烦者，大千世界宇宙之一也。一粒微尘亦宇宙之一。大千世界能造成互相吸引之力量，或千万年而累黍不差，或千万年而毁灭，重造一粒微尘之状，有若朝生暮死之蜉蝣者。其细胞结构，亦精微奥妙，担当一日之存在责任，与星球之担当无量数年代之责任者，理无二致。即原始契约中，以为应有尽有，应改良随时改良，应毁灭必且毁灭，皆视各个体不惮烦的支持之力。

于是人在万有中，其责任如何？其不惮烦之努力应当如何？其存在之久暂，视乎能循原始的契约又如何？皆成无穷之小小中大问题矣。一部人生哲学及道德论，虽为不惮烦之中心问题，然如我之渺小，岂敢乱谈。除了笃信天理，不信天帝之外，古今中外圣贤经典，皆我所欲精思明辨，而欲我人类笃行之者。过去之惮烦，信有罪矣；未来之不惮烦，恐非一日不可也。

可以理想而知，当我们宇宙全体大喊一声：共造宇宙，必一粒微尘。莫不应之曰：唯。我们要造好的宇宙，我们决不好惮烦了造成一个二百五。此当初之契约，即所谓天理，天然，应当如此，决不容有争论。此又宇宙不惮烦之惟一解答。倘故吊诡其词曰：宇宙不惮烦，将造二百五的宇宙。必共唾之曰：大笑话，大笑话！

于是若有全智全能之上帝，或天老爷，或玉皇或各德，敢于不惮烦，要造改良又改良的宇宙。其全智全能为不通。惟宇宙大千世界一粒微尘起而欲造满意之宇宙，终不满意，终图改良，于是可以原谅。而且大有大责任，小有小责任。应当不惮烦的努力，皆不要你——天帝老爷来个人费神。而所谓"痴汉惯骑骏马走，巧妻常伴拙夫眠"，不会做天莫做天，亦无从倚赖的发此怨言矣。

故朱晦庵先生的天即理也，冯友兰先生的人为宇宙一分子，摸到九十九层，不敢再进一步，真是可惜。

同借天帝以威骇乡愚，不如用原始契约的天理，以课大众责任，尤为明白透彻。责任则无所逃。于是大千世界之日、月、星、辰；道路上的男、女、老、少；毛厕中的苍蝇、粪蛆；卧榻上的臭虫、虱虮。什么山、水、草、木；风雪、月霞，应有尽有。以时增添，以时毁灭。直将闹到无终之终。无终之终，新信仰中猜想有两个状态：一即"漆黑一团"，一即万有皆备；不再活动，变成看玻璃的万花球。今又添佛氏的一团精光湛亮；然我尽可惮烦，不必费神交代。

大约从那大千世界一粒微尘，宇宙大叫一声，不惮烦的造出宇宙时候起，到无终之终。正在不惮烦的改良又改良，要造出毫无缺点的好宇宙。此决应由第三者而判断。人性皆善，非迁就圣贤旧说，乃笃信原始之天理契约如此。无宇宙而造宇宙，大小各尽其职，愿造满意之万有，始成满意之宇宙，乃决决不可争论之真理。决不相信原始宇宙共喊一声曰：我们来造二百五的宇宙。以此推见万有中有人，人必其性皆善，不待讨论。

故执此以谈善之外，更无可着一恶字。但善必刚刚恰好，过犹不及。故白刃可蹈也，爵禄可许也，中庸不可能也。中庸学说，自有其理解，不必妄引。以言刚刚恰好，乃谓中庸亦通。故白刃可蹈，爵禄可辞，诚难能矣。然刚刚恰好，善因太过而可议。此所以人类永远不惮烦，合乎本善之善者至少，过乎本善之善者，亦难能而可贵。大都不及本善之善，不惮烦而纷纷作恶者太多，所以人类又有性恶之论矣。其实，非恶也，乃不及也。

假定以真、善、美三字代表一善。就物质言，应曰：真、美。可以形容窥见其状也；以精神言，应曰：善，以形容不可窥见。物质与精神，一物而二名，真、美、善三名而一物。

以我乡下老用鄙俚最粗浅之事实表出之。有旧笑话：一人将死，气不肯断，伸其两指不下。亲友环集，或慰之曰：君有二子，我等当尽教养。或曰：君有宅二，我等当为保存。又有慰之曰：君有田二百亩，我等决不许何子孙出卖。指辄不下。适其妻至。曰：台上油灯烧灯草两梗，去其一。指下而气即绝矣。此人认银钱为惟一，最可宝贵。而临死尚为子孙省一草之油，忍气不下，此乃求真而太过。

又如盥洗整洁伐毛理发，亦所当然。然男必费其宝贵之油膏，膏其发如朵云；女必拳其发如毛狗，且费千金之口红，膏唇如丹。此又求美略过矣。求真太过，求美太过，往往有过于善，或竟名之曰恶。即小以喻大，乃乡下老之道德格言。此因有钱先生○○者，吾乡谈哲理之大家，因慰西南联大记过之学生，以为世间有善而无恶，只有稍过。故记过者，即指不曾刚刚恰好合乎善而已矣。其论大略如此。故有善无恶之说，窃取于钱先生者也。

宇宙不惮烦如此而已。引而伸之，触而张之，如后有人者，吾极荣幸矣。

窃闻西洋谈哲理者，往有悲观哲学家，乐观哲学家等名词。吾乡下老，以为大可以不必多此自骗自，自骇自之名目。例如王○○先生研究甲骨文，深通殷言。……（未完）

进化与革命

进化者：前进而不止，更化而无穷之谓也。无一事一物不进者，此天演之自然；苟其不进，或进而缓者，于人则谓之病，于事则谓之弊。夫病与弊皆人所欲革之者，革病与弊无他，即所谓革命也。革命即革去阻进化者也，故革命亦即求进化而已。

由是而知进化与革命，二者之密切相关；二者乃互助，而非背驰。今有释"进化"为善，"革命"为恶者。是于进化与革命二者之性质，未曾深求也。

吾之地初为气质，继为流质，更为坚质。亿万年更化无穷，此地之进化也。因地而有生物现，由简单而至于繁复，此生物之进化也。因生物而有人现，由愚顽而及于聪敏，此人之进化也。因而成社会，由谬妄而至于较正当，此社会之进化也。总之，地、生物、人、社会之进化，皆相因而来。若欲止一进化，则必先止以上之进化，此力所不能。故知进化必不能止，遂知革命不能免矣，因革命即求进化者也。

进化之速力强力之度数，不以过去者权衡，而与同时者为比较。于物中若以猿与狗较，则猿似已尽善，不必复进矣。然天演则不然，以猿与猿较，于是有较善较不善之猿之分焉，而后至于人；然人固未已其进化也，必仍时进日进，以至无穷……社会之进化，以及一切之进化，皆若是。若以共和与王国较，则共和似已尽善，不必复进矣。而天演则不然。故共和仍日进而为无政府，而为甲、为乙、为丙、为……总之凡物凡事，无尽善者，谓其不能尽善可也，谓其较后来者为不善亦可也。一言以蔽之曰："无穷尽"进化之公例也。故知道者，有进而无止，无善而可常，此之谓进化。故进化之理为万变之原，而革命则保守之仇也。

进化之意如此。请举多事以征之：

进化与革命表证之一——文字进化与文字革命。

事事须进化，须革命，岂独文字为然。现在吾所写者即是文字，即请举之以言可也；且文字与思想进化所关亦最要。故亦宜先论之。

（甲）文字之根源与文字之进化。

上古榛榛狉狉之世，自无文字；然以理思之，古人必先以手或树枝画地而为之记，此即文字之一根源也。

及制造稍兴。先有绳缕，于是结而为识，亦文之进化矣。更有竹帛、纸板；文字因之以兴。文字进化所赖者二端：（一）直接之聪明，即造文字也。（二）间接之聪明，即造器具也。如绳、竹帛、纸板以及各种印机等是矣。

（乙）文字直接之进化与革命

合世界之文字，略可分为三类：

（一）象形。如埃及古文：

日 月 金 盦 仝 蜂 螽 牛 犬 狮

与支那文之一小部分：

☉日 ☽月 ☁云

（二）表意　如支那文之一大部分（表意非即说文所谓会意，凡不从合音，如会意指事之属，皆表意也）。

（三）合声　如西文。（合音而为字）。

埃及文为最古，其文酷似物形。支那文次古，其所象之形，已不求酷似；且大部分为指事、会意、谐声，略形迹而通思理，自较进化。又谐声虽工水可水。表意为重。然微露合声之端倪。希利尼以来之文化最近。纯用合声。由此推审，而见文字进化之次序（与生物进化，由简单生物进而为高等生物同理）。

文字所尚者，惟在便利而已。故当以其便利与否，定其程度之高下。象形与表意之字，须逐字记之，无纲领可携，故较之合声之字画括于数十字母之中者为不便。由此可断曰：象形表意之字，不若合声之字为良。

于进化淘汰之理言之，惟良者存。由此可断言曰：象形表意之字，必代之以合声之字，此之谓文字革命。

西文较支那文自大善矣，然亦尚多缺点。如无理规例之繁等，亦不胜书；然将日趋于便，且将合世界之文字而为一，此文字之进化也。

今支那有创合声字母者，仍照支那文体，自己较进化矣；然其缺点仍过多，不可得而存也。详于下章（关系印刷问题）。

又有欲以西式字母合支那之音而为文者，西文中之原字，如 Téléphone 等，不必译音、译意，必用原字无论矣。即中国字亦皆以西母合成之，此存留语言，革命文字也。

又有欲直以西文或万国文化中文者，此语言文字同革命也。

（丙）文字间接之进化与革命

合世界与字体有关之印字法，可分三类：

（一）人工镂刻，东西文皆可用之，此法渐废。

（二）活字板，西文较东方文简而易排。

（三）以机铸字，惟西文可用，此法将兴。

经以上比较而后可断言曰：机器愈良，支那文愈不能用。从进化淘汰之理，则劣器当废；欲废劣器。必先废劣字。此支那文字必须革命间接之原因也。

（丁）结论文字进化与革命

从进化淘汰之例，惟良者存，故支那文字应革命，此人人得而见之者也。知之而不肯行之，因有成见在，此成见即所谓"保国粹"也。

粹之字意即良也，若国粹名果符其实，则必存，便无所用其保矣；若其名不符实，即不良，则必当革，不能因其为国而保也。

良则存，公理也；不良则亡，亦公理也。故求良而已，不必求保也。进化也、革命也，无他，即求良也。此进化之公理，不但文字为然耳。

进化与革命表证之二——支那近年政治社会思想之进化与革命。

近年支那人思想之改变，人所共见。其大门类约有三：

（一）守旧派 惑于俗信，保守旧法。

（二）半旧半新派 取外人之所长，以图补救。

（三）全新派 破除一切成见，惟真理（于是时较为最真）是求。

第一派 恒具崇拜道德保国粹排外诸性质（新世纪常论之，兹不赘）。总言之，则曰自私，曰保守。

第二派 知己国不能自立，遂思取他人之所长，以为补救之法；然所谓己弱人强，皆由势而窥之，而非本于确当之学理，其观念不外乎彼我之损益；保守之意虽减。仍不脱于自私（以上二者有彼此相兼之时）。

第三派　以科学真理为权衡，以社会公益为目的。此新世纪之所以求进化无穷，以期达于较善者也。

由以上三者可为公例曰："由私而向于公，由保守而向于进化。"

思想进化与他种进化同，相关系者有二：曰内力，曰外力。内力即脑关之改良，外力即他事之影响。故思想进化非人之所能为，亦非人之所能阻，此即进化之公理也；设有不随而进者，或从而阻之，冲突于是乎生。从"良者独存"之公例，先争论而后改革，此即思想革命。

凡事之进化革命，理皆如一。人所共见之。思想进化，可为之表证者。如与友人夜谭，论及近数十年中国人之思想，因内力外力而变迁者，约可列为十派，以见蝉脱之迹。兹直次某君所言如下：

（甲）三纲五常派　此类思想最旧。大都束缚于时文讲章之内力，又迷滞于状元、宰相之外力，故成此类。此类宗派之确立，约有数百年。在二三十年前，尚充斥于国中。今日之委蛇伴食于朝，及迁鄙为患于乡者。亦皆此类也。

（乙）古义实学派　此类思想稍活动。因涉猎较多，其内力有所膨胀。此类即汉学考据家之属，极盛于二百年以来，至二三十年中，始实收其效果。盖能使甲类所墨守之八股，与鸦片、小脚，同为可厌之物者。其原因虽多；而直接之掊击，乃乙类之翔实，足以显甲类之空疏也。此类在今日，如自命维新派之张之洞等；甚而至于革命党中，亦有如某君某君者。其言论虽若有进，实则思想目的手段，常不离此派，即如主张存古及保国粹之类皆是也。

（丙）吏治民生派　此类思想愈活动，乙类则全为其内力之学问所执滞。不问张三之帽，可戴于李四之头与否，此类乃稍受动于时势之外力。能知为因时之制宜，此即魏源之徒，为之代表。而曾国藩乃此中之翘楚。今日存于国中，稍执权势者，有如甲类之冯煦等，乙类之张之洞等，皆隐隐自以为丙类。如冯煦等对付今日之时势，尤与丙类为貌似。若在野之士，或山僻州郡，尚有侈谈此等派头者。至于交通利便之区，则此类几绝。

（丁）洋务西艺派　此类之思想。有活动于内力者，李善兰、徐寿之属是也。有活动于外力者，李鸿章、文祥之类是也。现在此类，朝士则满人居多类，在外国使馆中之目为陈旧者，亦皆此类。在野仅制造局等处，尚存三数老学究。其旁枝，则有极守旧一类之出洋学生，若唐绍仪、辜鸿铭之徒。虽其人今方轰轰出头，然此曹之思想目的手段，终不离此类。

（戊）中西体用派　此类之思想，受活动于新世界之风气者渐多，此类最为复杂。朝士如郭嵩焘、薛福成之徒。在野如王韬、郑官应、汤寿潜辈。甚而至于今日顽固党中，如许钰一流者，彼之思想、言论、目的实为此类。其近日退化之迹，乃倒行逆施，非一出于本心。至大多数之使馆人员，开口闭口，津津乐道某人精通洋文，某人熟达西语，略以西艺西政为口头禅者，无不为此类。所以其旁枝，虽如伍廷芳、伍光建等之略有学问，亦不能脱出此类之圈外。即洋行之刚巴度，言其气味，亦为此类也。而近日同文馆，约翰书院出身之学生，亦皆此类。以上所举，虽人品学问，种种不同；然其思想目的手段，无不同。又有如张謇、郑孝胥、端方等，由甲乙丙三类之大变相，亦可归入此类之中。

（己）变法维新派　此类复杂更甚，然其思想目的手段，亦无不同。今之朝士，则有如袁世凯、岑春煊之徒；时人目为新学巨子者，有如马良、严复之徒；余如自命有大气魄如康有为之徒；自命有小作用如张元济之徒；以及今日所谓卓卓使才，如某君某君者（不谓有如文廷式之徒者，彼辈皆甲乙丙杂糅而成之一类也），皆此类也。吾举此类，必有人疵其过于不伦不类，诬妄已极。盖此中之人，甚多思想至高明，言论极精当者；然此乃留声机器，不啻若自其口出，实无所动于其中。观于此类人，常迎合于不新不旧，其真思想可知；于进化之事业，若有意，若无意，其真目的可知。其行动，无所谓平和，无所谓急激，亦平和，亦急激，其真手段可知。故曰：此类虽复杂更甚，然其思想目的手段，亦无不同。即今日西洋有知有识之少数学生（大多数之无知无识者，皆丁类或戊类），及内地缙绅先生，附和立宪，主张教育之诚恳者，皆为此类。张之洞评骘古文词家，有不立宗派之名目，今对于此类，亦即可以不立宗派新学家称之。质言之，即所谓混同夹杂之维新党是也。

（庚）开明专制派　此类之内力，不必果优于己类。然其迎受外力之感动，殊较己类为锐敏。故已有一新学最初之组织，与其梦寐相结合。其思想目的手段，殊与己类不相同。梁启超先由己类时务报之嫡派，一跃而为清议报派，再跃而为新民丛报派。未及半途，猛跌一跤，遂于两报派之间，结成此类，梁启超遂终于此。为其死党者，三数东洋学生，今亦有在朝列者，皆稍能了解门户之何以成立，运动之若何进行。故今日立宪之声，满于国中。主动者，实为此类，余皆被动。

（辛）强种保国派　此类即不立宗派之革命党。当日东洋学生之国民报，为之倡始。梁启超新民丛报，几进于此类而未能。此类人之思想，初脱羁绊，稍欲撤去中国五千年旧有之恶藩篱；然其绝对之排满排外，仍不脱宋明以来之劣根性，故其思想大活动，而目的手段如故。凡今日之自标革命党，或不肯自标革命党，实与革命党表同情者，皆为此类。无论内地志士，及留学界中人。此类常居其多类。

（壬）平等自由派　此类之于辛，如己之有庚。辛则思想无秩序，而目的手段，皆入一线。吾不能多有所知。如民报中翘楚诸君，庶乎其近。即近日上海等处革命社会中，常有一鳞一爪，隐约出见，亦必此类。此类人出，革命有其主动，故被动者益感，而满清之命运，亦以告终。

（癸）真理进化派　此类乃混同夹杂之无政府党，文言之，亦可曰：不立宗派之无政府党也。此类萌芽幼稚，尚不能实以何等人，确有此资格，然内地及留学界到处皆已见端，不需数年，必有人论定之者。至于己必有庚，辛必有壬，而癸亦必有子。方今世界社会中，子类早已确立，且日益隆盛。中国人犹沉沉长夜，昧旦有待。其亦诎于内力外力之无可如何者欤？中国人好言程度矣，然自科学之真理渐明，乃知程度可按学理而造。故究知原质分合之剂量者，即生物亦有人诚心正色而试造之，不嫌妄也。今中国人苟小有聪明之士，就其自信力，常以为充其内力外力，即造己于世界最文明之资格（无论思想学问）而无难。如吾以为绝无作此等思想之人，即就区区五六百人欧洲之留学社会，必有人戟拇指自触其鼻，笑我为夏虫之见者。盖此非诸君自负之谬气，实乃演进人类早具之能力也，然则诸君即中国人类之一分子，中国人类，即其全体。乃对于分子，不自菲薄如此，而导引社会，常存一卑之无甚高论之见者。诬学理欤？抑故意阻遏人之进化欤？故开口闭口曰：日本不过如此，中国何能如此者，即无异言日本某君不过如此，我何能如此。诸君必当哑然失笑也。

　　某君之言将终，而又附益之曰：吾之划分各类，乃有至精密之尺度。至标以三纲五常，中西体用等名目，实不能赅刮一类之心量，不过随意游戏其词，取便记忆。至于实以某人某人，意中亦非专欲品骘此寥寥之数人。盖文章之滋味，向有以点鬼而培增者，吾之随手拉杂，借重口头之人，以为吾之谈料者，所以略助兴味也。惟按类分插之人，毫无偏私，至为公允。即我现在极热心与公等谈话，以我论我。似当随手乱插；然即我自绳，亦不能含糊，特无资格可齿及耳。如其齿及，当置己庚之间，此言其心量之所造如此，非为我尚当做维新党主张立宪也。区区之志节，必当效死于革命旗下，故执此例而推，纵有人所插之类在此，而或附和主张者在彼，实未改其心量。南山可移，我案不可改也。然心量者特为内力外力所造成，若诚心造之，无不可造。故少年之心量，虚而活动，暮气深者满而难迁，诚与不诚也。

　　又吾知人所最不满意者，莫如位置某巨子；然某巨子所学，发表于十年内者，积之在三十年前。何以前二十年中，做八股，吃大烟，种种腐败，既无异于恒人。且其充教习，当总办，言论丰采，随在与时为俯仰。迨强学报，时务报出现，康有为以流氓无赖之气息，稍以诡奇之议论，震动天下。于是某巨子始以为是无足道，而申酉之间，遂与王修植、夏曾佑之徒，别树一帜于津门。在当时，以理想论，自为大进化，而其地位，实居于被动。此其故。因所积之学，不免为留声机器派，并未能尽其所学，造成自己心量，故蜡管虽较多，亦奚以为？

　　吾试曲终奏雅。再代甲类人对于后九类人，各标名目。谓乙则必曰惊奇吊诡。谓丙则曰急功近利。谓丁则曰通夷引番。谓戊则曰用夷变夏。谓己则曰妖言惑众。谓庚则曰谋逆不轨。

谓辛壬则曰乱民贼子,曰无父无君。谓癸则曰无法无天。呜呼!
人之度量相越,岂不远哉。夜已深矣,我等之胡说乱道,亦告
可毕。(录自民国前五年《新世纪》第二十号)

推广仁术以医世界观

第一节 医术发明之主旨及医者之责任

于大千世界之中，生物以恒河沙数，而别乎芸芸众生。有所谓人者，方其趾，圆其颅；百体备，五官具；有最灵之脑筋，特殊之知识；尊之重之，上以高等动物之徽号。于是因尊重心，为保全计。等身也，求其为金刚之不坏；等心也，求其真灵之不昧。故全世界之人，莫不研究其存亡之迹，讲求其生活之方；卫生之说于以起，医学于以兴。

竞存子曰：吾观医术之起源，实与人类有莫大关系也。考医学之作用，与研究医学之结果。世苟无医，生不得养，疾不得疗，而人类或几乎息矣；虽然有广义之人，有狭义之人。由前之说，是谓个人。由后之说，是谓社会。夫医既关系于人类之生死，人种之存亡，则固该广义狭义而言之者也。为个人乎？为社会乎？此吾所不得不呕呕研究之问题也。医者有恒言曰：跻一世于仁寿，苏天下之沉痼。人乍听之，不嗤为大言不惭者盖鲜。然昧昧我思之，实至当不易之论。盖个人不遂其生，医者之罪；社会不遂其生，尤医者之罪也。故必使一世之人，人人无病，人人皆不戕其生。非此则医者之目的未达，医者之责任即未尽。

夫死生亦大矣！死于疫，死于瘵，死于遗传，死于寒暑燥湿。

此医者之责,急当拯救,为世世世界所公认者也。然而枪林弹雨,血肉横飞,流离颠沛,槁尸道左,亦孰非死乎?竞争而弱者肉,淘汰而劣者败,又孰非死乎?而医者腼然曰:非吾责,非吾责。呜呼,是何言欤!世无不疾而死之人,其死焉者皆病也。有形固病,无形亦病。医学家既以疗疾为己任,乌可以无责。

第二节　体质病与行为病

治疾之道,必先辨症,为内为外,为肺为胃,此易辨者也;为个人,为社会,为有形,为无形,此尤易辨者也。今虽研究个人之病,与社会之病,不得不先定其界说。夫寒暑之灾,肺胃之疾,痈疽之症,疠疫之染(虽传染症亦能及一社会,然范围不广,且其害亦仅属体质),此曰体质病。个人之疾,有形者也。夺土地,竞权利;国与国争,种与种争。其于己也,绞其脑,瘁其心,以日讲此害人之术;其于人也,杀以兵,杀以商,杀以法律,杀以政治,变诈诡谲,无所不至。恻隐羞恶,本心尽失,率全世界人类,日入而作,日出而息,以营营于此。民德之坏,令人心为之痛,眦为之裂,此曰行为病。社会之疾,无形者也。如曰体质为病,行为非病;有形为病,无形非病,吾知虽有苏张,亦不能作此强辩矣。

虽然,事有本末,物有轻重。使体质之病,重于行为,则舍行为而言体质,犹之可也。吾试进而论之:体质之疾,中之不过一二;行为之疾,中于人人,是体质病之数少,行为病之数多也。中体质之疾,未必即死;不幸而死,亦止其身。行为之疾,其身虽不遽死;而他人受其害而死者,什百千万,以至不可究诘。是体质病之害小，行为病之害大也。体质之疾，在肠则肠而已；在肝则肝而已；在股肱则股肱而已；其本性未失也。而有行为病者，则其脑筋心腹，受病极深；言论著作，无非病呓；举动设施，无非病魔。若丧心病狂，常度既改，已非其本来之情状。是体质病浅，行为病深也。不宁惟是，个人与社会，为对待之名词。故个人为消极，社会为积极。社会与个人，又联属之名词。故集个人而为社会，离社会则个人不能生存。由前之说，则积极之势，常胜消极，固行为病重于体质病。由后之说，则社会之病深，即有碍于个人之生活，而个人必大蒙影响。可谓之怪症，可谓之恶疾，可谓之险症，可谓之大传染病。吾于此权之度之，恻之，悯之，不得不舍个人而论社会，略体质病而详于行为病。

第三节　行为病之恶因及恶果

一、行为病之起源：人莫不知有身，知有身则自私自利之心起，知有甘苦，必避苦就甘，知有利害，必远害趋利。扩而充之，遂本其爱身之心，在一群则私其群；在一国则私其国；生一种族，则私其种族。夫利己则必害人，于自群、自国、自种族为功，则对于他群、他国、他种族即不能无罪。而人昧然不辨，率其自私自利之心，径情直行，且瞢于益己损人之矣。而但求己利，不恤人之受其害。于是争相研究群认为自立之良策，世界之公理。是其构疾之由，既甚于起居饮食。不节不时之病由后起，且较之遗传痼疾，尤不易治。言念及此，不胜悲矣。

二、行为病之现象：试一读世界史，卷帙浩繁，堆积盈案，莫非如浊雾弥漫，愁云惨淡，呈此行为病之种种怪现状。试一读政治家、法律家、经济家之著作，滔滔若悬河，累累如贯珠，皆提倡此行为病，增益此行为病，而惟恐其受病之不深者也。故天演之说兴，而黑、红、棕色种人无噍类矣；强权之说盛，而菲律宾亡于美，高丽亡于日矣。有天赋人权之说，而欧美之战争，亘百余年，死者至不可胜数；有铁血主义，而枪炮日利，舰队日增，全世界之人民，几尽死于锋镝；有探险事业，殖民政策，而土人之生命财产不保，甚且如非洲之分割；有商战主义，而公司之利日隆，劳动者几失其生路；有民族主义，而种族之争，君民之争，无已时；有帝国主义，而两国之争，兼并之策，百出而不已。呜呼！自有地球以来，人心愈险，事变愈奇，凡美之曰进化，誉之曰文明者，皆此行为病之日深也。于是疾日以笃，祸日以酷，无形之疾，成有形之祸矣。

三、行为病之结果：疾而不疗，终至于死，死固病之结果也。行为病之结果，果何如乎？依普通之理言之，症愈重者死愈速，传愈广者死愈多，行为病重且广者也。今之世界，竞争之势日烈，优胜劣败，天然之淘汰，与人为之淘汰，相辅而行。国之弱，种之愚者，直不能自立于世界。加以有兵事焉，为人道之蟊贼，而世界之人，将死于兵。有财政焉，实文明之公敌，垄断相尚，利源日尽；富者愈富，贫者愈贫，而世界之人，又将死于财。其始也，强且富者存，贫且弱者死矣；稍进焉，而富强者之中，稍贫弱者又死矣；更进焉，而强且富之仅存者，又互相争夺，而虽强亦死，虽富亦死，不至人道灭绝，为禽兽之世界，而不已也。夫人莫不恶死，而甘蹈于死，且自速其死。可悯孰甚，可痛又孰甚！

第四节　拯救行为病之方法

混沌之世界，人之生死，悉凭天然。自有医术以来，生理一科，为一种之科学，遂得维持天然之不足，则天下之人，当不至死，即死者亦必居最少数。乃何以如前云云，竟至死也，竟至一死而莫不死也。吾又不得不以此质之医者。而医者曰：人有疾病，吾能治之。若药剂，若割治，若针灸，种种手段，求遂人之生，而不欲人之死。不知医者所挟之术，仅治其体质病不能治其行为病也。然此犹非医者之过也。军事之兴，有赤十字社，非世所公认为慈善事业者乎？然而为战斗而被衄，被衄而调护之，是以死劝人也。治其伤者，为使之战计，愈而战，战而仍死，是使之一死再死，而终陷于死也。是生之而复杀之也。有补脑之药，有壮健身体之方，助人脑力之不足，筋力之不强。使愈得端其才力心思，谋所以竞争而残贼人类；又不啻恐人行为病之不成，而益其疾也。呜呼！推波助澜，辅桀为虐，不惟不能医治之，而且增其恶。即谓行为病之中于人类，医实助之，非苛论矣。然则何以尽医者之责耶？故就广义而言医，非治行为病不可。夫今日之世界，极不道德不文明之世界也。不道德不文明，于是行为病，愈受而愈深，愈播而愈远。医之于疾，必就其受病之原，而施以拯救之术。行为病之原，在不道德，则惟道德可以已之。道德之界说虽广，切于用者有二义：一曰无我，一曰博爱。

曷言乎无我也。浮生本幻相耳。自有我相，则有种种妄想，私利之见，于是萌芽。不知人生仅数十寒暑，呱呱坠地以前，所谓我者何在？躯壳一化，原质飞散，所谓我者又何在？而以心造境，因意识生迷误，直认为世界上确然有我，则生有领受苦乐形色名号诸想；迷误愈深，又生利害善恶胜败诸想，此行为病所以不可救也。必先破除我相，俾知我之形质，虽真亦幻；则我之际遇，皆如镜中花水中月，又何功利之与有？如此则无名号想，更不能起巴克民族条顿民族诸想；无利害想，更不能起优者劣者为胜为败诸想。于是乎恶业去；于是乎争端息。

曷言乎博爱也。同蜉蝣于世界之中，无所谓我，即无所谓人；无所谓争，即无所谓爱。今又曰博爱，岂不相矛盾乎？而非也。人惟无彼此之心，则世界众生，一切平等，物无所竞，天无所择。但觉群生熙熙，同居人界，一人不安，终非平等；不必疾痛相关属，亦且互相救互相助，以跻于至平。此爱非生于有情，乃无情之极端也；无情之情，乃谓真情。佛也耶也，舍身救世，谓之爱可，谓之非爱亦可。而如是乃真爱矣。如是其爱乃博矣。

难者曰：子之说高矣、美矣。然子论医也，非论宗教也。今无我博爱二说，直出佛耶之本原，具佛耶之真相，是岂医之范围乎？曰：唯唯、否否、不然，医之责任，吾既言之矣。今日之医学，虽大发明，然遗行为而专治体质，舍社会而专救个人；仁于末不仁于本，仁者小不仁者大。医之范围，未能圆满充足。吾又言之矣：夫医之为道，岂仅金石草木之药云尔哉？有受病之本原，达之不可，药不至焉。则不得不舍人人所操之术，而冥求救治之方。自心理学发达以来，医术之进步，又已出从前范围之外矣。吾为是说，犹是心理之范围也。病在不道德，则必以道德救之；道德有时而穷，又不得不以宗教言辅之，是亦吾之苦心矣。且世所病于宗教者，徒以其迷信耳，从吾之说，不惟不能入人于迷，且能去人之迷。取宗教之精髓，完道德之范围，世界无病人，而医术之功滋大，又何疑于界说之未严乎？

吾言及此，吾闭目而思：若入大同之世，见天下为公之盛；又若见柏拉图之学说，亦已实行；世界人类，各遂其生，而感医之德，诵医之功者，声不绝于吾耳。此何祥欤？

本报按：作者抉出行为病之不可不加医治，乃重且急于体质病，其论正当精确，允为进化学界之巨制。即以无我博爱，为疗治之惟一方法，亦复确乎不拔，与本报同人之意，毫无间然。惟俯殉世俗之见，谓无我博爱，其旨出于耶佛，是所谓当仁而让，未免拘牵字义，削我之趾，就彼之屦矣。夫无我博爱，乃人类自然之良德，即世界进化之种子。何物耶、佛敢矜创获。世界较野蛮，则此良德之沦没者多；较文明，则良德之爱护者众，故即同一无我与博爱也，古人之所谓，决非即如今人之所蕲。然则我辈可不必逊让，当无疑无贰而断言之曰：我辈今日观念中之所谓无我与博爱，非耶、佛所能梦见。此犹之乎耶、佛之所谓无我博爱，亦非孔、墨所能梦见。若徒拘执字义而已，则前乎耶、佛者，固有若孔、墨等之贱儒。彼等之遗说中亦何尝寻不出无我博爱等之单文剩义，供今日世界之鄙夫，仰首轩眉曰：耶、佛也者，固吾孔先生之弟子，墨丈人之苗裔。想作者偶闻此说，必为之作呕三日。然则何以我辈忽尔妄自菲薄，必且狭小今日进化学者至广大范围之无我博爱，亦曰：此由乎西方圣人所发明，为上帝独子所创言，此岂非谓过于俯殉世俗之见乎？夫宗教者，乃世界强权之保障，为传染行为病之微生物；欲绝行为病之来源，徐商疗治之法，则以破灭宗教为第一义。故我友有戏为宗教辨护者，每言：吾之信宗教，乃信其博爱平等。吾则正告之曰：君信博爱平等，即信你之良心可矣，何必从说诳话之宗教中求之。若博爱平等，必从说诳话之宗教中求之，恐君将自此固守一说诳博爱，一说诳平等，君且将恃有上帝之临汝，造诸般之罪孽。不然，君何以一日中行为多过，而必于每饭及临睡之顷，祈上帝之赦宥。岂非君即自视为乡愚，而以君心幻造之上帝，为保护之讼棍乎？君愿上帝偏爱自己，博爱何在？君能向上帝服从，平等何在？吾友则笑曰：同他们虚与委蛇罢了。今作者取义，虽与吾友殊别。然虚与委蛇则同。故敢附注数语，恐第三人读者之误会也。（录自民国前四年《新世纪》第三七号）

人类原始说

种族之争烈，男女之界严，人类之所以不平等也。今欲平种族之争，破男女之界，必使人人知种族男女所由来。吾不通西学，又行箧无书，仅就臆测，略考人类原始，所言岂能悉当？愿世之博学者，或赐驳正，或加证明；则人类之学昌明，而种族男女之见可泯矣。

人类之始何始乎？始于女子。人类之进何进乎？进于动物。自达尔文谓人由猴进，世已公认之矣。然吾谓人不徒由猴进也，盖由种种动物进也。今先详猴进之说，而推其所以为种种动物演进之说，则人类始于女子，其说亦明矣。人为猴进其证有二：

达氏之说，人所共知，今不赘述，其证一。

案《礼记·月令》篇云：其虫裸。注引《大戴礼》及《乐纬》云：裸虫三百六十，人为之长（吾所引各书，皆未检原文，仅凭记忆。讹误不免，阅者谅之。下做此）。裸虫者，即猿、猴、猩、狒之类也。人为裸虫之长，则人为猿、猴、猩、狒之类也，其证二。

说文为字下云：为，母猴也，是为字本象母猴形，其本义为母猴也，后世引申之为一切动作之为耳。推其所以引申为一切动作之为者，以一切动作始于母猴也。故为字为一切动作之始，即母猴为人类之始，其证三。

虽然，人由猴进，其说固无以易。第必谓专由猴进，乃未确也。吾证以前闻古说，而知人类者，盖合种种动物而进化也。
试略证之：

凡物既进，当不复退（例如今之野蛮人，果进为文明人。
则其类日减）。人果专由猴进，则演进千万年，不应复有猴类。
（例如热带之大鸟大兽，及吾国所谓麒麟、凤凰者，今皆不见）。
今五洲猴类犹繁，岂一种能进乎，一种不能进乎？殊难索解。
惟合多种动物而成，故能共存并生，而猴类因以不绝，则人不
专由猴进可知也。

凡物同种相合，其产出者必不甚异；惟异种相合，则能产
一异类。观于驴马相交而生骡，龟蛇相交而生蝌蚪，虎生三子
而有豹（雄虎不能再交，必雌虎复与他物先交或后交）。其余
动物若此者，当尚有之。近日欧人以一种鸽与他种鸽交，遂变
出无数种类；即植物家以此种树接他种树，亦恒能变其形味，
则人不专由猴进又可知也。

《左氏》《山海经》《尔雅》《博物志》《十洲记》《神异经》
所言之种种民族：如长狄、侏儒、比肩民、西王母、刑天氏、
奇肱国、穿胸国等等。今虽不恒见（或谓《山经》《尔雅》等书，
皆荒诞无稽。是正不然，近世学者，均称其说多确。如刑天氏
者，纪氏五种笔记言有人曾见之。即火浣布一种，亦世人共知
其为实有之物，不过少见而多怪耳），然粤之黎猺，黔之苗猓，
台湾之生番，美洲之土人，日本之虾夷，其种固自在也。以是
推之，人类之奇形怪状，当无所不有，则人不专由猴进，又可
知也。

古史所传及武梁祠画像，有牛首人身者，有人首蛇身者。
而欧西石像画像中，亦有狮首象首种种异形。必当时人类，实
有此状。原此种人类，必由种种动物相交而产生（或谓今之动

物，不交异类，何得种种相交？不知凡物之交同类者，以其类已繁，不假外求也；若同类不繁，而又群生并处，物既不能无欲。能不互相交乎？）惟猴类形最近人，性亦最淫，故牛首人身者，或猴与牛交所生之人也；人首蛇身者，或猴与蛇交所生之人也（或疑蛇不能与猴类交，不知蛇即龙类，性最淫。而龙为古所恒见，左氏言古有豢龙氏等，是龙固与人近也。史记言汉高为龙种，是龙固尝与人交也）。其他狮首象首等等者，当复类是，则人不专由猴进又可知也。

说文引古说，以狄为犬种，羌羯为羊种，闽蛮为蛇种，古书言黄帝之女嫁盘弧（盘弧，黄帝之犬）。而历史上言人种多奇离。谓出于兽类者不少（如玄鸟生商等说，且著为祥瑞。以是知谓狄为犬种等语，非鄙他族而加以恶名也，实本其族之自相传说耳）。据上所言，于既有人类之后，尚有与兽交者（今野蛮人与兽交者亦尚有之）。则未成人类之先，谓动物不种种相交乎？惟种种相交，故生种种人类，则人不专由猴进又可知也。

人类之由种种动物进化，既如上所述矣。虽然，人类之生，必有其最先者，设谓男先女而生，无论男子无卵巢，不能孕育，即谓男女同时并生，亦神话之说，仅凭理想，毫无证据。以愚考之，窃为女先于男，实有数证：

一、历史：古史言女娲造人，又言女娲氏补天。实本故老相传，谓吾辈为女子所传衍，故女子有参补造化之功用而已。至或称女娲氏者，盖言彼时为女子世界，犹今云耕稼时代畜牧时代耳，非专指一女子言，亦非指女子为君言。（彼时尚无夫妇之伦，父子之伦，何得有君臣？）自后人不明其故，于是造为抟黄土炼五色石种种荒唐之语，学者始疑之。至或有谓女娲乃男子而为君者，又或谓女娲为伏羲之妹者，愈不经矣（当时为女子世界予别有说详之）。

二、文字：凡造字者必有本原，我国始字从女从台，言人类之始于女胎也。先字从牛从人，言人类之先为牛首人身也（说文先字似非从牛从人，必失其义）。西文 A 字，明像阴形。阿拉伯数目字，6 为阴形，9 为阳形。皆有女先于男之义。至从男者，吾国有甥舅二字，义皆起于婚姻既定以后（观《尔雅》妻父曰外舅。及谓我舅者，吾谓之甥也。可知古人舅甥二字，起于异姓，不起于家族。然二字皆从男，是女为主，男为客也）。夫婚姻乃人类进化后之事，而从男之字皆后起；可知当人类之初，固以女为重也。

三、卦象：伏羲画卦，以坤为首（《礼运》吾得坤乾焉。注引熊氏殷易，以坤为首云云）。而卦象以六为阴数，九为阳数，均阴先于阳。周敦颐《太极图说》，及邵雍《皇极经世》，皆谓阴生阳。《易》为吾国最有实用之书，惜无人发明；然其言阴阳已如此矣。

四、语源：言语之源，最有根据。中国相传之语，曰雌雄，曰牝牡，曰阴阳。皆语源之流传未改者。即法语以 la 为阴性，le 为阳性，亦阳后于阴。

五、姓氏：女生为姓，此最古之义也。故古之姓：如姒、如姬、如姚、如姜、如嬴，皆从女（后世以邑为姓，以国为姓，以祖父之名字为姓，以官为姓，皆自父子继承而起，非本义）。故胡人知有母而不知有父，亦古昔相传，以女为尊也。

六、生理：凡物得气之先者，其生必先；女子天癸独早，得气之先也。以今世界统计，女多于男，养育之易也。且生物必由渐而长，世有所谓阴阳人者，平时则女，阳举则男；是女可变男，男不能化女。则男子进化，或由女子之子宫发达而成，未可知也。

七、物类：以鸟类言，雌鸟每能产卵，不必与雄交也；以虫类言，蜂与螺螺之类，亦以雌而传种。中古古书所载女子不夫而育者有之矣（如西人以马利安不夫而孕育耶稣。及吾国言帝皇皆感生之类）。未闻男子不妻而育者。阴能生阳，阳不能生阴，理固然也。

八、数学：凡数必始于一，一者阴性，所谓天一生水也。凡物必有点而成线，线者阳形，由点而引长也。人类必始于一，人体必成于点。太极圆形；地球亦圆形。是知凡凸而出者，皆后起耳。

以上各证，虽不敢谓尽确。然使确者居多数，则吾说已无以易矣。虽然，吾之草此篇，非徒欲抄撮旧说，附会新知也。诚以今世种族男女之见，破除最难。彼白人方訾黄人，黄人又訾黑人、棕人、红人，称为贱种；婚姻不通，法律不同，种种不平等之事，遂由此而生。至于重男轻女之俗，如东方之国无论矣，即西方号为重女权者也，然女子屡争选举而不得，亦成见之未破除也。使人类学明，知种族无所谓贵，无所谓贱，凡互相竞争者，皆同种相残。惟锄去强权，则一切平等；不拘拘于种族之见，庶能同心合力，以去强权。政府为万恶之首，吾力能去之，去之可也，不必问其何国何种也。大资本家亦为万恶之首，吾力能去之，去之可也。不必问其何国何种也。苟人人同具此心，则无政府之社会主义，一朝可以实行。此吾草此篇之一希望也。使人类学明，知女子功能，不让男子，则凡谓女子心理不同，脑力不同者，皆谬说，一切学问权利，皆当男女同之。而为女子者，亦当合力同心，以争自由。将昔日无谓之名誉，无形之缚束，一扫而空之。然后女界革命之时期可达，此又吾草此篇之一希望也。嗟夫！茫茫天壤，极乐何时；芸芸众生，大同有日；吾感慨系之，吾拭目竣之。

本报附注：读荷兰某君《大同释义》（见本报前期）及《人类原始说》二大著，其择义之精，见解之超，在我辈中国甚幼稚之进化学界中，洵可为翘然巨子。同人自愧无似，岂复有所间然，惟同人抱尊疑之旨，每受真理之范围。略与某君之信道相符。未尝敢与朋友之说为苟同；而不求吾心之可安。则今有所商榷，犹吾初志。想某君非特不以为忤，且必有以终教之也。

某君知今日之真理，皆本于科学之实验，取其较近真者以断言。夫于繁变纷赜之中，定之为界说，而无不信之例。析之为微点，而无不同之性。此发明一科之学者，非可求之人人。然惟其证实于力数质性以为言，而不假一毫之悬想，故其说出而夫妇之智能，可以与知。有若天文学发明，则据日局运转之理，人人可断天灾帝怒等说之为妄，不必大天文学家也。又有如生物化学发明，则据分子配合之理，人人可断造物托生等说之为妄，不必大化学家也。由是而推言较玄之人事，则攘斥圣人，废灭宗教，凡根气较厚，禀赋略清之少年，揎袖攘臂而争者，纵不必所言皆合专家之学，然彼所依据之而排斥人者，其理为至不妄。非若老师宿儒，或歧谬于神经虚幻之悬想，摩挲其漆简贝叶之文，珍之为醉性之消遣品。玄其名曰哲理；或束缚于野蛮惯习之历史，调停于学诐反辟之间。授人以骑墙之缮性诀，小其术曰群学。卒之即出于科学巨子也，而其说则皆偏殉于流俗之伪道德，而甚背其主张之科学，此即其学为至妄。故凡依据科学之实验，断彼较近真者，认之为真理，此外即无所事于更踌躇。如此，始可言科学之有功于真理，而世界始有进化。

自进化学说，成为一科之学，于是影响于较玄之人事者，始确然共信无政府主义，在此后最近之世界，为较公之真理。某君自谓不通科学，特谦言耳。而全不知科学为何物者，莫有如本报之同人。惟有若日局运转之于天文，分子配合之于化学，则同人耳食人类演进之说于进化学家者，亦略有单文只义，或且数数依据之，以窃附于揎袖攘臂之少年，而不自以为妄。

达氏人为猴类生物演进之说，即某君所谓人人皆知之者。惟达氏之立说，非仅依据于十口相传之古事，或附会于官骸近似之粗迹；彼乃合古今之生物，而实验机体之组织及生理之功能，知惟猴类演进之程度，近似于人者最多，故直断人于未成野人以前，实为猴类之一物。从猴类演进而为人，亦非一跃即为人也。由有尾而无尾，由猩猩、狒狒，而为近似于兽之野人，复为今日濠洲各岛之野番（此类中国之羲轩尧舜皆是也），渐进为今日如我辈之人。在猴类及我辈之人之间，又非悬揣其当然，而为理想之武断。凡搜掘于地层之中，罗列于试验之室者，一化石之迹，一枯朽之骨，莫不理而董之，以得其条贯。于是始据其莫遁之例，而定为一科之学。

且彼所谓人由猴类演进者，亦非谓偶有一类之猴，突然产生数人，于是今日世界之人，皆从此数人孕育而繁衍。夫地球之上，从简单生物之发生，演进而至于有猴类，生物之数，已极繁赜。此繁赜之生物，在彼所值亿千万年之时期中，各自倾向于进化之公理，随其能力而演进。或相倍蓰，或相什百，或相千万。能力薄弱者，或仍为浅化之生物。能力虽优而不适于生存者，演至庞大之物，如地层中发见之怪兽。不能不顺乎进化之公理，改良而别演。驯至蜕化于土中之旧状，遂绝其种。能力最适于传演者，渐成为各类之猴。而千百万亿之猴类，复各顺乎进化之公理，而演进不息。其一部分或先后杂然竞进，各演为野人，渐成为今日世界开明之人。其一部分仅传演为猩猩、狒狒，渐变为今日之野番。又一部分或至今犹迟迟其演进，而其苗裔，即为今日非洲等留遗一种之人猴。若今日寻常之猴，在我辈祖宗演进为人之时，彼之祖宗，或倘为下级生物（试作谐语，或彼之祖宗，已成为猴，至今仍为一猴，亦未可定。此有如中国留学生之与日本留学生，同在三四十年前，同出而为留学生。日本在今日，不但有留学生矣，已有所谓科学家。中国则无论其为旧留学生，为新留学生。其归结，终变为进士举人，慢慢演进而为官。而曾不知其祖宗本进士举人也，本官也。难道读了八股，出不出进士举人，做不到官。而必城头上出棺材，读了外国书，才可以产出进士举人，才可以栽培出官来，真不可思议）。如此，则可不必如某君之疑，谓人为猴类演进。有人则猴类必当灭绝。至于猴之演进为人，随其自适于所宜之功能，而为肢体之改变。匪伊朝夕，递嬗而至于显别有异。动以数万年，蜕化之迹，无从觉察（我辈若据记载以来数千年之短历史，论断此事，断不能得其头尾）。断非如某君所疑：猴牛猴蛇相交，突产牛首蛇身之人，遂可定为人类，原始中必有此一类。夫异物相交，改变种类，如某君所引鸽种改繁诸说，诚为生物学中一通例。但此亦不过以明生物之迁变，原因复杂，是亦一端。惟相交者之改变，其能力至有限制。岂能以极不相类之物，用其精血之感通，忽造成至良之官能。同人本不知科学为何物，即因某君之论，发为奇情幻想。容或人类未发生以前，猴亦未必适如今日之猴。牛与蛇亦未必适如今日之牛与蛇。或此类似猴似牛似蛇等之生物，在当时异类相交者极多。而所生变形之幼稚物，其变态亦繁。然而断不敢谓一牛一猴，能突然生人。故同人对于某君所引之古书，宁皆过而非之。排斥为：稗史之怪诞，或神话之荒唐。

近日世界学者之好古，过于我辈。埃及之石，巴比伦之砖，诠释其言者，成立为专科；引证其文者，裨益于学理。某君所引之《山经》《戴礼》纵或出于汉魏人之伪托，亦为二千年以上之古书。况比诸各国之神话石史，其记载正复相类。可见虽属荒诞，而其源必出于甚古时代口耳相传之旧说，亦未尝无记载以前人类初发生时期之佚闻，即视此戈戈者同于出土之砖石，同人亦不敢谓必无引据之价值。惟同人采朋辈之名言，谓其人果能分科立学，确然有所发明，则古书皆足为参考之资料。若在留心科学之始，方从事于实地研究之试验，以矫向日师说授受之附会，则古书每为绝大之障碍物，为患于支那近日之社会者尤甚。果能十年不读中国书，庶胸中之渣滓略少，可以虚受近世界之新学。同人始甚疑之，既而稍稍用其说，觉意境略宽，今则几乎不能作中国字矣。自觉摆脱者益多，而精神为之活泼。又复征诸近数年我国之学界，而博极群书，游心八表者，莫有如钱塘夏氏；沉酣西籍，会通古义者，莫有如侯官严氏。此二子之一鳞一爪，略流行于最近时代之坊间。同人当风雨偃息之晨，亦尝稍稍涉览。彼以天龙帝虎之瑰谈，说明日用饮食之至理。低徊往复，甚悼小儒后生意境之隘，智识之稚，或将害于民德，或将凶于人事。其知虑之远，诚可叹服。惟同人对含荑草木之状，抱无涯天地之忧，为人类别生感情，犹觉于二子甚有所不足。若曰：以彼材力聪明，而所自嬉所自画者竟如此，即恨不能取其架上之旧籍，拉杂而摧烧之。幽之于达尔文辈当日试验之室二十年。同人对于古书之别有怀抱，如是其辟。故虽若某君者，其所造必当远过于同人所引说之时贤。则于彼两文证合之古义，犹期期争之，以为未可。

牛首蛇身诸说，浅而测之，一言可蔽，乃质野不文之外号。沿于古说而刻画为画像，又无非神怪古昔之豪酋，用以惊世而骇俗。龙颜，日角，虎头，燕颔，后世记载之粗俚者，尚不绝于此类之形况。则凡山城僻邑，每每人得谐名，互为讥嘲。或则四眼狗，或则矮脚虎。至今如此。即同人中有时致其忿言，以取喻俗，讥彼不进化者，亦言猪生狗养。况达氏所研究者，为生物之学。人亦同为生物之一，研究之价值，将与下级之生物，同其比例。苟官骸，机体，生理，质性，证据有一不具，即未可以空言论定。人种之由来，灿然列其证于博物陈列之室。要非古书无根之文字，亦能参列于试验材料之间。自达学既兴，用其生物进化之理，而进化学之专科成立。于是我辈之空论，亦得在其间容喙。故于进化学界说之内，如某君所注重者，将证成女子之产生，早于男子，即以借达理融合古书，抑或一义。然同人之意，则以为男女之必当平等，婚姻之必当废除，斩绝如某君意，有取乎某君之断语已足，无待讼直于女先男先之往迹。犹夫大同之理，惟古人绝无言者，我辈言之，愈当锲而不舍，不必古人曾言之，我辈始亦言之也。此之为义，即本于我辈所居区区地球上之世界。能由下级生物，改良至有今日之人。无非由处于其间之生物，各顺乎进化之公理，因时适宜，自淑而不息。则此后无穷之方来，其物较人改良益改良，其道较已往者正当益正当。其进行之线，我辈现在之人，正为其一分子。故无取乎小儒据短历史中以往之陈谈，谓世界有人道，即终古不出于圣经贤传之范围，可质百世而不惑。

惟某君两文之取义，同人亦能代言之矣。彼必以为词不典要，将无可取信于死不绝种之文学士。支那识字之人寥寥可数，文学士者，可左右民志之从违，彼之一足在左则左重；在右则右重；将十少年之赞同，不若得一学士之开悟。故向日朋辈訾謷某氏之译籍，务为艰深。同人则非之。以为至道不取谐俗，名理之感通，当商榷于心知其意者。今乃知其殊不如此。无根之伪智识积之愈多则其人愈狡，正如千年老狐，藏尾，翳目，篝火，射影，其技不穷，而神通遂大，其归宿要不外乎造孽。则自近日所谓卓然之诸译籍，登诸市场，其表面，遂觉某新党巨魁之报料改良。某学士某殿撰之议论开明。而要之其人挟玄赜惝恍之理，为诬善其游之谈，阻碍世界之进行者，倍蓰于荣禄刚毅之徒。故知欲为科学世界，涤其污染，更无他法。惟有祝此辈之速死，断不必虚而与之委蛇，效彼猴头冠姬冕，狗尾插商标（借用）相与把臂手俎豆墟墓之间，以冀哀恳迫切，而良心有显露之一日也。呜呼！世界者，新学少年之世界，虽用文明之对待，决不至有焚书坑儒之事实。然而决不能无焚书坑儒之精神。此同人所以得某君赐文之便，借以商定我辈此后之方针。非有所胶固于一偏，妄致其辩难。岂况某君见道之精细，赴义之勇果，固同人悦服甚至者，益可信其必无文字上之战争也。（录自民国前四年《新世纪》第三九号）

书自由营业管见后

"各尽所能，各取所需"，乃所悬大同主义之标的，充乎其极，即谓之至善亦可。就进化之公理而论，至善之点，决无程期可达，不过屡进化而弥近似，所以世界日积而光明，亦且贞久而不息。今日论大同学说者之意中，每以为大同之世，有此一境，此甚背乎进化之公理。或又以为大同既不可达，则进化亦妄，此其所以心灰意冷，忽欲止于如何之小康。或有时又志得意满，忽望止于如何之大同，无非设一境以自画，故曰甚背乎进化之公理。

然对乎主义，必多其方法，因时而制宜，曲折以相赴，是为"作用"；作用则必凭其力之所能为者，向主义而进行。若以主义而论，所需不足，则人有所能以足之；亦万无徒取所需者，亦必无不尽所能者。徒取所需，必其有所需也；不尽所能，必其无所能也。苟或今世之事实不然，然以正义陈论，既不能以徒取所需，不尽所能，对于小己而自恕；则亦何必预料其难能，而以之恕人。至于恐难骤充其量，必先以弥近似者，为实地之推行，此即所谓作用。作用者，不背乎主义，其效果止显于一端，不能推暨而圆满者是也。此其高尚之作用，即安诚君之自由营业等；而纤细无足道者，即本报能出即出，读者欲看即看，皆作用之一也。

物之不齐，物之情。所以"能"与"需"，必听各人之自为"尽"且"取"。所谓人情好争，安诚君之意，以为此即"各尽所能各取所需"之原阻力。此何待言者。争之数，其多寡，与倾向于至善之极点，其远近，两者有正比例。争之数法不能销而降之于零度；即善之数亦决不能积，而臻之于极度。然争之点屡减，而善之点弥近，乃始不害其为进化。故即以自由营业之作用而言，较之今日之世法，去于争者自稍多，向于善者自愈近。否则若以浊世人情而论，谁则愿以一生所得，归之公共社会，而尽其能者？设不尽其能，而所需又无可得。则彼时之流氓乞丐，恃何法术，而能断其必无？如以为彼时之少年，皆曾受公共教育，赋之以能力。然彼时能者过多，"所能"不准乎"所需"，又将奈何？则必应之曰：彼时教育兴盛，"能"与"需"，自另有进化之组织，不可全以今日之世法相例。则亦应之曰：依自由营业之能力，皆恃教育，一则可免"所需"之不给于"所能"，一则可望以一生所能者，死后为"公中"（公众共同）之所需。然则充教育之量，将"各尽所能各取所需"虽不能至，亦可不远。

伊壁鸠鲁之豢豚学说，系"不尽所能，不取所需"，乃与进化主义之各有所尽，各有所取，正相反对。不足以激励进化，夫何待言。如以谓必因竞争之故，而后饱食终日，有所用心，窃甚以为未安。"进化之公理"斯已矣。必曰"竞争进化之公理"，此即因时人之进化学说，有生存竞争，优胜劣败之术语而误。西人之术语，虽亦不足为公理之定义，然汉译所谓竞争，尤未足以尽西文之原义。西文 Concurence 之原义，实即"共同发脚"之谓；即以竞跑一义而言，彼此各趁捷足，若中间稍用诡计，妨害人之进行，于运动法亦为欺诈。至于万物共同于世界，各向优点，此各行其是，更无竞争之可言。虽竞争之解说，华字亦含勤勉之义，不必尽属诈斗；惟失之毫厘，差以千里，以词害志，译事不可不慎。依同人之意，必当译作"共同"，则胜败之恶名词，亦当弃去。如生存竞争，优胜劣败之两语，改为"物类共同，优存劣亡"，则注重于优之一方面。其勤勉之竞争，不言而自喻。若世俗译为竞争，更以胜败之陋观念，妄译自然之淘汰，遂若非与共同之物类为角斗，直无可优之理，而能幸胜人者然；此直造孽之学说，非进化之学说矣。故有人卧于鸦片榻上，横吹"短箫"（烟枪)，作游戏之词曰："一亩之地，战事炽然。"此种似是而非之玄语，虽泥其迹象，罕譬而喻之，亦无不可。然其作始也简，其将毕也巨；害道之故，正不可不辨，故因安诚君之论而附及之。

　　要之自由营业，岂但无拂于"各尽所能各取所需"，而即此两语实际推行之一术也。同人对于进化之作用，亦常常言及之。惟安诚君云"生前富贵贫贱，看似不平等，其实至平等"，则与君之对待未成人，及死后之收产法，似乎已自相冲突。不识能示其至平等之理由乎？惟同人所对，自知过于疏谬，不学之陋，愿求安诚君谅焉！（录自民国前三年《新世纪》第九八号）

箴洋八股化之理学

最近张、丁科学之争，虽大家引出了许多学理，沾溉我们浅学不少。然主旨所在，大家抛却；惟斗些学问的法宝，纵然工力悉敌，不免混闹一阵。实在的主旨，张先生是说科学是成就了物质文明；物质文明自促起了空前大战，是祸世殃民的东西。他的人生观是用不着物质文明的。就是免不了，也大家住着高粱秆子的土房，拉拉洋车，让多数青年，懂些宋明理学，也就够了。于是丁先生发了气，要矫正他这种人生观。却气极了谩骂了玄学鬼一场，官司就打到别处去了。后来他终究对着林宰平先生，把他的初意，简单说了出来。他说："林先生若承认欧战不一定是科学促成，我的目的达了。"（大意如此）张先生在省宪同志会演说，说政府是暂时存在的东西。我吃惊不小。威廉第二的氯气炮，竟引出了本来慈悲而且科学化的张先生，转变了一个无政府主义者，做我们的同志。我还有何说呢？但是我爱美词，我尤爱真理。无政府时代虽我们不及亲见，我想必定是一个瑶池乐园，绝不是高粱秆子土屋，还有拉洋车人的人境。我们人类，自己不要皮毛，自己不要爪牙，四个足跑路很稳当，自己冒险，叫两条后腿独任了跑路，把两条前腿转变成了两只手，便已心怀不良，有要闹出物质文明的准备。张先生应该在此时早早反对那两只毒手，才算真有见地。什么放他在抱犊谷，用高粱秆子会造起土房，他定要不安本分出个孙美瑶，同临城的火车战争了。张先生若说他长了手，也便就会读程氏遗书及朱子全书，精神亦高出于猴子。这我本绝对的承认。然即此便可见他长了手，他才有读程朱理学的结果。最初便是物质进步，然后精神进步。就让一步来讲，他精神进步，有将读程朱理学之倾向，他自然便长了手，马上叫物质也跟着进步。精神物质是双方并进，互相促成，什么战争不战争，竟会归咎到物质呢？西方物质进步，故精神亦随了进步。若理想的无战争，必要经由社会主义，及张先生的理想无政府主义，才可达到。程朱的理学，他做梦也说不上。没有哥白尼把一个物质的太阳放在中心，张先生理想的无政府名词，在宋明理学书上寻得出么？所以张先生的人生观，现在我的见解，与丁先生又是不同。他并不是撞见了玄学鬼，他乃不曾请教玄学鬼；他的人生观，是误在他的宇宙观。这说来话长，我已在《太平洋杂志》上投一文，带着批评了，现在也可以不必屡说。我现在要老实请教张先生的，我有三个武断：

一、张先生厌恶的物质文明，大约即指种种的所谓奇技淫巧。我说他现在所谓奇技淫巧者，过了数百年，还止同今日高粱干子的土房一样。张先生若活到彼时，定还要气得腹大如牛，亦且瞠目不晓得如何反对。

二、从今日而到理想的无政府，至少还有比欧战大的三十六回，同欧战一样的七十二次。这是我的最干脆最让步的批评。

三、小学强迫虽未普行于全世界，理论则已普遍。中学强迫在三十年后，世界上必有一区首先行之。大学强迫在世界完全实行，克己点说三千年。放个大炮说三百年后，到大学强迫的时节，街上的洋车夫，灶下的老妈子，都具有张君劢先生的智识。你想他还会做洋车夫么？还会做老妈子么？他们还肯战争么？他们还会当什么飞机、汽车，算得上物质文明么？

本此三武断，可以复下一结论，曰：惟物质文明进步到不可思议；设备强迫全世界人类的大学，轻而易举，世界方能至于无战争。

如谓此次欧战，如何促成？曰：是乃张先生反对物质文明所促成。有人曰：德国物质文明也进步不已，制造了东西太多，思往外贩卖；英国物质文明也进步不已，制造了东西太多，也思往外贩卖；因而攘夺贩卖场，就弄到战争。这战争不是明明物质文明所促成？我说：这是事实，我所承认。然若世界上都同美国一样，他们到那里去寻贩卖场？还不是大家收了野心，互相交易而退，各得其所。每天发明点奇技淫巧，以相娱乐么？惟其印度有位张先生读太谷儿的好诗，反对物质文明；南洋群岛有位张先生学巫来由长老的静坐，反对物质文明；中国又的确有位张先生，在灰堆里拾着一个程夫子的玩物丧志，好像热狂的拜倒，又反对物质文明；然而从寸布一针都要叫柏林或伦敦供给。从前老顽固洋烟是要吸的，洋钱是要拿的，洋学是反对的。现在张先生是理学名儒，洋烟洋钱是不要了，然而火车是要坐的，不肯坐骡车的；轮船是要坐的，不肯坐钓船的；推而至于风扇也要装的，电灯也要点的。于是柏林揽张先生做主顾，伦敦也要拿张先生算买客，绿气炮便发动了。若归咎于火车、轮船、风扇、电灯、洋布、洋针，他们老实板起面孔回报道：你既要用我们，你何不学美国将我们自造？若归咎于张先生的反对物质文明，而又要需用他，张先生何说之辞？张先生恕罪！张先生为我们所敬畏之友，且实在是个物质文明提倡者。他是伤心着绿气炮，临时疯颠。凡冒犯个人之处，乃是戏言。至世界有不进化之民族，惹起物质文明进步人之野心，乃是真理。欧战之损失，是余中国人之罪也夫，是余中国人之罪也夫！
于物质文明何与？

这种话头是三十年前郭筠仙为了刘锡鸿说的，二十年前梁
卓如为了张之洞说的。不料到了今天，还要陈庸腐臭的叫吴稚
晖为了梁启超、张嘉森说，真算倒楣！（附注）：何以羼杂了
得罪梁先生呢？因为张先生的玄学鬼，首先是托梁先生的欧游
心影录带回的。最近梁先生上了胡适之的恶当，公然把他长兴
学舍以前夹在书包里的一篇书目答问摘要，从西山送到清华园；
又灾梨祸枣，费了许多报纸杂志的纸张传录了。真可发一笑！

二十年前张之洞、王先谦、李文田之徒，重张、顾、王、戴、
段的妖焰——此一时，彼一时，其词若有憾，其实尚可相对许
之。暗把曾国藩的制造局主义夭折了，产出了遮丑的西化国粹，
如王仁俊一班妖怪的西学古微等。幸亏有康祖诒要"长过素王"，
才生出一点革命精神；他的徒弟梁启超《时务报》出现，真
像哥白尼的太阳中天，方才百妖皆息。当时的西学书目表，虽
鄙陋得可笑；然在精神上批评，要算光焰万丈。较之今日的书
目，尽管面目方雅，可惜祸世殃民，真有一是福音，一多鬼趣
之别。他受了胡适之中国哲学史大纲的影响，忽发整理国故的
兴会。先做什么清代学术概论，什么中国历史研究法，都还要
得。后来许多学术讲演，大半是妖言惑众。什么先秦政治思想
等，正与西学古微等一鼻孔出气。所以他要造文化学院，隐隐
说他若死了，国故便没有人整理。我一见便愿他早点死了。照
他那样的整理起来，不知要葬送多少青年哩！我不是敢骂梁先
生，我是诚心的劝谏。凡事失诸毫厘，差以千里。不是胡适之
的《哲学史大纲》，便是好的；梁先生的"先秦政治思想"，便
是谬的。现今有许多古学整理的著作，我都拜倒；然而或是考

订的，或是质疑的，或是最录的，价值都大。惟有借了酒杯，浇着块垒，真叫做"下作"。胡先生的大纲，难有一部分浇块垒的话头，虽用意是要革命，也很是危险，容易发生流弊，果然引出了梁漱溟的文化哲学及梁启超的学术讲演。胡先生所发生的一点革命效果，不够他们消灭。他们的谬语，乃是完全摆出西学古微的面孔。什么都是我们古代有的，什么我们还要好过别人的，一若进化学理真是狗屁；惟有二千年前天地生才，精华为之殚竭。无论亿万斯年，止要把什么都交给周秦间几个死鬼，请他们永远包办，便万无一失了。你想他如此的向字纸篓里，掏甘蔗渣出来咀嚼，开了曲阜大学、文化学院，遍赠青年，岂不祸世殃民呢？这是梁先生走去那条路上，走得太远了，所以陷入迷魂阵。我有一天跑到胡先生的书房里。四壁架满了线装书，桌上也堆得东一堆西一叠。他随手把面前的一堆移过，他说：你看了是不乐意的。我说：这些给你看，我是热烈赞同的；但是我二十年前同陈颂平先生相约不看中国书。直到五四运动之后，我遇见康白情、傅斯年诸位先生，我才悟他们都是饱看书史，力以不空疏为尚；他们不是闹什么新文化，简直是复古。我想时机到了，古学有整理之必要，所以要请章太炎去里昂讲经。去年将国内国外的空气，细细一检验，我的思想，上了大当，觉得妖雾腾空，竟缩回到时务报出世以前。影响在政界，把什么最热烈的革命党，举化为最腐臭的官僚。简单归罪，可以说是四六电报打出来的。这国故的臭东西，他本同小老婆、吸鸦片、相依为命；小老婆、吸鸦片、又同升官发财相依为命。国学大盛，政治无不腐败。因为孔、孟、老、墨便是春秋战国乱世的产物，非再把他丢在毛厕里三十年，现今鼓吹成一个干燥无味的物质文明。人家用机关枪打来，我也用机关枪对打，把中国站住了，再整理什么国故，毫不嫌迟。什么叫做国故？与我们现今的世界有什么相关？他不过是世界一种古董，应保存的罢了。埃及巴比仑的文字，希腊罗马的学术，因明惟识的佛经，周、秦、汉、魏的汉学，是世界上人公共有维护之责的东西，是各国最高学院，应该抽几个古董高等学者出来作不断的整理；这如何还可以花青年脑力，作为现世界的训育品呢？亚里斯多德之古籍，经流血而掷诸校门以外；希腊拉丁之文，至今逐渐强迫最古董之学院废除。此种彰明较著之大改革，是世界共认为天经地义的了。梁先生还要开一笔古董账，使中学毕业的学生，挟之而渡重洋，岂非大逆不道？胡适之是拿六经三史做了招牌，实在是要骗他们读《七侠五义》。梁先生上了他的当，竟老实的傻气出来，把青年堆在灰字篓里；梁先生自己睡了想想，也算得上一个笨伯罢！章太炎的考据，定也不算丢丑，他那章氏丛书里几种小品，可以充得传作。但他要把那灰字篓的东西，对青年做一个新系统的传达，他就糟了。去年在江苏省教育会的讲演，我在伦敦看《民国日报·觉悟》所载，我替他短气；乃现在还被什么书坊刻了出来，真是他老年的污点，梁先生必定也替他难过。人已对照，便能觉悟那种灰色的书目，是一种于人大不利，于学无所用的东西了。从前张小浦说得好："倘真正是国粹，何必急急去保？二千年以来，定孔、孟为一尊，斥老、墨为异端，排除无所不至；然而老、墨之书至今光景常新。"所以在三十年内姑且尽着梁先生等几个少数学者，抱残守缺，已经足够；不必立什么文化学院，贻害多数青年；更不必叫出洋学生带了许多线装书出去，成一个废物而归。充其量都成了胡适之、胡先骕诸位先生，也不过做一个洋八股的创造人而已。少数的胡适之、胡先骕，原是要的。不幸梁先生要大批的造，不幸又有最高等的学者张君劢先生出来做护法，使他繁殖！因此，同张先生反抗，并词连了梁先生。（录自民国十二年《吴稚晖言论集》）

"他""我"论

在没有宇宙生物以前，原没有什么我与他的。有一天，不知哪一天，但总有这个时间；在一个地方，不知哪个地方，但总有这个空间；开了一个会议，说：我们下个决心去做一场罢。于是星球哩，蛆哩，尘埃哩，各奔前程。经过了许多奋斗的时间，便做成了现在的宇宙，滋演了现在的许多生物。这时，星球便见得自己是我，蛆和尘是他。蛆同尘埃，也我着我，各他着他。但是各个的我，也知道没有他是没有生趣的。所以第一个意思要保全生存我，接着便有了第二个意思，是因要保全生存我，便不能不去保全生存他。这生趣的话，大家很容易明白的。那蛆想着道：假使用我的能力，把种种的他全去了，果有我一条"巨大无外"的大蛆，孤零零的混沌中，有什么生趣呢？拣最浅近的说：我有辆摩托车，没有开车的他，还能自行开去？若没有"朋友的他""亲戚的他"，与种种我坐着车去看的他，看我坐车的他，我还有什么生趣呢？所以他是一定要保全生存的。

释迦牟尼是个绝顶聪明的人。他见有了他，然后有我；因为要保全生存我，不能不去保全生存他，这种现象是危险极了。于是在菩提树下，聚集善男信女，开了个会。说：我的他，都是他的我；要保全生存他，不如先没有我。这便是佛教的正觉，释迦牟尼是从正面落想的。因他见：全"我以及他"的现象，是不能长久的；与其以后有因我而牺牲的他，不如现在先去了牺牲他的我。但从反面落想：只要大家发愿：全"我以及他的我"，不怕再有因我而牺牲的他了。明白了这个理，释迦牟尼是佛；军官也未必不是佛哩！（录自《新声》第一期）

说不说我的义务 听不听你的权利

宇宙是无始无终。就是地球的生命，就我们人类看去也长到不可思议。人从原人而老石器新石器，至少经过二三百万年，方到了我们的历史时代。太短太短了呀，只有一万年也不到。以后地球到混沌，如果再有二三百万年，历史时期也至少有数十万年。大家要达什么主义，尽管你热心也要忍耐了一个长时间，不能揠苗助长，一跳跳得太快。大约不努力，自然不应该；太努力也往往结果适得其反。

讲什么哲理，我哪里有此能力！把我乡下老靠在"柴积"上晒日黄时极浅陋看法：

过去历史上，多少英雄豪杰，好好坏坏，多多少少，终有他们的主义；批评谁好谁坏也不是容易。终之要达他的主义，是抱着主义的人都有热心的。

闲话少说，先举一个实例，做个说话的楔子。过去七八千年太古的不必说，迂腐的圣贤也隔过不谈。当此外罩民主糖衣，内含英雄主义，故应把英雄举例。东方的英雄，大约要算秦始皇、成吉思汗可以比至西方的亚历山大、凯撒、拿破仑。秦始皇抱了混一天下主义，可怜他当时尚以中国为天下，并不知有世界也。像今天的英雄，已知了地球是世界，止想混一世，尚不游经以火星……何兴之暴也。死后不到几年，跌了一个大交，反作成了一位亭长先生，传子孙四百年。其余所谓成吉思汗、亚历山大、凯撒、拿破仑也有同样的结果。只一个楔子，虽驴头不对马嘴。

以人的精神能力支配物质

民国二十年八月二十四日在中央与国府纪念周报告

最近天灾人祸，相逼而来；国区以内，演成空前未有水灾，洵为国家之大不幸。每念灾之由来，不得谓非唯物主义之未能贯彻；于防灾及一切水利所需要之物质上设备，较古来治水方略与近世水利科学，不免差逊之所致。关于物质上之进步，其原理，在以人的精神能力支配物质；不可使人的安危祸福受物质支配。总理对于此旨，曾切实阐明。易经有云："备物致用，立人器以为天下利，莫大乎圣人。"可见善事利器，绝非弛懈废窳者所能奏其功效也。由是而感想到吾辈立身行事，对人己之间，要审察几微。本总理所发明"大同民族"与"天下为公"主义，七分为人，三分为己。矫正其自私自利之观念，急公好义，以维持民族之生活，消弭共同之祸患。为政之道，在于爱人；苟以人群幸福为前提，则政无不举矣。世界上抱资本主义者，是基于爱己之念切。马克思主义，虽以共产为号召，其迹近于爱人；乃观其措施，并推测其结果，势将由集产主义而渐变为特产主义，与资本主义亦无甚悬殊。中国旧道德中，有克己主义；但须克其所当克。如能先人而后己，即是大公之道，若陈义过高，则过亦等于不及。现在中国民生上需要之物质，殊感缺乏；物质进化程度，甚形迟缓。大家应同心协力，本尊仰民生主义之精神，奉"勤苦"二字为金针；奋发淬励，以伟大力量，支配一切物质，救济民生问题中现在及未来之困难。

性恶性善及其他

性恶：其说是也，竞存之性，由于天赋；其说非也，爱他之性，同时存在（或者爱他为竞存之变相欤？）。

性善：其说是也，即有爱他性及不肯竞认性恶性；其说非也，自营之私，必不灭也；至不能两利时，自然私己。

杂有善恶：其说是也，即上二条之是非各有；其说非也。因其二本。

无善无恶：其说是也，无为时是如此；其说非也，无为不可得而论为，即善恶出矣。

日有进步：其说是也，就一物论，必如此；其说非也，就物物论，恐不如此。

理有循环：其说是也，大造亦有毁灭；其说非也，与一物之进步有妨。

爱人如己：言美矣，而难行。

施诸己而不愿，亦勿施于人：稍可行而未广。

物物赋有争存之能力，人亦其一。作为物，自赋亦可，因物与大造合撰；惟其合撰之故，所以于不害己之存者，物物有与他共存之愿。愿力之存:（一）因共存者，可以娱己之存。（二）因己之好存性赋自合撰，故存他亦从撰存之性而出，此时己即不啻大造。故切于己分之及子孙，又分之及同类，又分之及异类，不过弥远弥淡而已。

存己之性赋于物，物即与"物"以竞存之能力。"与"谁与之耶？自与之。自与之，始形而为有，乃有存可争；故方其有也，即积自与之竞存性而后有者。万有之物，皆自赋竞存性，故竞存为正当。

不碍于己之存者，而翼之以存，即推己之竞存心而起（故不暴殄天物为正当）（两利为利乃美教）。然一时之事，世间有碍己之存而不两存者，其事无限。如能两存于一处，乃有真两利。其他形似之两利，乃各不暴殄之谓耳。如曰杀一人，以求己之长生者，无人为之；此得两利之教之力，然不过通乎类政者耳。若曰杀牛羊，以供己之肥，即坦坦然为之，两利何存焉？

故竞存而不妨他，即为教仪中之大善、大美，其旨亦合乎合撰好存之性。

恐妨存而限制于未有，虽其实为毁存而存现有，无以异。故患庶必能想出不庶之法，而不受胎药等之发明，是为正当；然简单为之，仅仅不择人而制其胎于生育，贤智之策又何妨，（至极）无善无恶者也。

礼义廉耻在中国伦理史上的发展

民国三十年二月十九日在新生活运动七周年纪念大会
新运讲座之演讲

　　自从新生活运动以来，昨天是第八年的开始。这七个整年，总裁指示我们的要义，很详很尽的演讲，已有过二三十次。尤其最切实简明的，是前天的播讲，可以说无义不备，无隐不揭。我们的一知半解，皆包括在他的训话中间，哪里还用得着我们再来说话呢？但是我们若把他训话中间的"几点"或"多点"，从新向大家提提，无异来助他向大家丁宁反复，郑重记取；而且也可以试验我们接受的程度，使他有工夫时节，多方面的来指导或纠正；所以我今天也敢来把不贤者识小的部分，向各位陈述。

　　今天的题目是会内指定，要我讲"礼、义、廉、耻在中国伦理史上的发展"。这个题目讲起来，是可大可小的，当然不配由我来讲，就请伦理学大家来讲，也要再三准备，还免不了困难。至于小的，若不计较浅陋，古人说："君子之道显而隐，夫妇之愚，可以与知。"况且古人又说："譬如登高必自卑，譬如行远必自迩。"总裁的新运，他是为大家说法，不嫌浅近；正要试验人浅近的见解，就是我们说得太浅陋了，只要用意真诚，大家懂得，已是总裁要在伦理史上发展到绝对解放。我所以今天又敢于接受这个题目，把我所见的小处，不成条理的讲讲，引起将来别人有条理的贡献，叫总裁满意。

礼、义、廉、耻，明明是我们古人的旧生活，为何反叫他新生活？总裁已经再三说明，就是说：这个无上宝贵的旧生活，已经丧失了多时，现在把他回复过来，自然在我们现在是去掉无礼义无廉耻的旧生活，从新得到了礼、义、廉、耻，我们的生活是新了，当然要叫新生活。就同我们的五千年文明的旧中国，做过世界上最光荣的一国；但过去几百年，把文明弄到衰败，现在我们再复兴起来，自然要叫新中国。新生活与新中国，是一样的意义。

还有一层，总裁说："我们提倡新生活，不是讲哪一个人，哪一部分人，要实行新生活的，其余的人不要实行；也不是说哪一个地点，要实行新生活，其余的地方，就可以随便。如果这样解释，那是错了。"大家听到这一段话，就可以明白礼、义、廉、耻，经总裁把他发展到最大限度。我今天讲伦理史上的发展，就在总裁这一段话上悟出来的，我想或者能说得有点点意思。我来讲下去，现在先要来推想，道德是古人所谓："放之则弥六合，卷之则退藏于密。"道德的名目虽繁多，是一贯性质，有连带关系，有藏于密处的源泉，种种名目不过对于实行上一切方便才立出来的。尽管繁多到弥于六合，藏起还可说只是一个。这个一个，古今中外的伦理学专家，指示得很多，恐怕还聚讼纷纭，钻仰未必能罄尽。以我的浅陋，拿现在短短的时间，当然不敢来尝试，来对那"一个"，作痴人的说梦。我把新生活运动纲要上，简单明了指示我们的：所谓礼而无义如何？礼而无廉如何？礼而无耻如何？义而无礼如何？无廉如何？无耻如何？廉而无……耻而无……如何？这种相互关系，便知有一

贯源泉。就从礼、义、廉、耻本身，明白从一个德目，可包括
三个德目；从礼、义、廉、耻四个德目，推而广之，并可以包
括一切德目。如古人所谓"人而无仁如礼何"？又谓"道德仁义，
非礼不成"，又谓"主忠信，徙义"，诸如此类，说得很多。就
在上面三句话内，已可见礼、义包括仁与忠信。那末道德名目
的发展，我说只是适于实行上的便利随宜设立，似有这个理由。

因此，我可以说：一切礼、义、廉、耻、智、仁、忠、信等等，
包括起来，各种道德可以显现与存在，只是一个道心。他的隐
藏，只是一个人心。人心道心的分别，在尧、舜时代，早已发
明。然那种"惟精惟一，允执厥中"的奥妙，只有少数上智圣贤，
可以懂得，普及必然的为难。发展到宋明大儒，那班理学先生，
要想一旦豁然贯通，把他普及，仍落了一般常人的口实，嫌他
们迂远，还要用良知良能来救济。所以古人为普及起见，三代
以前的道心，变到春秋时代，就发展了礼、义、廉、耻，易知
易行的四维。到了战国，孟子另有作用，发展了恻隐、羞恶、
辞让、是非，仁、义、礼、智的四端。到了汉代，又加上信字，
发展了仁、义、礼、智、信的五常。中间也曾缩短了，变为智
仁勇三达德。唐宋以后，停顿在高远，直到我们总理，又发展
成功忠、孝、仁、爱、信、义、和、平的八德。又为实行上的
便利，把八德制成守则十二条。总裁知八德十二条，适于一部
分人；欲八德十二条的实行，且普及大众，要易知易行，又兼
采礼、义、廉、耻的四维，加上整齐、清洁、简单、朴素、迅速、
确实六个细目。又使四维能大众化，并著十二守则，将总理的
八德，可以实行到圆满。这是伦理史上德目的变动发展，其实
还只是一个道心。

道心时代，只是少数上智圣贤懂得。上面已经说过。到了

管子时代，道心变为明白易知的"礼、义、廉、耻"这个四维。所见似必能推广，然恐怕推广还不能多；因其时的国事，看做君王公卿大夫的事，庶人可以不议。为定这个四维，在管子等心目中，只以责难于君王公卿大夫，拿这四条大索子，把他拴牢。其时礼不下庶人，刑止上大夫；非大夫的，大都"耻"可马虎，非刑不可。又说："人之异于禽兽者几希，庶民去之，君子存之。"即几希之四维，惟存于君子，而被去于庶民。又云："君子所以异于人，……我犹未免为乡人。"乡人便可以逃却责备。

直到孟子时代，那四端便不是仅仅如四维的维国。直截痛快说到无恻隐之心非人也云云。又言："人之有是四端也，犹其有四体也。"从治国的少数人，推广到人人。因为孟子主张民权，几乎以为国之兴亡，匹夫有责；然终究归结到保民而王，还吃重在治国者身上。直到顾亭林在明末，始能说匹夫有责。进化的空气，方自然发展。到了现在，知道别人的国，都挑在人人的肩上，所以它的兴盛超轶古代。我们若不能人人出来成功四条维国的大索，我们的国，一定如洪流中的船只，大风中的茅屋，非沉毁不可。于是礼、义、廉、耻，应变为人之四体。总裁又望现代国家在洪流中、大风中，人人负了责，成为系舟拴屋的四条大索子。

四维变为四体，礼、义、廉、耻变为仁、义、礼、智。只是孟子适于他的保民而王之仁，就把义并做仁。仁义本可一解，恻隐救人曰仁，亦可曰义，故各看一面，仁者见仁，智者见智。羞耻当然是耻，义则其别解。辞让当然是廉，礼则其一节，故孟子在别处，又改为恭敬。廉为礼之正解。是非可礼可义，礼是规规矩矩，是非之表现于外者也。非规非矩，不成圆方，是非礼矣。义是正正当当，是非之分别于内者也，正正当当，义理之正解。恻隐之仁,所谓仗义,义之一解。故若以管子解四端,是非、礼也;恻隐、义也;辞让、廉也;羞恶、耻也,四端仍四维也。德目之变更,皆适于环境之实行而已。

新生活运动纲要之解释,最为切当。规规矩矩是全盘态度之表现;切切实实是内心彻底之觉悟;正正当当、清清白白是良知的不昧。约之即三达德的智、仁、勇,广之即总理之八德。而礼义廉耻,发展为规规矩矩,正正当当,清清白白,切切实实,附之以整齐、清洁、简单、朴素、迅速、确实,如此明白透彻。今之庶民,与今之乡人,自问自己的程度,就使不必高于古之上智、圣贤、哲人、君子,亦当远超于古之庶民,古之乡人。因今之世界各国之人民,皆能进而上此于我国古代之君子。如此四维,还不能普及,我们对着各国人民,似乎颜之太厚,不可以不将古人说的"无耻之耻",自己警告警告了。

拿伦理史上的发展来判断,我们规规矩矩的四维,亦可谓新四维。我们把他来生活,当然是新生活。我们如果不虚总裁普及的希望,自然又开我国的新纪录了。苟日新,又日新,我祝我们个个拿了新生活,来享新中国的幸福。

精神物质应当并重说

自进化学说确然成立，知宇宙间无有不变，变又无有不渐。其间虽亦有突变为例外，而增力不增速之定律，仍使迂曲折，返于正常。人自原人时代、石器时代，至于历史时代。既入历史时代，又自酋长时代，贵族君主封建时代，至于民主立宪时代，入于社会民政时代。随后或再有共产时代，无政府时代，皆循渐变之正常而进行。今日者，所谓社会民政时代，方兴未艾之宇宙进化中一阶段也。纵百足之虫，死而不僵；而君主封建之残骸，犹借回光返照，如倭寇之反能鸱张，此即造突变之因。过去帝俄之专制，已造苏联共产之突变，是其例也。至于民主立宪之多数环立，此乃渐变中未脱之蜕，无有不工党崛兴其间，为社会过渡之准备。今日各国宪政，皆积渐倾向于三民主义之原理，特未正式承认采用；因我国势未振，皆耻言原理定自中国哲人耳。我总理禀先民之遗则，服膺大同主义；生平常以天下为公之横额赠人。于无政府主义之浦鲁东，辨明其为真共产；而于集产主义之马克思，亦相推重，惟惜其止为病理学家，而非生理学家。纵阶级斗争之狭隘行动，而造一时之突变，却不合进化之正常。进化之正常，则既入社会民政时代，当以三民主义为今后人类社会自治若干世纪之一阶段。由三民主义，蜕入真共产，以至于大同；人类实受渐变之福，不受突变之殃——不必受之殃。

然进化之正常，岂能尽如人意？造突变之魔鬼，借回光之反照，如倭寇于必倒之时，反在肆虐。此外又有滑稽之法西斯，也可称主义。一方面矫枉过正之急色儿，盲目的造起突变；如孙悟空一个筋斗，能翻十万八千里，结果还盘旋在如来佛的掌中。此亦进化正常外，必有之曲折。盖无论如何，曲折自曲折，正常还是正常。盖自有人类，自有进化；而中流砥柱之人物，常不绝于世界，刚刚恰好之办法，自为时代的多数所赞同；我总理即其人，而三民主义即时代所需之办法也。然精神必寄于物质，尽有烈火般之精神，而无油及灯带之助燃，烈火亦将熄灭。百千万年的进化途中，尽有伟大之人物，及伟大之主义；而无适合当代之物质，以助其成达；则徒令进化多一曲折，如闪电之即过，而无迹可留。不然何以原人三百万年中无此等老祖之纤毫思想，可供吾人之流连？仅余留有半于今人脑量之脑盖骨，及尚未垂直之腿骨。借此物质，反诬之为毫无人治组织之能力，犹滞留在半兽化之状态。迨老石器之祖太爷，遗有粗糙之石斧，及食余之蛎壳，甚至有石洞壁上之凿痕；遂令吾人信七十万年中，已有战争、部落、饮食、娱乐。人治已开。至于新石器之十万年，石斧之精，石针之细，甚至有青铜遗迹，水居旧筑。猜想治人之酋长，被治之奴隶，皆已萌芽。甚且谓此等野人，北海之北，南海之南，今日尚有同等之多族。呜呼！彼等之物质，虽未能助留彼等伟大之思想，亦幸而小有残留，不至藐视之为非人类。吾敢断言，此三百八十万年，我等之老祖中，谓必无特出之少数，若助之以历史以后之物质，谓必不能成为历史中可称之人物，吾不能信，恐读者诸公皆不能信也。物质可以助吾人精神之曲达，岂不然欤？岂不然欤？

如是，人类之进化，由伟大人物之精神，促进物质。由物质表达伟大人物之精神，而促其成就。一如鸡生蛋，蛋生鸡，如环之无端，试以历史时代实证之，而益可信。世界入于历史时代，无论东则中国，西则埃及、巴比伦，皆未满万年。第一步中国之羲、农与埃及、巴比伦之名王，两不相谋。一则有思想，能作易卦，为渔、猎、农耕、医药、之便民工作；一则富物质，能造巨大之金字塔，其思想则为保存尸体之卑劣迷信。故两者之成就，皆未脱初民意味。使思想与物质，彼此交换，则黄帝、尧、舜，及第八王朝之盛，可提早一二千年而出现矣。我国第二步，有黄帝之宫室、车马、舟楫、杵臼、棺椁，遂有尧、舜之璇玑玉衡，辇楯檼橇，天文水利，次第烽举。而惟精惟一之精神，亦于焉略著。但历夏及商，苍颉所造之文字，经峋嵝之笨重，甲骨之简略，或方策刀笔不易周备，遂使此千年之中，仅有后羿、成汤等之斗士，文化乃停滞不进。至商周之际，第三步金文起而改良甲文，野蛮男女之歌谣，演而为江汉士女之风诗，亦采为清庙明堂之颂告，于是文字兴矣。希腊荷马之英雄诗，亦不先不后，出于是时。文学者，思想之先锋，亦即文字刀笔之产物。文字刀笔，亦即由冶铸锯凿金类广用之普遍而盛行者也。

由文学之传习，促进记述之便利；由记述之便利，愈能发挥研究之功用。研究既盛，学人之思绪，遂益繁复。由文王、周公、鬻熊、吕尚开之先，而管、老、晏、孔承其后，人类始有有条理之哲理，是为第四步。希腊小亚细亚之七贤，亦不先不后，刚在此时。即印之佛屠，亦此时生出。而东西哲理之源泉，实涌现于此一时也。但我决不敢言文周老孔，实其心思才力，强于尧、舜、禹、汤；不过自西周至于春秋，文物愈备，助彼等之发挥天才，较易而已。

至西方盛称希腊之文化，远超古今；其实小亚细亚雅典之成就，我春秋战国之所获得，并无逊色，且或过之。因西方对于"物质之哲想"，与"精神之哲想"，并无歧视；我国则"道"为形而上，"器"为形而下，误分上下，遂偏有轻重。语云："失之毫厘，差以千里"，演至周秦以来之二千年，遂至精神小有偏胜，而物质则大有偏枯。在西方一部精神哲理史，一部物质科学史，平均黑暗，平均发达，科学促进哲理，哲理促进科学，乃有今日之强盛。饮水思源，遂尊视希腊古贤，亦其宜矣。其实所称希腊哲理与科学，皆幼稚已甚。德黎、苏格拉底之哲理，固不如老、孔；自然更不如佛屠；恩贝佗格拉斯、亚里斯多德之科学，你想地、水、火、风之原质，何如金、木、水、火、土之周详？管子之矿学，墨子之物理，公输之巧，师旷之聪，曾何慊于科学史之古发明？乃中国举性与天道，孔子所不敢常言者，士大夫言之。几将强贩夫走卒亦言之。举凡璆、铁、银、镂；镂者钢铁，禹贡时即贡自梁州。而自暴自弃之徒，乃谓铁入中国，止在西元五世纪前，由帕米尔高原而来。汞与砒商、周即盛用之。西方则求有发明之人以实之，以为其人不磨之荣誉。中国之事物原始，发明纸张之蔡伦，西方应庙食者，中国藐然如无其人；且以其为刑余之人而更轻之也。于是董仲舒、王充之徒未为重视。且隐隐有尧、舜传之孟轲，孟轲死，惟朱熹可接，而董王则其蛛丝马迹人也。偏重精神之哲理，蹂躏物质哲理，使永不敢抬头，何其忍也！老、孔、德、苏，均有性与天道普及人人之志愿，其实文行忠信，尚非中人以下之人所能起信。于是天堂地狱之说，与原人之习性以俱来。佛则高等性天，与下等迷信皆备。西方则以耶教代用苏、亚之学说，造成黑暗。中国则佛屠阑入，高等者究其性天，演为程、朱之理学，下等者张道陵之徒窃其迷信，演为三教同原。内黑暗，外成桃色。因文学异军突起，中流社会都归仰之。一个桃色世界，自周、秦以来二千年，以至于今。西方之黑暗世界，先亦文艺复兴，变成桃色，后乃为科学一脚踢开，显出深红色，自五六百年来，以至于今。我国之科学，则因物质被沦陷于十八层地狱，中伤之为形而下，万万不能抬头；纵人类在此千年内，科学头脑，上帝已为暗中造成。科学者，有界说，能分类，成系统是也。而程、朱老夫子用以说诚说敬，自胜于孔、孟之尚粗（非虚誉，乃良心中老实话）。而清代诸儒，且用以治汉学，一字之细，亦有家法与定义，仍为精神哲学所独专而已。此羼言之大较也，下文再按步略言之，以为结束。

第五步则为战国，战国之所以能促成中国之大一统，即由各国分头努力，准备物质人才，如风起云涌。止要拿孟子所非难者反证之，即可知其大概。如所谓："故善战者服上刑"，则证明孙吴之攻具，与墨翟之守具，军备皆充。又云"连诸侯者次之"，则想见车驰马骧，馈赠之品物繁富。又云"辟草莱，任土地者又次之"，则农垦畜牧俱举。于是交通频繁，此纵彼横，造成席卷天下之野心家。而一切借以控制之物质，足使混一而有余。于是秦始皇遂承乏以成此大业，一合不可复分；纵其嗣子不肖，民间只需有一刘邦其人，亦足以继其绪而有余。时为之，势为之，即物质为之也。

第六步即秦汉至于中明，是为西方之黑暗时代（罗马等姑省不别计，因与西方之精神史，物质史，两大历史，无甚直接关系也），亦为中国之内黑暗而外桃色时代。因在此千五百年中，世界文学之盛，莫有再过于中国者也。文学者，哲理之先锋，亦即精神之斗士。中国以道为形上，而文学许作淮南之鸡犬，可附带升天。虽亦曾斥之为物，谓玩之可以丧志。然骂文学家为写字匠，则群起而反对也；惟书画琴剑，尚可附庸风雅，至车匠轮舆，非坐之堂下不可。在此时期，叠受不进化民族之侵陵。以彼性天之道虽荒，风雅之味更涩。然骑射之物质，正同今日兵器中最长之飞机。兵法："长兵与短兵相接，短兵绌矣。"程朱老夫子止懂使人静坐，体验喜怒哀乐未发之中，安屑用骑？彼之矢，将以雍容投壶，安能使射？于是一再亡国，忠臣惨死，汉奸坍台，民族哀矣。

第七步自哥白尼以太阳为中心，"贾"（伽）利略信科学为万能。以至于倭寇轰重庆，希特勒之兵在华沙从飞机上降落，则又为世界之战国时代也。如飞机，朝欧夕亚；如无线电，顷刻可通知全球。混一世界之物质，早出于天然之准备。虽目前尚为七国并列之时代，孰秦孰齐孰楚，亦莫得而知。然在此过去之五百年，尤其最后百五十年，世界已共迎潮流；而我连"牛步化"之勇气都无之。公理战胜，一度自可深信。如曰能长此侥幸，恐无此美景；盖各国将受正常之渐变，都或顺流而徐进。我无渐变之准备，则易受失常之突变。将奈之何矣，将奈之何矣！然区区物质，如不视之为俗客，与之结为密友亦易。有如苏俄，五年五年又五年，居然左拥右抱。希特勒首屈一膝，张伯伦莫敢正眼。互不侵犯条约，可刻成板子，一张一张订去。登高台而左右顾，所有猫脚爪，一齐帖服工作。彼将掀髯微笑，闲观于壁上也。青年乎！如其不愧为中山先生之信徒者，请迎头赶上去也。（录自民国三十年《青年月刊》第一卷第二号）

反侵略要互助与优胜并用说

我们古代哲人的理想，有所谓："万物并育而不相害，道并行而不相悖"，这是见得到宇宙应"万物皆备"之真理；否则，任凭如养虫一般，大虫吃小虫，吃到止剩最强大的一个。你想，宇宙间止剩了他一个，宇宙亦就太无聊，太寂寞，太索然无味了。万物皆备，所以为宇宙成为宇宙之真理；故并育并行（视彼所谓"生存竞争，优胜劣败"，或相信只有"互助"各自只说片面），当然较为圆满而皆备的原则。

可是并育并行，要望切实做到，又必含着生存竞争，优胜劣败，及必应互助，两个片面，方能得到整个圆满。我国古代哲人又说"栽者培之，倾者覆之"，是即优胜劣败之一面也。要万物的各个，个个存在，最省力的方法，即应归个的自身，各自去努力到优而不劣。倘有或个，乘着优势，却去灭绝他弱。而众弱即并力而改优，合抗过优之势，使或个不成为独优。众弱并力改优，即所谓又一面之互助是也。众弱抗优而胜，得到"并育"之平衡，即合皆备的原则。故优胜一面，为宇宙策励万物各个之手段；而互助一面，亦即为宇宙并育万物之大法。

不幸宇宙用了优胜的手段，时常必有或个优胜得太高长了，竟想乘势灭绝其他各个。缩小范围，止讲人类，即所谓侵略家是也。侵略家只知独荣自身，即毁灭宇宙而不顾。于是自然而然，宇宙又行其大法，必有觉悟的人类，起而保存各个，有若游侠者然。游侠之保存宇宙，起而行其互助的抵抗，又所谓反侵略者是也。自有人类，即有侵略家，又即有反侵略者。侵略家之种类不一，有或个人侵略他个人，亦有或民族侵略他民族。最凶横者，更有或国家侵略他国家；或个人侵略他个人；或民族侵略他民族。每尚有装饰品之道德法律，假作保障。惟有或国家侵略他国家，便无法无天，不堪闻问；而反侵略者亦跟着侵略家，不断的挺然辈出。所谓圣贤，所谓宗教家，所谓慈善家，所谓鼓吹和平者，惜皆阿弥陀佛，"石驳岸洞里的鸭"，光有一张嘴。道德呀，法律呀，国联呀，闹得震天响。遇到侵略个人及个民族的场合，或互助得有些小效；到了国家侵略国家，便束手无策，止好躲在安全地点，开会批评而已！此其故，顾了互助的一面，不知尚有优胜的一面也。懂得互助的反侵略者，不能以优胜抗倒侵略家，恰如以劣败互助被侵略者是也。

质言之，侵略家以飞机、坦克车之优势，行其侵略。而反侵略者，自然应以更优胜之飞机、坦克车，对被侵略者实行有力之互助，制止侵略。于是每有侵略家出，必为反侵略者所打倒。一次又一次，侵略家知无可侥幸，自然乃绝迹于天壤。故空言反侵略，不如有志反侵略者，群起而造飞机、坦克车；至少负责苦劝被侵略之国，赶造飞机、坦克车。

或者恐反侵略者一经既得优势，便以暴易暴，变成侵略家乎？此未进化时代常有之事，我不敢谓其必无。然只要反侵略者不断努力，一次优如一次，宇宙万有并育之真理，不怕不进化于圆满。如其我等决不敢深信，则今日之反侵略会，可以收程卷束，不必开也。我等忍之否乎？倘不忍者，不可仅努力于互助之一面，而忘了优胜之一面也。（录自民国三十年十一月二日《国际反侵略运动中国分会特刊》）

孔子大同学说

民国三十二年四月十三日在孔学会广播词

孔子的大同学说，大家都看做高远得了不得。高远固然高远，而我们国父，却把大同两字，常常称说。且他的遗训，现在作为党歌与国歌的，人人久已唱惯。他告诉我们，只要奉行三民主义，便能够"以建民国"；从此又能够"以进大同"，说得亲近得很，容易得很。

究竟容易在哪里呢？我们若用浅近的话，把道理解释明白，当然就能发见他的容易了。自从孔子倡了这个学说，给了一个方法的目标，二千年以来，已经暗中慢慢地在那里进向大同。更经国父继承了孔子的方法，指点出一个三民主义。那末，世界的进向大同，一天一天，将不断的进去，或者还能够将要飞速地进去。

方法如何呢？孔子劈头用一句浅近话，叫做"大道之行也，天下为公"。国父亦就把天下为公四字，写过无数遍，这四个字的横匾额，经国父手写的也到处挂着，到处看见。

天下为公，有人解做就是"四海之内，皆兄弟也"。广义地说起来，是说世界万国，无分彼此，就叫大同，固然解释得很对；但是这是已经成功以后的批评，这是说他的效果。若要问他的方法，还应该狭义地说一说。天下为公者，那是说天下的人，必要个个都能够为公，决不可有一个为私。第一是要希望天下的人必要个个都能够为公，不可有一个为私；第二还是希望天下的人，必要个个都能为公，不可有一个为私；第三仍是希望天下的人，必要个个都能为公，不可有一个为私。而十二万的希望，终究是希望天下的人，必要个个都能够为公，不可有一个为私，这就叫做天下为公。

然而天下的人，现在有二十万万，就是中国一国，自古以来，就有万万。要希望天下的人，个个能够为公，谈何容易？一切思想家，道德家，无论用什么方法，所谓博爱，为我，并耕，逃隐，性恶，性善，有批评他们是消极的，或训斥他们是异端的，若从他们良心方面，推究起来，种种色色，他们希望天下的人，个个都能够为公，是不约而一致的。不过各用各的方法，大都摸不着一条大同的直线。惟有孔子发明了"性相近也""习相远也"两句话。一条大同直线，便容易摸到。他告诉我们，性是当然个个善的，可不是个个一样的，有中人以上可以语上的上智；有中人以下不可以语上，可使由之，不可使知的下愚。要把下愚移到上智，是难上加难，只有道之以政，齐之以刑，使他们的无耻，免于外露，这是使他们享受小康，做一个大同先修班。中人以上的上智，虽不怕移到下愚；然玉不琢，不成器，也是平天下人的责任。所以必定要语之以上，道之以德，齐之以礼，使他们绝对有耻，至于十分感格，做一个大同始业生。政、刑、德、礼俱失，天下之人，个个为私，就叫乱世；政刑能修，德礼未备，天下为私之人虽少，天下为公之人不多，就叫平世；政刑德礼，俱极修明，天下为私之人日减，天下为公之人日多，就叫小康；政刑的麻烦日省，德礼的效果大著，天下为私之人没有，个个都能够为公，就叫大同。从乱世到大同，是从最黑暗到最光明，在一条直线之上。其认识，就是知道天下之人，分有上智、中人、下愚；其方法，就是把天下之人，上智保存为上智、中人移到上智，下愚移到中人。下愚移到了中人，至少是不敢为私。百人止有一二人不敢为私，当然已是大道之行，天下为公。国父在民权主义里说：政治的地位，是应该平等，天赋的才力，是没有平等。所以他的认识点，正与孔子一样。孔子"天下为公"的分条办法，国父把他归纳为三民主义，方法也是一样。

孔子"天下为公"之分条办法，共分为三；其另一条则归结大同之效果。

一、政治的，所谓"选贤与能，讲信修睦"，即民权主义之所有事。

二、伦理的，所谓"故人不独亲其亲，不独子其子，使老有所终，壮有所用，幼有所长，矜寡孤独废疾者皆有所养，男有分，女有归"。大部皆民族主义之所有事。

三、经济的所谓"货恶其弃于地也，不必藏于己；力恶其不出于身也，不必为己"。这就是民生主义之所有事。

四、是所谓另一条，归结大同的效果，所谓"是故谋闭而不兴，盗窃乱贼而不作；故外户而不闭，是谓大同"。

以上第四条的效果，即孔子又曾说过："善人为邦百年，亦可以胜残去杀"；可惜孔子生平，亲自为邦，未满三年。孔子以后，也不曾有过接连了的善人，百年继续为邦。因此小康虽时时出现，而二千几百年以来，世界还未进到大同。国父的三民主义，虽包有孔子办法的一二三条，政治的、伦理的、经济的，都包括在民权、民族、民生三主义之内。而国父的办法，比较远多了。因为三民主义，还先要以建民国，一面办好了小康的先修班，同时一面造就着大同的始业生；叫继续他的总裁及各位同志、各位同胞、各位青年，都拿着善人的资格，连接了为邦百年，"以进大同"。其实道之以政、齐之以刑，助德礼而并修，孔子以为禹、汤、文、武、成王、周公，由此其选。一面先建小康，孔子与国父的办法，纯然一样。

惟上面大同办法三条，只有第三条经济的为尤要，故国父希望以进大同，亦以民生主义为尤要。如谓货恶其弃于地也：地而不可任其荒废，弃了谷米、材木；地底亦不可任其闭藏，弃了钢、铁、油、煤。而谓"不必藏于己"，就是说不必私为己有。即老子所谓"生而不有"，也说是生产了不必占有。如谓"力恶其不出于身也"，你有力量，应当有力出力，有体力、有学力、有才力，当一齐贡献身之所有，必不遗余力；而谓"不必为己"，就是说出力决不是为了自己。亦即老子所谓"为而不恃，长而不宰"，也就是说出了力，连恃着有功，而有德色，亦且不可；即使叫你为首进行，你不可就想躐居高位。老子的三句，英哲罗素，叹为卓绝。实即就是孔子的货恶云云两句；而且国父说过的，意思相同，还要彻底。国父说"人生以服务为目的"，又说"要做大事，不要想做大官"。不必藏于己，不必为己，不有、不恃、不宰、为大事服务，不必做大官，天下之人，皆能为公。如此，于是政治的，各让贤能去入选，对国际能讲信，对弱小能修睦；而伦理的，其不独亲，不独子，皆有养，皆有分，皆有归。皆直所谓这也自然，何消说得？故孔子办法第三条的经济解决，即民生解决；而政治的民权，伦理的民族，也无不解决。天下的人，就说得上个个都能够为公，决没有一个为私了。大同大同，绝非高远，平易近情，只要一个天下为公。故我今晚把他浅近解释了，请大家注意。大同是百年小康后，可以见到的，不要任他再延长几百年，几千年。完了，再会。

关于思想的瞎三话四

（一）

宋朝人不曾预先编成一部康熙字典，是宋朝人的无常识；可惜现在还不曾编成一部理想的大字典，而康熙字典已经被訾议到身无完肤。

我也打过孔家店，我也骂过曾国藩，他们竟不晓得有民主；但是孔仲尼、曾国藩当时即使学会了讲谈民主，他们还是不晓得无政府，将来依旧要遭骂。

什么叫做无政府？政府是用威权的，故凭借了威权夺取政权，主张联合政府，自居于政党。自己变了赫赫然，分一点余沥于人民共同享福，号曰民主。将来值得还有一天要打倒民主店，与打倒孔家店一样。

到底什么叫做无政府？那我打过孔家店的，却又要抬出孔仲尼来。他说：导之以政，齐之以刑，民免而无耻。政刑修明的民主政治，人民自然能免于不自由，但他昂昂然竞争，还是无耻。必定能够道之以德，齐之以礼，方才人人有耻且格。到只有人性，毫无兽性，则于民主于何有？

这真是瞎三话四，应当随即带住。大家姑且用用康熙字典，薪求民主，是为正理。但不要十分骄傲，以为民主是其极轨，侃侃然作煽动性的批评，反致酿乱。

（二）

乱是人类的不幸，大家想避免的；于是客观像孔夫子的，有若他说：其为人也孝悌，而好犯上者鲜矣；不好犯上，而好作乱者，未之有也。他止乱的方法，是不好犯上，拿父子之亲做搭题，搭到君臣之义，说出一个不好犯上来。这就是把孔夫子的牛肉，保镖到曾国藩，被人骂得瘟臭。号称民主的孟夫子，尽管被推为略懂民主，却止是保民而王。以保民为王的代价，故他劈头教训梁惠王，何以利吾国，曰：何必曰利。亦有仁义而已矣。仁义原来是保民得王的宝贝，乃应该曰：何必曰小利，亦有大利而已矣。

这就是因为他们好比还在宋朝编不出康熙字典，却竟不晓得道之以政，齐之以礼，民免而无耻。道之以德，齐之以礼，有耻且格，而于是一爿孔家店，或者将来尚有生意。

孔家店的货色，民主止是小康，大同方是主要。所以国父常称道之。

一天有人要我把礼运大同一节用篆书写张中堂。我觉累赘，要拣主要的一两语写出。不料轻轻松松，比道之以德，齐之以礼，更得享无政府的全貌。于是瞎三话四便有其三。

（三）

我把《礼运·大同》节全解说出。第一句是：大道之行也，……

　　大道之行也，天下为公，选贤与能，讲信修睦，故人不独亲其亲、不独子其子，使老有所终，壮有所用，幼有所长，鳏寡孤独废疾者，皆有所养，男有分，女有归，货恶其弃于地也，不必藏于己，力恶其不出于身也，不必为己，是故谋闭而不兴，盗窃乱贼而不作，夜户而不闭，是谓大同。

批梁巨屏卷

若云：皆是劝人去恶从善，诸教何必互相是非？若云：从真道方能富强，英美等国从耶教者，固富强矣；法兰西诸国从天主教者，亦未尝不富强。天主教，即耶教中人所称邪教者也，然何以无害于国之富强如此？可见无论何教，皆是真道；从别教观之，皆是邪教。诸教之互相是非，可怜因教相争，杀戮常见；若教主尚生人世，必痛恨分立门户之非。

吾又羡夫英美诸国，凡从耶教者，抵死不肯从天主教。法兰西诸国，凡从天主教者，抵死不肯从耶教。同奉一天主，尚且不肯改教如此。何以我中国之民，竟无自崇其孔教之心，纷纷从天主教，从耶教？吾恐耶稣在天之灵，必对孔子而言曰：尔教中人纷纷叛教，皆不肖也；如此忘本之不肖，徒有玷吾西教矣。孔子必赧然对曰：贻笑大方，贻笑大方。

评曰：耶稣目入西教者，为忘本不肖。

礼运篇的批评

大道之行也，天下为公（是谓大同）。（空想）。

选贤与能，讲信修睦（男有分，女有归）。（气度）。

故人不独亲其亲，不独子其子，使老有所终，壮有所用，幼有所长，鳏寡孤独者，皆有所养（积极）。

是故谋闭而不兴，盗窃乱贼而不作，故夜户而不闭（消极）。

货恶其弃于地也，不必藏于己；力恶其不出于身也，不必为己（最妥）。

论善恶之进化

大千世界何物乎？肤浅言之：即"空间"之精神与物质，在"时间"中变换式状而已。吾之地球，即大千世界之一，吾之人类，即地球上变换而出之一式状。

进化又何物乎？即一式状自"发育期"至"成长期"将完全一式状于一时间内之片面名词也。自"成长期"至"消灭期"之又一片面言之，则曰退化。

善恶又何物乎？即消息于一式状之进化与退化间，而为之"发育力"为之"成长力"为之"消灭力"以尽其变换之能事者。

一式状有一式状可名之善恶，善恶每互趋相胜，而变换之能事出。惟善恶无一息不互趋于相胜。故一大式状内所层包迭含之群小式状，每于大式状"进化期内"为无量数小退化，于大式状"退化期内"为无量数小进化，因其大小包含之繁复，进化与退化之观察，遂易生歧误。

吾者，含于人类之一"小式状"也。就吾之式状言，由成长而趋于消灭，是退化者也，可不必置议。

人类，则含有吾者之"较大式状"。人类一式状，无论据何种之学说，为天演，为神造，书契以前，年必以巨万数，此为尽人所公认，然则书契肇进之后，仅仅七八千年，其为止由"发育期"方趋"成长期"，必非谬想，是进化者也。

地球，则为含有人类"又大式状"也，自星气而至凝固，科学家之推测，为年者必千兆，于是由含生以至于无生，由无生以至于消解，为年将倍。今为第二千兆年之开始，盖含生至今仅百兆年耳。是地球一式状又进化者也。

既地球方为进化，而人类又方为进化，故谈人事者，而有进化说，是于一时间内对于一式状言之，非故为乐观以慰悲观也。不可因群小式状之繁为退化，而遂致疑于较大式状。如地球上人类者之方进化也。

吾之论此，非敢于朝生暮死日报体之论文中，为此干燥无味之谈，平添读者晨餐桌上之思索；吾盖伤夫时论有"善亦进恶亦进"之一说，论断不密，则纠纷于进化论，从而影响于时事者非小。故吾将断此以论"善亦进恶亦进"将继此以论时事之影响。时事之影响，正论文所注意，遂先作此篇，立之论据，而后分论以毕吾词。

论善亦进恶亦进

就极小之范围以论善恶，其应用于人事，而有适当与不适当自分为两种之"行为"。若其能为适当与能为不适当，止是一种之"力量"。力量由相模拟相冲动，以至纷极颐之牵互，随智识发达，浑合而增长，模拟与冲动，换言之：即为教化。时人之言教化，但就希望之目的言之，故觉教化之能事，所以进人于善，退人于恶。殊不知教化欲使人进退善恶之先，必先予人以分辨善恶之力量，分辨善恶之力量，乃增长于智识。而智识之应用丰于适当者，自亦必丰于不适当。故若善进而恶不进，而教化之能事，遂不信矣。

然如何而名之曰适当而善？如何名之曰不适当而恶？此本不能扩之于任何之范围而皆通，止于时间之一节，由空间之一部，而特别为之界说。在此一节此一部之所谓善者，必合于此一节此一部之进化者也。所谓恶者，必为其退化者也。

如是，地球在今日既为进化之一物；人类在今日，又为进化之一物。则彼教化所祈响之善，所避免之恶，虽由智识之应用，丰于适当者，亦必丰于不适当。不免相互而并进。然就善恶之杂糅纷进，每过一短时而为之综合，而都计善所被之区域，无有不进于恶所被之区域。此因其为进化者也。

此未许向壁虚构也。当继论"恶之力量进而区域不进"，而以实事证明之。

文教篇

新语问题之杂答

自前行君倡议编造中国新语凡例，刻于本报第四十号，近来论述新语之事，投稿者甚多。本报纸幅甚隘，美不胜收，未能一一刊布，甚以为憾！今谨刺取有关系之问题，杂答之。一以示诸家阅议之一斑，一以引海内新义之更出，则此事所得之影响，当愈大也。

前行君续来之稿有三法：（一）采用一种欧文；（二）用罗马字母，反切中国语音；（三）用"万国新语"（世界语）。三法皆有评论。其归重于第三法之一节曰："然则与其采用罗马字母，因陋就简，枝节更张，仍无裨于画一声音之一大烦难。何如径用万国新语，挟左右世界之力，而并此画一声音之一大烦难，亦包括其中也。万国新语，欧人学之，三月可成。中国人数有四万万之多。入四万万人之国，其文字三月可以学成（指中国已改用万国新语而言）而不学者，除迂顽之中国人外，天壤间无此人也。左右世界之力，并非臆想空言。"

中国既用万国新语，则他国人之对于中国，因贪三月学成，可以通语之便，故皆自然习万国新语，以为交涉，不再强中国人用其英、法、德之艰难文字。如以此为左右世界，欲诱掖当道，使之信用。然恐国界而仍在，则强者之对于弱者，苟有一隙可用以欺惑，则保护之惟恐不完。故利用彼所相习，人所不相习之文字，以为外交上之权利，久矣奉若科律矣。学成虽易，其如存心不学何？如此则外交上利便之劝，终为旁义，我辈姑可不必以之自歉也。若专为世界文明之进步计画，则有中国四百兆人者，一旦翕然共加入于万国新语之团体中，而新语之推行，忽半于世界，此真吉祥之盛事。谓此为挟有左右世界之力，乃真不诬。而中国人亦一旦弃其徒为苦累之文字，忽得可习新学之文字（文字为语言之代表，语言又为事理之代表。譬如日本古世之语言，止能代表彼人所发明之事理，不足以代表中国较文明之事理。故虽其后造有假名文字，止能代表其固有之语言，若出于中国较文明事理之语言，必兼取中国文字代表之。今日西洋尤较文明之事理，即西洋人自取其本国之文字为代表，尚再三斟酌而后定，通行甚久而后信。若欲强以中国文字相译，无人不以为绝难。故欲以中国文字，治世界较文明之事理，可以用绝对之断语否定之。居较文明之世界，不随世界之人，共通较文明之事理，而其种可以常存在者，亦可以用绝对之断语否定之也）。此尤所谓两利为利，无有更利者也。前行君径用万国新语之结论，最为直截了当。参观下数说，同人信之更坚。

新语会会员君云：编造中国新语，徒生枝节，其结果不外多造一难题。中国人之学万国新语者，二、三月可成功（本报按：大约指其理法而言，非谓每词能记之也。因理法已通，记认之事，可自为之矣）。通欧文者一二礼拜。万国新语，文法不外十六条，此外更无所谓文法。字不外二千五百，用此可以发挥事物之不能发挥于别种文字者。与其从事再造，徒多费时日于一种少用之文字，何如直接习此，而其用直普全球耶？如谓中国文明，存于旧简，一旦废之，殊为可惜。然好古者固不废希腊、拉丁文矣［则将旧有之中国文，仍可隶于"古物学"（考古学）之一门也］。

笃信子君云：我最懒惰，"城头上出棺材"（绕远路）之事，不肯做也。我又最鄙陋，漫天之大牛皮，不肯吹也。学问之事，譬之个人与个人，彼之胜我者，我效法之而已。中国文字为野蛮，欧洲文字较良。万国新语淘汰欧洲文字之未尽善者而去之，则为尤较良。弃吾中国野蛮之文字，改习万国新语之尤较良文字，直如脱败絮而服轻裘，固无所用其更计较。所当问者，如何能改用之而已。若必先造中国新语，以为改习万国新语之张本，此如欲人之长行万里，先使之在室中推磨三年，长行与推磨，等劳苦耳。假如他人能捐数年之心力，信从吾说，以为推磨之预备，何如即捐其心力，以达长行之目的？故人而并万国新语之影响都无，本何有于可怪之中国新语？如人既渴望万国新语，而欲预备之，正可直授以万国新语，岂当更误以可怪之中国新语？故中国新语之改作，正所谓出棺材于城头之上者也。今日吹牛皮之人，不曰：欲求改良文字，如何艰巨；即曰：必得政府设法，始可厉行。其实何必如此张皇。中国文字既当脱之如败絮，更无需添表换里，补缀修缮，有如改良笔画之各法，但视之为顽固人所嗜之弃痂；有如内山苗猺，彼喜固守其结绳之故物者，则亦仍之可也。此对于一部分者也。一切庶事，不能待万国文字既改而后理。故过渡之际，正可如新加坡之兼用巫来由文字，香港之兼用中国文字。然则我辈中国人如有意在他日改用万国新语，止当竭力劝人添习万国新语；断不可即求代用以万国文字，强为政治上之专制禁劝也。今诸君子兼通数国文字者伙矣。如精神上直认万国新语，为子孙当授受之文字，即可兼认中国文字，为暂时入内山交通野蛮之应用文字，此对于大部分者也。故卑之无甚高论，止有简单之数语，则曰："中国略有野蛮之符号，中国尚未有文字。万国新语，便是中国之文字。中国热心人，愿求其同类作识字人者，自己学万国新语，教人学万国新语。"

笃信君之说，最为简便易行。然吾观笃信君之意，断非谓吾悬一说于此，纯任自然之趋势，而不加勉强之功。其意似谓：与其支节补苴，取劝导者所耗之心力，及所设之方法，用之于无谓之预备；不若竟用于较良之代用物为善。即如无论编造中国新语耶，用罗马字切音耶，或采用他一国文字耶，或就译义改造新字耶，或苟简之法，如近日内国之切音简字耶？终之皆不能无格格不入之起首办法；又不能无联合热心家，成为大运动会之办法；又不能无仰仗小学校等，略带政令上性质之办法；又不能无对于何一部分，竟从弃绝之办法。盖集合以上种种之办法，其心力能无孔不入，庶其事遂举。否则其人坐室中渊渊以思，所独获之方法，谁无一得之可取？苟心力之耗费，不及其量，皆为纸上之空谈。如其欲尽其量，以耗众人可贵之心力矣，则必有"与其""不如"等之比较。故今就题论文，莫若用全力于万国新语。

（甲）先讲求免于格格不入之起首办法，如编译新语华文对照之独修读本、文法、字典等。新语之用处不广，如何使之应用较多，以求兴味加增等。又详细说明现在通行之新语，其起源，及其根据之所在，实为至精善。故今赞成之人日多一日等，皆属此类也。

（乙）急求联合大会，以为大运动之办法。凡事信仰于政府之禁约，不如信仰于社会之好尚（就原理而论，社会有好尚，于是有习惯。利用其习惯，一方面托言为大部分去害，一方面实为小部分集权，于是有法律）。中国人向来以交通不便，党会有禁，故积极之一般好尚，除八股而外无一物（社会上向日对于八股考试，远胜于对于今日之出洋游学及办学堂等。盖考试之舟车，关卡于中夜放行；而出洋之咨文，有请而不得者矣。资人考试，得翰林、进士，则功德巍巍，面上有阴骘纹。而劝人立学堂作学生，无异劝人造反也。诸若此类，皆好尚不属之故。今学堂及出洋等，社会上之小部分人，已尽力激劝，将来必成为一般之好尚）。消极的则吸鸦片烧天主堂等，皆百年以来之新好尚（好尚既成，故若吸鸦片者，明明为至有碍于卫生之一事，然即极高明之人，往往陷入其中。彼借以疗必死之病，而后吸之者，兆无一二。其余皆无所谓而为。欲享臭肉麻之小舒服，翘起只腿，横陈短榻，与密友为亲昵之谈，不觉投入罗网者，居多数也。故又如巴黎之咖啡馆，若春秋佳日，红男绿女，络绎往来，坐门外而流盼，似亦无恶于无赖之嗜好。乃风雪凄其，寒灯闪烁，犹三两座头，瑟缩围炉而坐，真可谓别有风味。无他，亦好尚已成之故）。好尚之成，本非易事。然惟党会为最有力。今中国党会之禁，虽未大弛，然于此等讲习万国新语之会，无理之干涉，尚易对付。盖新语虽为剿灭华文之利器，隐为顽固党至猛之死敌。然其表面，实较简字等，尤为温和。盖非天子不考文。简字等尚有考文乱圣之嫌，而新语直不过为一种无足重轻之外国文耳。即其人果有尤较良之方法，无取乎新语为华文之代用物，亦可入会习之。盖即欧洲已通新语者，已有一千余万人之多。而新语之所原本者，又皆为希腊、腊丁、法、德、英等之至纯良文字，习之又至简易。则虽节啬其围棋赌酒之日力，无意中舍身入会，稍稍习之，一可为交通参考之小用，二可助成此后万一可同文之盛举。仆想亦无至顽劣之人，必加以反对而后快也。然此为学问上极普通之小事，不必由本报等有所干涉（如有告白，愿登本报外来广告者，本报必当照登）。故愿前行君等一般之温和者，自行建设形式上之大会，在各国留学会馆，发起此事。最好之法，一人签名入会，即担承劝募亲友入会者两人，如此转辗推劝，大群易集。入会后约以若干期限，互考成绩一次，如此庶不为无责任之空言。先得一二人，舍身入新语校，认真学习，精通其事，以为加入欧洲新语会之代表，如何捐款集资，刊刻新语自修书籍，及会中题名报告录，新语杂事册等（或先设一小报亦佳）。此皆必得设有形式上之大会，庶可议及也。本报本无暇提议于此等小事。因公等所惠教，亦世界上有益之一事，故乐得而为琐琐之评赞。

（丙）宜为教育上之运动法，以求列于学校科目，徐收将来之效果。今日之一般爱国派，专以造就国民为急务。故于小学校中，倡专教国文，禁习外国文之说，此师法各国之成事也。然请推开了"尿缸之沫"，反照一照看：贵国文为何如之国文？惟其因此等文字，不足以发挥新文明之学理，故日陷落于头等野蛮之地位，于是才有所谓兴办学堂之一说。若仍把这一桶"阳沟水"（污水），倒来倒去，其去于造就义和团也几希！虽曰："以此种野蛮国文，记述稍浅之学理，应用于小学校，尚无不足。"则对曰：岂不良是！然即此寥寥数言，开门见山，隐情若揭。中国人者，深中遗传之八股毒。圣功王道，止作话头，无需实做。所谓新文明，亦不过能于吃"番菜"（西飡）桌子上，五花八门，嚼上几句闲天，便算第一等本领。故彼其人之希望于一般同胞者，其说亦言之成理也。若曰："大多数之国民，苟稍知今日世界做人之大要，及国民应尽之义务，于今日之教育能力，其愿亦足。苟有小部分人，能讲求世界较深之新学者，更徐徐于外国文中求之，未为晚也。"应之曰：此种话头，真若颠扑不破者然。特不知止需于最浅近处略加思索，其谬误之点，已有可指者。中国尽有高才博学，广览译籍，或借径东文，谈述甚高之学理。然惟其仅欠普通小学之西文功课，往往于术语之所推衍，周章无序；于平常西国甚浅之事物，又装点之，若甚离奇。全不能生与世界新文明为直接结合之观念，而兴起其真正科学思想之兴味。文字虽不过为表意之记号，然其排列及书写之面目稍异，不啻若图画之点缀烘染各殊，虽条件未换，而观感不同。故即同一平常之谈话，如有人问曰："你们城里归县官管的义学，里边有附徒没有？"其意即谓："你们地方上县立的小学校，有寄宿舍否？"然上一语几成绝对的不适当，而且生人许多不快之感情。必且如下一语，采用许多日本字眼，才合新文明之条件。然即此可以推见，便是专课贵国文，已不能不采用日本新字眼，参杂其间。所以如此者，即因贵国之旧文，已于新文明甚不接合也。如此，推而广之，又可见仅仅横亘许多日本新字眼于胸中，有时与原来新文明之兴味，又极多不密合之处。此所以往往有在日本书中，闹了半天，不知其为何等怪事。及一经检出西文原字，方笑而颔之曰：原来便是那件事。说了半天空话，且归到题目上来，即又可见所谓大多数之未来国民，今日将慢慢归入小学校者，虽不必望其能通极高之新文明学理。然与其教以"制造局派"所译述之国文、格致课艺、不如改教多搀日本"新字眼"之国文读本。因"新字眼"于发生新观念为有力。然则由此推想，又可云：与其专教以多搀日本新字眼之国文读本，不如兼教一种西洋文，能发生其新观念，尤为直接而有力。是可见小学禁习外国文之荒谬，且与日本限止汉文，隐取英文为第二种国文之意，尤未体会也。故逞此联合推广新语之机会，先于社会上与以正确之观念，力辟小学禁习外国文之谬妄；并使人人皆知习外国文，不如径习外国新语之尤善。我辈但以道理造舆论，凡爱重道理者日多，即主张此议者亦日多；则虽有人欲参取法令性质之势力助成之，而法令亦安能违背舆论而发生乎？是又所谓信仰政府之禁约，不如信仰社会之好尚也。

（丁）所谓对于何一部分，有竟从弃绝之办法者。凡事与其左右迁就，废弃其心力，欲得浅近之效果，反生歧谬之阻碍；不若顺序进行，专壹其心力，直为根本之维持，当成改良之趋势。此如讲立宪之人，与其为柔媚之运动，熏染秽臭，渐毁小己之良德，并误一般之大局；不如一味为强硬正直之要求，鼓舞国民之能力，狭缩政府之野心，其收效较良。然既能具如此要求之毅力矣，与其要求而得者，仅仅一立宪；犹为绝无谓之胡狗，存一皇室之经费，贻累同胞；不如于推倒政府之际，并此枯杇之胡狗秽物，同时除去，岂非尤为世界造福？此所谓与其讲真正之立宪（彼以立宪求中国富强，能抗洋鬼子为词，全不思戴胡狗为皇上，戴胡牝狗为皇太后，为尤可诧者，是皆伪立宪党耳，是皆无耻之狗党耳），不如讲破坏之革命；然与其能讲革命，徒为异日新总统新元勋之利用，以共和为欺妄之招牌，不如竟讲现在世界较正当之无政府主义，其弊最少。盖不惟既讲无政府主义，于推倒政府，尤为热心（较文明之政府，尚欲推倒之，何况极腐败之政府？）。于革命之前途，力量加增。即暂时教育未普，革命以后，不能不尚有禁约之事实，则亦如会馆内，吃中国饭，打外国弹子，略具动作条项而已。以无政府之名义，互相维持，可保必无其人焉，悍然犹以大统领自居，或坦然仍食巨万之俸金，从而俨然为君子小人之分，如今日法、美等之背谬也。故以以上之比喻观察之，即有如中国三十以上之腐败士夫，及三十以上不识字之一般大多数，半皆止需惠养其天年，而不能组织为新民。故即推行万国新语，于彼辈极相扞格。然不能因此一部分之废物，暂设支节之办法，反使急需直接成就完全新人格之一部分，耗力均而获效寡，随之虚与委蛇也。故如上述一部分废物之类者，必当直下断语，不求其包入万国新语之范围内也。（录自民元国四年《新世纪》第四十四、四十五号）

也是一个杂感

民国十二年九月二日

这一回中华教育改进社同教育部附属的国语统一筹备会，都有请求全国报纸采用语体文的议案，煞是可喜。我们还来附说几句：现时代一方面因为教育普及的结果，又一方面打算更把教育来普及；于是民众的要求报纸，一天多上一天。报纸也希望合着民众的要求，叫看报的更多，便帮着教育要普及、报纸自身也就更发达，所以记载也就不能不一步一步的通俗起来。新近《申报》出了一个五十年的纪念册，叫做最近五十年。他第三编第八页有伍持公君的墨衡实录，他引伦敦《星报》记者记述英报状况，内中有几句，恰像替我们此番请愿，添了一个例证。现在且把他引在下面：

> 此外尚有一异点，则文字渐趋浅显是，欧战发生后，尤趋重于此点。诚以销数愈大之报，普通人读者愈多，故必文字浅显，始能博社会欢迎。每日电闻（*Daily Telegraph*）向以辞藻典丽见称于世，其记者在数年前名"鱼"从不曰"鱼"，必曰"游鳞"，今则亦不得不随风从俗矣。

据我们的观察，我们报纸的文字，近来亦都在那里浅显起来，把鱼叫做游鳞的很不多见；惟文言内夹着较难懂的话头，时常还有。申报是报界的稳健分子，然他到了相当时节，也就顺着潮流，做起中坚。看他的五十年变迁历史，也就可知。他们从前本有非文言不记载的态度，但此次他的纪念册，也就把梁任公、胡适之君的白话文，同蔡子民君等半文半俗文，都尽量收容了。又请伍君把伦敦《星报》记者的新批评，也公布大众。有这种老绅士的报界巨擘，都来领着我们提倡，真是可贺。

我们听见愿意改写语体文的，还有一些疑虑：便是恐怕字数增多，这一层在经济上自然不能不着想。但是这个疑虑，也不十分的确。有时自然有白话字多过文言；有时亦有文言字数多过白话，大约夹叙夹议的时事记载，每每文言字数反多。因为一用文言，也有文言的许多废话，连带着摇笔而来，不如白话开门见山，来得爽朗简单。至于琐屑的小记载，白话字数每每多过文言，乃是实在。然同一本埠的社会新闻，现在京、津有几家报纸用白话的，都觉得状貌丰富，趣味浓深，叫人爱读。最是上海各大报的本埠新闻，终是干燥无味，屡屡有人要求改良。其实他内容并不缺乏材料，便是沿着三十年前遗传的习惯，用几句呆滞文言，做一个记账式的报告，所以觉着干枯。这种部分，似乎正要请白话来增添字数，使他活泼。有时平常记载，白话文言，字数尽能相等。故今且把伍君九十七字文言的记载，用九十六字白话记出来，好像达意也差不多。

"此外还有奇事，就是文字慢慢的浅显，从欧战发生，尤着重这一点。因为销数更多的报，读他的就更多普通人，必要文字浅显，才叫他们欢迎。每日电闻本来以文词典雅得名，几年前他的记者说到鱼，从不说鱼，定写游鳞。现在也不能不跟着通俗了"。（录自《吴稚晖近著续编》）

移读外籍之我见

民国十三年

自从侯官严氏，替译书标了"信、达、雅"的三个界说出来，就把译事粗粗的得了一个准则。那雅字由我个人的见解，止是说译文的构造，无论用古体文，用语体文，都要有个规则。所谓"雅、正也"，雅便是有条有理的说法，不必用着周、秦、汉、魏的隐僻古语，教人一时不能了解，才算是雅。所以雅的一个界说，是执笔移读外籍人，当然有一个公共守着的倾向。况且这是属于执笔人构造自己文章的方面多，于传译意义方面少，于译事实际，关系很少，便也不成问题。

惟有那么作译事中坚的"信""达"两界说，要讨论一个完全办法，颇有些不容易。故时贤的主张，有偏于直译的，他的意思，是重信不重达；有偏于义译的，是重达不重信。但由我们公平批判，若就广义的解释，达即是信。张东荪先生说："信有二训，一谓原意之真切，一谓语法之毕肖。"前者便是义译，后者便是直译的；倘于原意不真切，但求能达，恐怕在一章一节里，顾着语气贯串，还是容易。然而通着全书看去，必然有自己矛盾，牛头不对马嘴的地方，如何算得达呢？故达字能做到张先生"译释"的地位，原是做着原意真切的工夫。于是我个人常唤义译是繁难的信，唤直译是苟且的信。坊间专尚信的，终不免有费解之句，便是时贤所谓直译。张先生不满意，趋重于义译的达，正着他们的缺失。其实便是张先生下笔的时间，同下笔的劳力，增着几倍罢了。所以原意真切的意译，不但是达，简直是经营惨淡的信。把直译算信，简直是苟且的信。

为什么那种苟且的信，所谓直译的，时贤也不菲薄他？有人还说日本当年，文化发展的速度，全靠一票直译的西籍，把他增加了呢！就是我个人，也很主张我国也可以鼓吹用一大票直译的书来，教过着屠门的大嚼一番，这在译书的轨道上说来，原是不合。但：

一、是我们的智识界，浪费的时间太多。特别的是麻雀、扑克，寻常的是"闲讲白嚼"（信口乱谈），拿些工夫去直译些外籍出来，就使不必有益于人，于自己常理会有益的书本写出来，比随便看过去，终要真切了许多。

二、是我国人数，十倍于日本，有智识欲，而又恰恰能够需要那直译书的，虽为数不多，但合起来，必然也可观。常听见书局中的朋友说：印一部书，能销过二千分，便不亏本。照这样说起来，也绝无行销不开的恐慌。因为一个时代，有一个时代的程度，有一个时代的需要。譬如二十年前，日本那种直译书，现在放在神田区夜市破麓里，卖一个铜子一册的，当年却出过风头来。又如现在所谓文化运动的直译本子，何尝在文化运动里，没有绝大效力？那几个与文化运动密切的人，自然观感得不少。惟有那不在这风气里，专门在文字上咬嚼的，有些满不了意罢了。又如三十年前的西学启蒙之类，固属浅陋，然也无特别的短处，不过是个直译。现在看得懂原文的，还要称他语法毕肖；虽他的本身，价值毕竟没有多大。但是当了从前的时代，我们都被他开化出来。所以当时梁卓如先生，也把他列在西学书目表上，看做一时代的救急灵丹。这也证明直译的书籍，虽然没有永久确当的价值，也未尝无一时代相当价值。

三、在纸墨上计算，虽然我们有个同乡，他怕语体文比较古语文冗长，恰做了"纸荒"的大梗。但据我个人的观念，地不爱宝，纸荒二字，还用不着他们中国人来恐慌。我们现在印书，都用什么有光纸同报纸。讲起有光纸来，但把世界上包着苹果、广柑的有光纸，印起我们的直译书，已经可印恒河沙数种。至于报纸，更不必说，就是我们那里无聊的政客机关报，虽为数是可怜，然拿他印那快邮代电的资料，合起来一年糟蹋几千"林"（应作令字，纸五百张也），印起直译书来，也就可观。因此若是恐怕直译书白糟了纸张，那议论也有些误事。

时贤的不菲薄直译书，与我个人的也极赞成，虽一半是执着上列的三个理由，然一半又是为着义译的繁难，直译的容易，饥不择食，慰情聊胜无罢了。彻底的讨论，终究是一个苟且的办法，那是无可讳言的。

倘使有原意真切，进到十分圆满的书，同时也多出些出来，岂不更好？因为那直译的，止是限于供给一种智识欲极炽的人，那智识欲极炽的人，又大都是不能得着直译书，便可促进他去研究原文。至于还有多数应开通的学者，非译本不能使他与知，非极达不能得他一顾，那就不是直译书所能支配了。这种学者，也不可看轻，不能开他们的化，在文化运动上生出绝大阻力，已是紧要；开了他的文化，增出无限的帮忙，关系尤其重大。所以侯官严氏，他个人虽被人嫌他打主意不定，他那两部译本，支配了那些非达不可的学者，转变了许多高等义和团，国人终是不肯丢了他的功劳。

况就狭义解释，原意真切是信。达即如张先生所说："有时为达故,虽稍亏于信、雅,亦非所计。"另有一种不拘于原意之达,严先生便好多是这种办法,这就所谓食古能化,借那本书,达那种学理,并非一章一节的中间,没有格格不吐之弊。就把全书合起来,也能不拘原书,前后均就我范围,无自相矛盾,牛头不对马嘴之病,却又失不了原书的真切意义。这"大段"(大概)就是严先生同张先生狭义论达的焦点。这确可但认为达,不必混入于信。但这种达法,一是达的稍亏小信,终究不失大信。其所信的程度如何? 全看执笔人的学力。二是那种经营的艰苦,全非直译所可同论,这毕竟是文化程度高着时的现象,不能在我们文化幼稚时代可自信。可自信信人的学者,居极少数。把单纯之达,作为普通满意之主张,止望苟有少数人,不恤着艰苦,花加倍的劳力,译些能达的学术书出来,便馨香祷祝。还有说部之类,尽许他增损原本,自由曲达,打起人的兴会,任凭介绍得原义几分,便算几分,不必苛求,也未尝不可。

但以上之话,说了半天,必有人以为似乎像直译也好,义译也好,没有什么解决,这是应该承认的。我于二者之间,本是解决不来的,所以我就生出了移读外籍之我见,以下便专述那我见。

惟读者诸公要原谅,所谓"我见",那是解决译读的一部分,并非解决全部分,不可误会着、冲动了,变乱译界的恶感。况且于译书的体例,虽算是新创的,那根据的方法,还是陈旧的。不过自信于幼稚的文化运动,也可以生出些助力,所以怀着这个意思,已经多年,现在且草草的把他提议出来,或者得着高明人的变通,可以开出一新世界。

扼要的一句话,便是何不于译外籍之外,添出一个注外籍?注外籍奈何? 且等下文四面八方地说将拢来。

　　读古书的不能懂，与读外书的不能懂，程度虽有差别，那情景确有些相像。不外乎：

　　一、懂不得他字眼的解说，

　　二、看不惯他句法的构造。

　　纵然古书同外籍两相比较起不懂的程度来，一则有如"曰若稽古帝、尧，曰放勋"，虽懂不得曰若稽古即是顺考古道，放勋即是放上世之功化。但如若如稽如放如勋，皆明明能识他的字，亦且能稍稍揣测他的讲究。一则有如"Philosophy means the love of wisdom"在不曾读过西文的，但看见许多的字母，简直莫名其妙。所以两个不懂的程度，确然有大大的差别。

　　然而细细的想起来，虽然不懂的程度，大有差别，那叫人懂得的手脚，用起来也止是一番。因为前者倘没有注释家下了个"若，顺也；稽，考也；放、方往反；勋，功也"的解说，亦一定要查了字典，再三思索，再三配凑，方才能够略懂。如此比例起来，后者也止要查上一番字典，那略懂的效果，何尝不是同样？换言起来，倘也先下个注脚，省却查字典，作为"Philosophy，哲学也；means，其意曰若也；the love，言那爱也；of wisdom，言属于智慧也"。Philosophy，注了"哲学"，means，注了"其意若曰"，与"若"注了"顺"，"稽"注了"考"，两相比较，不曾增什么特别的劳力。所以说叫人懂得的手脚，止是一番。

　　"曰顺参古道帝、尧，曰放上世之功化"，伪孔传虽化了注释的一番劳力，与直译家译为"哲学、其意若曰，那爱属于智慧"，同是一个迷迷糊糊，止可称为略懂，不能算做真懂。所以前者必须再要有个孔颖达，加上一个疏释，说道："曰能顺考古道而行之者，是帝、尧也，又申其顺考古道之事，曰此帝、尧能放上世之功，而施其教化"，于是意义方才显豁呈露。所以后者也止须不满于直译，再加上一个"译释"，说道："哲学一个名词，造字的本意，便说他是有那一种之爱，这爱是属于智慧的爱。"也就分明了许多。但那说明的劳力，亦不曾对于后者是要特别加多。为什么对于古书就肯花上那些劳力，对于外籍便直译义译，好像省却一个字算一个，要受尽费解的苦处呢？

我们先民读古书，发明了注疏的功用，他的不惮烦，尧典二字释了四万言，固然太荒唐。便是这"曰若稽古帝、尧、曰放勋"，疏译着"曰能顺考古道而行之者，是帝、尧也；又申其顺考古道之事，曰此帝、尧能放上世之功，而施其教化"，也就算得道地了。他还要加上一大篇，说道：

> 若顺释言文，诗称"考卜为王"。洪范考卜之事，谓之稽疑。是稽为考，经传常训也。……言顺考古道者，古人之道，非无得失，施之当时又有可否，考其事之是非，知其宜于今世，乃顺而行之，言其行可否，顺是不顺非也。考古者，自己之途，无远近之限，但事有可取，皆考而顺之。今古既异，时政必殊，古事虽不得行，又不可顿除古法，故说命曰："事不师古，以克永世，匪说攸闻"。是后世为治，当师古法，虽则圣人，必须顺古，若空欲追远，不知考择，居今行古，更致祸灾。若宋襄慕义，师败身伤，徐偃行仁，国亡家灭，斯乃不考之失，故美其能顺考也。……勋功……释诂文，此经述上稽古之事，放效上世之功，即是考于古道也。经言放勋，放其功而已。传兼言化者，据其勋业谓之功，指其教人则为化。功之与化，所从言之异耳。

这种加倍的道地，想来古人事闲，没有我们新文化时代人的繁忙，又他们看经典太重，没有现在有价值书的汗牛充栋，所以他们才刺刺不休的写起来，我们是没有这种工夫。话呢一定不错的；但是他们当时，笔墨的矜贵，钞写的繁难，比不得我们摇笔即来，记一场演讲，动辄万千言，用打字机排印，顷刻成数十万纸。况且我们现在学校如林，写手之多，也至少说：过于乘法比例。所以我们也止要高兴,实际亦何尝不能照办呢？讲那注疏的功用，演而为汉、宋解诂家，简直所有高等古书的义理，都靠着注解，沾溉了恒河沙数的学者。少少进着学堂，请着教师，便通了经、史奥义（学堂但死读本文，或粗说字话，讲师止为特别条件，偶有讲学等的形式）。所以这注疏的功用，用在古书上，已经有了成效，用在外籍上，如何便无价值呢？

近来每有人说，我们译书，惟佛经译得最好。然由我个人细想起来，佛经止是一个语法毕肖的直译，将印度文，粗粗转变为华文而已。转变了华文，他的不能懂，直与最奥古的古书相同，此是公言。所以佛经没有说法的讲师便不能通，此正如直译了罗素氏之著作，许多费解，再请勃拉克女士讲解一遍，便顽石点头。到底那点头的功效，是讲解的所给的呢，还是直译的所给的？我愿还问称赞佛经译得最好的朋友。要懂佛经的第二法，便是读着有注解的佛经。若说有注解的佛经，比无注解的佛经好懂，这便是译佛经的，譬如把大篆的《尚书》，换写了隶体，兼做着些简单的注释。如 Philosophy 偶译哲学，常译斐洛索斐，还不曾做到现在的直译，抵得过若顺稽考也的注释。做佛经注解的，便兼任了梅颐同、孔颖达职务。所以就实际讲起来，叫佛经使我懂得，便是时隔千年，经过了几个人的辛苦，还是成功了"我见"中所谓释注的外籍，然后发生着懂字的效力罢了（至若佞佛家以为佛经不容注解，止须熟诵千万遍，便生超悟，这是另一件事，在这里用不着加以信不信的批评）。

所以我望译书界，于全部分直译、义译争论不定之外，割出一部分，把译外籍变成注外籍。注外籍所根据，便是一是根据读外籍无异读古书，二是根据佛经译了又注。与其延长千年，让几个人完功，不如"一径"（马上）让一个人又译又注。终之是利用着我们中国人特长的注疏方法（所谓陈旧方法）。外人之 Notes，不过像我们村塾读本的尾注，说不上注疏；惟他们解说希腊、拉丁古籍，颇多注疏意味；是又可见注疏体于通甲种文的，使移读乙种文，为必然应要使用的公器。

拆开注外籍的组织成分，便是：

一是存原文，

二是直译当注，

三是"译释"当疏（张东荪先生所谓"译释"盖师日人之"解说体"。我未能读日人之解说体，不敢说与我心中之译释，是同是异？我所谓译释，即指详细疏解，大约不无异同，姑借用其词而已）。

存原文，所以便校核。佛经刊去了原文，所以他的译得好不好，毕竟是无证据的批评。存原文固涉于繁重；但于译写、印行、经济各方面，都有相当的解答。这个存原文，不但在译事上，完全了一个真信；且于何以要注外籍，便是渴极的要吸收外学；既外学如此渴极的要吸收，那就一种著述，能生出两种效果，即是读了所注的外籍，不但懂得外学，并可研究外文，岂不更是两美？那研究外文，需要于所注的外籍，是另一大问题，本文无暇挽说。故于译写、印行、经济各方面的解答，亦在彼为重，在此为可略。现在也姑弗赘言（若说这便于华洋读本，或西文函授讲义，或对照译注的西文杂志，大同小异，这未免简单得错误。然现在却也没有工夫来细细分别。因为若要一一的列出体式来，对照比较，于本文便未免冗长了。故现在但请知道：增注百家姓，二论引端，高头讲章，确不可混充注疏，便不致误会了）。

但注读外籍，无非就望转变外文，对了外籍，可以直接移读，利用注疏的特长，工夫还不过做了一半，"大段"（大致）就是解决了第一个问题，所谓懂不得他字眼的解说，而今懂得是已。还有第二个问题，便是看不惯他句法的构造。这个问题，古书同外籍，便有较大的差别。所以注古书的注疏家，遇着这种困难较少，偶尔遇着了古今句法的不同，就在解译里面，随便讲说得通，便也算了，想不到要用特别的方法。惟有外籍与己文（不惟华文与外籍如此，故不称华文）句法构造同异，大都很是厉害。故语法毕肖的佛经，及语法毕肖的直译，称赞他可说是信，说是接近外文；不满意他起来，便是晦涩，便是费解。然而解决这个问题，也有一个陈旧方法，即日本人的"汉文和读法"是也。日本人一向靠着外籍生活，所以他的感觉也多，方法也多。把日本人的汉文和读法批评起来，他在古代，已暗暗合着一点文法的意味。我们中国人，简直不曾梦见。所以那语法毕肖的佛经，及语法毕肖的直译，若恭维我们，说我们要改良文体，接近外文，也算用一个指头，遮着面孔。然而原来的意思，果然是如此么？自想也未免滑稽。倘并不曾有意接近外文，乃语法毕肖的直译，直是全不理会彼我文例的异同，睡在鼓里，做那无方法的勾当罢了。

理论文法是世界的，是科学的，我今省些笔墨叫他"文法"；实际文法是国别的，是习惯的，我今叫他"文例"。日本人能发明汉文和读法，便是能暗用文法的段落，转换彼我的文例。中国人语法毕肖的直译，是一毫不管文法的段落，所以彼我的文例亦就无法分别，笼统的单注意着去执柯伐柯，不晓得反变了画虎类狗。

充塞宇宙者，事物二者而已，他的变动出来的迹象为物，物之相互相变为事。单就名、代、静、三部而言，是止标着物，几用不着讲话，合了动作一部，方是标事，所标即便是讲话。所以讲话止是说事。宇宙没有事便没有讲话；事是变动，故讲话的主要部分为动作（中国文例，静词可作云谓语，这不但可云已经转变静词为自动。即严格的讲起来，天下本无事，庸人自扰之，宇宙本廓如，忽被以名、代、之词而有物，即成变动的预备；盖有主动者，动作自不能已。有名代不算，又把静词替他区别，何为无端而区别，动机岂不预迅？故亦可云静词实已出入动静之间，在变动的玄黄之交。看介词可同了所领之词，成为静语。他的本有动性，自然越显）。然动作的舞台，离不了空间同时间及空时变相的程度、缘故、理由、归着等等，（以后称作其他，省些笔墨），是即副动作也，因而副部立焉。其余介部，自身本动词之变相。合所领之词，十二三为静语，十六七等为副语。连词直抵一动作，用以连字者，似像正动作；用以连句者，即显他的专为副动作（论"品词"颇有与常解不同处，鄙见自有说，今不暇举）。

句中的段落，若概括说明，便是一是主动的段落，然为分配上的便利，不如还依了旧法，分成六原素：

（一）主原素，（二）宾原素，（三）补足原素，（四）云谓原素，（五）状原素，（六）副原素。

每一原素，前四者大都自成一段落，后二者往往分居数段落。彼我文例之不同，无非就是各原素、段落排列的不同，和、汉显然差别的；如宾补两原素，和文必在云谓原素前，汉文常在云谓原素后等是也。西文如英、法两文，彼等自己已经不同，不能普通同华文相比。现在单把英文来与华文比较，他的最显著的差别，是状原素同副原素。状原素虽词则华、英相同，常在所状者的前面。语为子句，华文则还是常在前，英便常在后。然状原素的异同关系，一则差别还不算多，二则容易理会，故生出彼我文例的阻碍还少；惟有副原素，说他的分量，既然占了全句十分的六七，意义的纠纷，全似由他而生，他又标着时间，标着空间，标着其他种种，复杂得非常利害。"加起"（加上）华、英排列的差别，非常之大，故可以说英文的苦了华人，止是那副原素。

英文的副原素，或列主原素前，或列其后，或插入云谓原素之间，或列其后，或直列宾补两原素之后，或数个副原素，分插各段。他自己的排列次序，大都时间副原素最后，空间副原素在其前。其他副原素尤在其前者为常，偶亦有不循此例。华文则副原素列主原素前，或列其后者最普通，特别亦有列云谓宾补之后，其自己排列的次序，虽不纯粹的同英文恰恰相反，亦可说十有八九；盖时间副原素最前，空间与其他副原素或相前后。我国学者喜高谈名理，中小学生时代所习的粗浅文法，常不屑措意。故若执笔时，全不理会副原素段落之排列，不分动作的正副，单靠望文生义，以求语法毕肖，未有不深入荆棘者。所谓费解，便是错了排列的反应。

其实若能如日本人早悟文法段落的分配，从容将彼我不同之点，照文例转变起来，怎么会瞎做语法毕肖的好梦，反致落在费解的浪槽里呢？然我晓得粗心的听了，必还有忍俊不禁，

拿十年前的和文汉读法相讥者。但无论和文汉读法之所以报我
学界亦不算薄，即他自身的价值消减，因彼止为汉文和读法的
还原，因人成事，不曾化费多少劳力，自然声价便逊。至于汉
文和读法的声价，恒为高贵，不但可算日本古代文明之一，即
彼二千年经史大义，普及通国，何尝非全受他的报酬？我们现
在仿了他，要想做个西文汉读法，亦不像做起和文汉读法的容
易；苟不是经过多数高明学者，悉心研究，寻出条理，便不见
得能像汉文和读法的规律整然，普通可行，所以这西文汉读法，
还轻易不许我们薄视。

　　仿着日本人的汉文和读法，定起西文汉读法来，帮辅着我
们古人注疏的特长，有什么信、达、雅不能完全解决呢？这便
是移读外籍的我见；惜乎我的智识不见高明，但望高明的鉴其
意思也还对得，就请替我改了错误主张着罢。因为有大部分的
书固然止要译不必注的；但也有相当的一部分止要注不必译时。
即是前年胡适之先生在六味斋说起，他要介绍一丛刊，专收世
界文学名著。我当时就上个条陈，以为文学名著，止好注的，
不好译的，译起来“大段”（大概）要弄到吃力不讨俏的，这
就是应注不应译的一类也。但今不过举例于此，其详细的分别，
止好再讨论罢。（录自《吴稚晖学术论著续编》）

南洋公学有人作匿名帖批不必对学生验对笔迹

民国前十三年

　　外乙班因有人作匿名帖，同学恶其不合于义，遂约各书一线，并列堂壁，备仆等验对笔迹，免致玉石相混，自发于洁已爱师之诚。然纷纷纸条粘壁，颇碍课堂观瞻，亦为蛇足，此后并恳勿尔。我辈曰师曰弟子，称名虽别，实则修业一堂，互相励学，均因时势艰难，各求一知半解，得以有益衰世，尽区区衔石挥戈之愚，如是而已。乃此次揭帖，只计较于分数之多寡。复误认朝斯夕斯之苦，因争分数而受，何其不合欤？不欲直斥其非者：一则仆辈义当闻过，二则书帖人知其言不合理，故匿其名。指其匿名之失，所督之非理，即可自讼而明。然此种举动，亦非有意，不过蔽于一时忿嫉之私，遂不觉其举动之过。仆等内疚于心，亦常有此失。诸同学但当惩忿自重，不必因同学有一人过举，遂互相猜恨，介介自表也。

　　此后除失物粘帖招寻外，学生既无普约大众之责，一切言论，均以口达。君等所以商量之语，先度之于诸君之心，并无偏私不合者，仆等无不乐敬闻也。君子绝交，不出恶声，至于措词之如何，则有诸君之素学在。

晓谕学生侮慢教习从恕道处置不当哄去

民国前十二年

午后承以鄙言为可采，已有然诺矣，夜复追论之。仆欲以庄论见后，恐不尽其言，误会之多生枝节，故告之智穷力索，义不可再论。冀鉴其不欺诸君，或能自责其食言而罢。乃复论之于董师。论于董师，董师亦如仆之意耳。仆敢以教习正告之，义责之曰：诸君可谓务张客气不屈公义者矣。救时势而学，学而就学堂，就学堂而有功课有规约，因功课而有授业解惑之师，因规约而有纠察监督之师，学堂概之曰教习。教习之事，异敬礼之心，听学生之私衷自异。私衷止能讽劝，不能督责，督责人之私衷，将冒天下之不韪。教习之名，同纠督之法，统以学生之名号而受。如世有弟子作监司师长者，作州县者，因公必曰卑职叩禀大人，此以州县之名号，受监司之统摄，非以皤然老师，受黄口孺子之辱也。诸君论我师范，有知其一不知其二者矣。公学之有师范，有上院、有中院、有外院，其名定自创设时也。对于总理诸人，四院统执弟子之礼。诸君所称，其实则弟是也，此其一也。然总理复定章程，令师范为上、中、外院之教习，师范遂以弟子实兼教习之名，诸君所谓名则为师是也。朔望赞曰，诸生向教习，不曰中、外院向师范；此以学生对教习，不以中、外院弟子之名对师范弟子之名也。语曰：必也正名，教习之名正矣。传曰：惟名与器不可以假人。总理既假之以监课、监宿、监饭、监游散诸名矣。诸君以公义自屈，不耻曰师，曰弟子之名。亦久以诸生向教习之名假之矣。乃忽辍其极可珍重之学候，纷作无谓之不平曰：彼师范弟子，我中、外弟子也，此所谓未知其二也。故师范上、中、外院问其平等与否，则数者之名目字，我不知其平等与异等，欲强第之无强第也。若尽师范既上、中、外院教习之矣，既加教习之名矣，则教习与上、中院之学生，曰教习等，曰学生等非平等。假令一日总理尽夺师范教习上、中、外院之名，俾外院留学为师范及中院之教习，则必有所谓钮教习长庆者焉，有所谓胡教习寅生者焉，我朱耕石师范，吴朓师范，亦只有以公义自屈，断不当置其极可珍重之学候，与钮留学，吴留学纷论平等也。是诸君既因救时势而就学，求学问之超等可矣，不暇问及若干平等与否也。况师范之名，用亦罕矣。七八间卧室有其名，两间师范有其名。谒总理诸人有其名，或受学于西文教习有其名，所谓领班班长师范生之名，曾有其名号矣，亦未一用之于公牍。此外监课、监宿、监饭、监游散，均以教习单衔自称，亦以互称，并不用师范兼理教习字样；惟不由于学堂公事，偶一用之。集公分议私事，皆曰我师范，示非教习之事，乃师范中、外院相涉之事。公私定名，毫不敢误用，亦无可牵混。故涉学堂公事，无论称之曰某某师范，即称之曰某某留学；当监课、监宿、监饭、监游散之时，教习之名号自若也。

所以不能不定其名曰教习者，非有意以师范中人辱学生，欲其纠督学生也。学生中有天壤不可多得之伟人，学生所自期学堂所希望待之敬不敬，皆由总理教习等自问其礼贤与否？所谓心乎，待学生者也。学生无须过问也。何也。用伟人之名延之来，则礼貌衰而去；用学生之名考之来，则待之不过乎其分。

虽伊、周、孔、孟自安之。若谬以教习与之平等，此即以大夫之招，招庶人，伟人死不敢受也。既正名曰学生。学生者，不用其贤与优，未贤学堂，终有纠察监督之责也。其人既令纠督之矣，不得不号之曰教习。以学生极贵重之品也，惟有教习乃可纠督之。所谓法乎，待学生者也。如此则公学无嫌无疑，遂以师范为教习。诸君即当不见不闻受教习之纠督。烦注无当雅重，然中心非有所狎侮。反复论之，欲其易明而已。谅焉。

据诸君言夜与监饭教习相违言（对受此书者云，尔弗责其有语病），学生于教习用一相字，则学生记过宜。诸君泛及院章，舍田芸田，责其心乎有二用，则记过又宜。因禀总理正责学生，记大过者三人。法乎待学生，非无礼待学生也。学生受法非无礼也，以此为公义，诸君不能名之曰非，公义当屈乎？

诸君不能曰不屈。若因其忿怒，从而横决，任客气之张。彼忿曰：此中别有意在；此激曰：此中别有意在。所谓别有意者，各人悬揣他人之意中而得之也。岂知他人苟不忘其分，待学生自有待学生之权限；善则显誉之，过则显非之，何必内一是非，外又一是非，自取不广哉。即或不肖如仆，意中或别有所忿嫉，此我私衷之不肖也。

诸君无须过问，自取烦恼，犹之仆等断不责诸君私衷之敬礼与否耳。仆意昨日之事，学堂待学生甚当乎分矣；诸君为学生而受法，甚当乎义矣。人之私衷，复无须过问，何必既有，然暇追论不休，自食其约。仆责曰："务张客气，不屈公义。"

诸君能非之乎？（倘逞忿曰：我意竟务张客气，则必冒天下之不韪。倘又甚之曰：我竟冒天下之不韪，言至此必哑然自笑）。然又有曰：公义者，羁縻笼络之词云尔，固也。然以公义羁縻笼络人，人犹不受，不将怪且骇不知所出乎？诸君为一逞客气之立志，犹不惮委曲践之，相率赴之，宁于天下之公义，反委曲避之，相率逃之乎？权衡轻重，自知所处。故又正告之曰：诸君知于昨事，断不可再入议论，惟有怡然受过，虽死不肯撤销。此过虽去，不可议去（因涉乎以礼貌衰而去，此乃以大夫之招，招庶人矣）。惟有淡焉互安之，并于学生规约所有者，务屈于公义以受之。如是，所谓心安理得，不负人亦不负己。

诸君不必问人之伟人之否乎？仆亦不必以伟人急誉之也。至于可任父、兄招呼，商妥出学，此别一义，与此事毫无关涉。总理连纸及之者，忆及即同写之耳。此由仆等婉达时势，总理所俯准。必由父、兄招呼者，诚如诸君所言："此不欲学生之必行"。此必体父、兄之意旨而定，或斟酌章程而定，必不能草草。若云不欲羁绁此因，或者有人之昨是今非，为无可如何之词。如解之曰：学生无足爱惜。则古今书籍中，无此训话。拟别有用意，何必殷殷设学堂，何必数数招学生，无理解之？戏言谈者，以为畅适；激者以为愤恨。仆又正告之，此则太重学生，惟恐其去，亟谋于其父、兄，将安其志，坚其意，忧其不大成，患其不为天下之伟人。故要之，若愤恨，反令希望之者失意，广大之者瞪目矣。若夫一切立志不坚云云，此又一义，皆当援为自镜之资，愈不当关诸心也。仆之词真穷矣，穷寇勿追，曩者言矣，诸君择之。

论编中学校教科书

民国前十一年

古者大夫擅九能：能语、能诔，所以信神鬼，信后世，其于道德可知；能赋、能造命，其于文学词令可知，晓达异国之情亦可知；能说山川、能施命、能作誓，其通古事，识大势，习肄强学可知；能命龟、能铭器，其知数类物又可知。大夫者，法科之专门，所谓九能，其高等之溥通学也。幼年之普通学者，据内则以见其略。所谓入门即席，男唯女俞，修身科也；所谓书计、方名、数日、象勺、射御、文史、地理、算数、博物、唱歌、体操诸科是也。幼年溥通学之与高等普通学，其教之详略有异，而分科立目则无异。则今各国普通学科，有所谓伦理者，本国文外国文者、地理历史者、算术理化博物者、法制经济者、习字图画唱歌体操者、不惟各国尽同，即证之于我国古代之教育，亦无不同。溥通也者，盖言乎无人不当受此教育，受此教育，乃成其为人，始可各操职业，更从事于专门之学。故其科目，非犹夫类书之标题，试场之策要，务博泛填，苟焉而已。其秩序，其构结，具有精义。不然，何以古今东西不谋而合，若是其一揆？我国近数百年，人困于科举之学，其为教育，无分于学理之浅深，年龄之大小，但有所谓四书、五经者焉，帖括程文者焉。既恃其名高，复利其简约，遂不惮互相贾欺，目为可久可远之教科书定本。于人之所以为人，其德行，其智识，其身体所施教育，完全与否，不复置论。幸而后世良知之说，未颁为科举之程式也；否则人各操良心一枚，即可为学校教科书矣。如此毋乃太简乎？今则考古义，识外情之士渐多，皆思于溥通教育之科目，注意改良。然因处事之秩序，而为下手之阶级，多偏注于幼年溥通学，即今各国所谓小学，我国所谓蒙学者是也。其于高等溥通通学，即各国所谓中学者，则议及者较少。

惟求诸事实，而高等溥通学，各国所谓中学，我国所谓中西学堂者，实萌芽于蒙学之先。迄今各行公私之所置设，所在而是。虽无中学之名义，具有中学之规模，乃皆仅仅以汉文西文算学三科目，复蔽以中学学堂之名，因陋苟简，以相从事，其当改良，岂不尤为急急？

然科目非难改，而教科书为难。蒙学教科书，竭海内有心人之数载注意，尚至今未见告成；则编纂中学教科书，其为困难，益可想见。惟不为椎轮，何有大辂？患科目之秩序与其构结，其知之不审，信之不笃耳。如其知之审，信之笃，原无难，竭蹶经营，先求其通似，渐图改良也。

故留东之士，颇愿与海内通学，共分其劳，以弥此憾，是以有中学校教科书之辑译。我同人某为之发起，既略论科目之要于前，复次辑之，幸有道是正之。

答蒋梦麟书

民国十八—十九年

梦麟先生勋右：奉到赐书，并附下京、沪市府呈文，要收屠牛税，要收学校。先生说：长此纠纷，诸多窒碍。弟想纠纷之起，在把收税学校两件事，并成一起，以为同是省、市应分之权限，其实两事性质，绝对不同。学校归政府管理，在省者归省教厅，在市者归市教局，此省市应分之权限，故省市亦已协议划分。惟移交早晚，止是情商问题，所差时间，亦不甚多，现在可以不必再多讨论。若收税问题，并非省市问题，乃是官民问题，应争者为民收，抑官收。江苏教育经费，遵总理遗训而独立，所谓省款不曾由省财厅经收，久已拨归经费管理处经收。款之在市者，其独立性质，不能因区域而消失，那末市款当然亦不由市财局经收，仍应归经费管理处经收，此显然易明，无从惹起纠纷。江苏教育经费管理处，并不曾为省之附属品，乃为江苏全境人民之经收独立经费机关，并未标明省的字样。故行政院拟改为苏、宁、沪教育经费管理处，复经说明江苏乃包括建设地域省市之总名。因为绘分域地理图者，南京、上海，不别列一图，决将南京、上海，绘于江苏图内，决不会绘入安徽、浙江。即此可见南京、上海与江苏之关系，在行政划分，在地域并不划分。不必繁重其名词，亦经行政院允许。省官与市官，皆有监督之权；故行政院议令市财局、教局，亦列教育经费委员会，即予市府以省府同等之权限。若市财局可以将独立教费，越俎代收，而省厅亦将照办；是将总理遗训，及中央党部政治会议议决案一齐推翻，呜呼其可？弟想市府中人，仅忠于其职守，认经费管理处，以为即是省财厅。前之市款，由省财厅经收者，省、市划分行政权限后，应归市财局经收。殊不知独立以后，省财厅且并不经收。换言之，省财厅并不经收，而市财局的不经收，即无庸再说。所以两市府请求征收屠牙税，大部告以并无屠牙两税令饬江苏省政府移交沪市接管之规定，且本部亦未奉有此项明令，即明告以无论财厅、财局，欲经收独立教税，乃不可能之事。因有总理遗训，及政治会议之决案，不可动摇也。市府办案起稿之人，仅管及职守，不曾兼顾旧案，故以争得为尽职。弟因此不避烦琐，再向两市府贡献其详，必能邀其冰释也。

一、独立教税的征收，必由教育经费委员会议设教育经费管理处征收，此之为独立。总理不许任何经费独立，亦不许用任何名目独立；而独于教育经费主张独立，就隐隐表示知难行易，要知个彻底又彻底，非十分注重教育不可，故不恤以独立两字，宠爱教费。江苏受了教费独立的恩惠，所以除小学教费尚未及独立，亦受到恐慌外；其于各种教育，比国中任何一省得到经费稳定。故弟不嫌唐突，曾于去年八月直告先生：如先生与静江先生之注重教育，浙江因教费未独立，故六月教费尚无着，江苏已发出本月之经费，（今年因过去一年之荒歉，亦受影响。）

二、教育经费委员会，由三方面成立，互相监督：（1）为教育部，为省财厅、教厅；今由行政院加入市财局教局，此为政方。（2）各校长代表是为教方。（3）江苏热心教育之士民是为民方。教育经费管理处由会直接指挥，其收入又特别呈报财厅或财局；其支出又特别监督于教厅或教局。收入之款，悉贮于指定之中国银行及江苏银行。每支一款，必由教厅处长，及会举之稽核员三方盖章，银行方能照付，缺一章不能也。故管理处止司账目，银行止贮款项，官方止司监督，经费会止管分配与稽核，使互相牵系，此皆初独立时所定。国民政府后因其立法尚密，故并其重要三科长，皆昔日之旧人，与法未一更换。

三、独立凡四税：一漕附，二纸烟附捐，现政府以田赋划换，三屠税。田牙税，漕、赋、牙皆由各县地方官划开征收，解交银行。管理处派员催交屠税，一则用开标之法，由地方承包，一则派员征收，则用人之弊，比开标远大。二则地方民情不一，往往苛征则闹事。正如京市府所谓省府对于屠牙两税之管理，不若本市之抱改革整顿主义。市民不察，必以本市之改革整顿为苛政。经费委员会立于民的方面，正有难于积极之处。本望贤长官爱护教育，不惜招怨，尽可尽量指导合理处，必能如法炮制。倘能收入加多，则又副总理宽筹经费之通则，是亦市政府，为总理力应尽之义务。省政府慕效市府，亦必尽量招怨来指导管理处之积极矣。

四、教育受总理独立之恩，正如俗语所说：铜钱袋在亲爷娘袋里，不如袋在自己袋里的方便。国民政府下的贤长官，总理亦信得过，他们都能注重教育。可是浙江去年为什么发不出六月的经费？就为譬如教费预算定十万，到了发放之时，财厅库中总共止有二十万来支者，教费十万，警费二十万，建设二十万，政费二十万，共总是七十万。那一不是紧要？不能不平均分配。那末打个三折，十万就变了三万。六月就欠下来了。大家粗看京市政府的呈文，多末骇人？他说：且职市经费困难万分，早在钧院洞鉴之中，数月以来，竭力整饬各项税收，仍是入不敷出，若再遽将该项税款停缴，则收入减少，必更影向于事业之进行。不曰影响于教育之进行，而曰影向于事业之进行；明说要把屠宰税屠宰成一块一块分配于各种事业。那末始信总理果是神仙，知道教费若叫政界管理了，庶必至于吃"空心汤圆"（无内容之空壳）。就是代他解说，可以说河水宽井水宽，把屠宰税办了市上各种教育，于是别的收入可以供别种事业进行。不知独立之款，乃是有指定用度的，屠宰税已经拨定用度。若落空了，便要关却部分正在进行之学校。所以江苏小学经费尚未独立，省政府与财厅、教厅筹措得叫苦连天，亦钧院所洞鉴。然无法将管理处之屠宰费移作未独立之教费也。所以，市府果能帮同整顿多收出来的屠宰税，亦不妨提议于教育经费委员会拨作市教育局之用。然限于教育费，决不能移作教育行政费，尤不能移而进行种种事业也。官方筹经费自然是第一苦事，然切勿到"叫化子身上去敲出冷饭团（叫化子身上去剥棉袄）"，叫总理格外伤心。

五、学校分辖，乃是官与官之事，自然市校即有市官应辖之权，教费独立乃是民与官之事。民对省官，应享独立之权，民对市官还是如此，哪里有换了一个名目而独立，便可任官宰割呢？试翻中学校用的我们分省地图，南京、上海会另作一图，不划在江苏图内的么？可见官权尽管去划分，人民还是整个的江苏。故江苏教育经费委员会，江苏教育经费管理处，本来并不曾添个省市，行政院初议改作苏、宁、沪也未尝不可；但实际不如江苏可以包括省市，似乎更适合，所以请不必改得太冗长。总之财局、教局与财厅、教厅一样，参与在经费委员会而官权也并无偏枯了。

六、市内也有漕附、田赋，何以独注重于屠牙，并且尤注重于屠宰？因为京、沪人口激增，屠税自然是一项有望的收入。所以到了入不敷出之时，财政当局念兹在兹，那里得知若到移作教育行政费及他项事业，就是良心黑了也对不过总理。至于专作扩充市里教育之用，除了原有的数目是要维持已定之学校，不得指充新事业外，至于以后增多之市屠宰税，磕头求拜，愿市官板了面孔，指导经费管理处认真整饬，尽多尽少可以在教育经费委员会席上议归市教育扩充之用。就是理想的和记公司肯出屠宰税，租界归还屠宰就增至数百万，亦两市有尽先扩充教育之权，因为我们江苏的子弟在两市比较也多。

独立之遗训呈请于政治会议：以为江苏教育经费独立，齐燮元等尚能采取总理之（民七八年间）主张，早准独立，我国民政府自更应予以永久之维持，当时一致通过。那末划分省、市之后，省教税归省教育用，市教税要归市教育用，这是说得过的一句话，当然厅长、局长坐在教育经费委员会会议席上可以提议的。至于省教税、省财政厅之尊重独立，不曾归他老人家去代劳；怎么一归到市里，市财局长倒不怕麻烦来代收独立的市教税呢？那就顿时破坏了独立，总理必要伤心。中央党部的会议也必要起来维持的呀。所以行政院、教育部及蒋、王、孔三部长等都不曾肯议及：市财政局长能收江苏独立的教税问题。今大部亦明白的告诉他，□□□至无屠牙两税，令饬江苏省政府移交沪市接管之规定，且本部亦未奉有此项明令，即明明指示各位，不曾把总理遗教一查，政治会议旧案一翻。除了总理活了起来，变更自己的遗训外，谁能忍心害理，下一规定，发一明令呢？所以这种分配，不是行政院、教育部、江苏省政府、京、沪两市政府的事。不过分好了，照理呈报他们罢了。再清

清楚楚来贡献各位一点：

> 总理平生之志事，且于财政统一并无抵触。（1）所谓"宽筹"者，原必需财部筹而指拨，并非由教育界自由择定，或自由划拨。（2）所谓独立者，例如省用与国用攸别。故省用之款由省自行征收，自行支配，自行拨付，止呈报财部，并未尽解财部，而省用再由财部拨付。将来学税即可准省税之例，省用自征，既未与财政统一抵触；则教育经费自征亦不抵触财政统一，不待明说。（3）省用由财政厅征收，财厅为财部属官，故与统一不抵触。殊不知江苏现行之教育经费管理处，即由财厅监督，税额必经财厅认定，税项必经财厅允拨，预算必由财厅承认。将来全国教育经费管理处亦必由财部监督，部将此项财用，亦可列入预算决算，原与财政统一并无丝毫抵触。（4）然教育经费必请自征，虽归财部、财厅监督，必经教育界筹设机关经理者，此即所谓独立；此即总理所望财政当局宽筹拨付后，所当保障者也。否则若款项止由财政当局负责，则任何款项原均由财政当局负责，教育经费止成为负责中之一端而已，于独立之意义，即不存在矣。（5）如患独立之费太多，非但抵触财政统一，且并财部亦可不设，此亦有当然之疑惧。但独立之事，除教育经费外，既不闻常有之声浪，而教育经费独立，又为南北在二三十年来所惟一不断之舆论。

其已由财政部或财政部拨定独立者，即另订保障独立办法，期徐徐实现总理宽筹教育经费并保障其独立之旨。

【附贡说明】

所以酌添"暂行""现在"及"其从前或将来……遗言"诸语者，因财政统一乃是国民政府固定之政策，自亦为立国之要素。但"宽筹教育经费并保障其独立"之遗言；亦为……

【附贡鄙见】

此次先生整顿之中心观念，为弟所五体投地赞同者，即必须破除造就士大夫之传统观念是也。

若从前梦麟先生第一步之整顿，注重设备学科等等（九分九厘，着实也对。即从那次整顿之后，所谓野鸡大学，远少得多）。惟弟当时即笑谓之曰："先生殆所谓慎重朝廷名器者乎？"反过来，即是说国家要真的士大夫，不要假的士大夫而已。实际看重士大夫，几乎过于一切（虽然蒋先生个人趋向，亦重科学工艺，常与弟讨论欲立模范科学工艺学堂）。所以先生此次搔痒，搔到痛处曰："破除造就士大夫之传统观念"，才臻十二分整顿的火候。

现在且置如何为士大夫而不论，中国人之传统观念，即以为秀才乃宰相之根苗；治国平天下之才，皆在教育中造就而出。这真叫做绝非原因结果，驴头不对马嘴。若以环境等统算教育，弟自然无言。若治国平天下，属于百工庶事，弟亦无言。倘使治国平天下，系指旋乾转坤的大人物，教育止指学校，那就不嫌粗卤，直断之曰：学校造不出旋乾转坤的大人物。而且故甚其词曰，旋乾转坤的大人物，都不出于学校（这自然不合逻辑，学校出生者亦尽有旋乾转坤之大人物，所以曰故甚其词）。所以要借考试考出状元来，与借状元去治国平天下，便就是士大夫的传统观念。

故弟曰，教育有三个目的：

第一为人类。公众教育，至少强迫至二十岁，完成目前之所谓大学教育。而且谁喜欢学什么，应自由的听人学什么，各完其个性，而亦各学并兴。人类二十岁以前，社会教养他；二十一岁至六十岁，为社会服务四十年；六十一至八十，社会与个人互助；八十一岁后，社会又扶养他，那不算得十分荒谬。然目前的人类社会，还全世界无力实行此旨，即强行，亦无非羊头狗肉，反供金人利用，这可以不谈。

第二为国家。如说到国家教育，又分两点：一点是权利的，就是除出了旋乾转坤的人物，要全国各种环境并力制造，或竟制亦不出外；其余所谓教育，就要看这个国家的需要，及国家到底出得起若干教育费，以定办法。国家不需要，老实公费即不化在他身上，现在所谓穷人读不起书，就没有出路等等，以此责备国家，国家毫不听受。一点是义务的，就是强迫至相当年龄之义务教育（即各国提议至十四或十六岁，中国似定至十三岁者是也），不能不加补授之民众教育是已。即使人民各能得到养生送死的粗浅智识，能阅读公众布告，能书写选举的姓名，能自写急要的诉状，以为参与民治之准备。

第三为个姓。不曰个人，而曰个姓。中国传统的观念，视教育为高大一姓门闾之一物，个人即包括在内。所谓门前结起高头马，不是亲来也是亲；所谓天子重英豪，文章教儿曹，万般皆下品，惟有读书高。今日即一等崭新人物，也说得出穷人读不起书，没有出路，没有出身，教育机会均等一类的废话。背景有一点为人类的观念，亦未可定。然而忿忿不平的状态，其背景无非为着惟有读书高，为着门闾不得大。即一言以蔽之曰：充当不了士大夫，即生活苦痛是已。虽则此种实际状况，洋溢乎中国，但是这个社会现状，即成于传统观念。这个传统观念，几乎将要亡国，或且慢慢的可以灭种。所以我们奉劝个人的说话，当然也有种种，即个人而能反对此传统观念，亦不见得定会吃亏。现在弟单纯的为讨论国家教育，单纯的为讨论大学教育，既把这教育的三个大目的分别以后，则坚决的赞同先生的必须破除造就士大夫之传统观念，加以尤明白的说明白。

要看这个国家的需要，及国家到底出得起若干教育费，以定办法。

国家不需要，老实公费即不化在他的身上。

国家是在此大同过渡中不得已为自保其民族的一个组织。在世界许多国家中，因为欠缺了能力，敌不过其他国家，便应当补充此能力，而后始能维持其国家。例如从前斯巴达欠缺了一勇之夫，便在小儿成年时突然刺他一刀，若此儿哼一个不字，即谥为废物屏诸国民之外。当然今日之国家，不如是简单；然而其应取之精神，则无不可同。中国之衰落，即衰落于止有士大夫，所以凡可以造就传统的士大夫之教育，国家可以不办。倘因几千年之传统，个人必欲维持其士大夫之资格者，有碍于国家之取材者取缔之，无碍于国家之取材者例外之。

国家急要之教育，即能为人民生产者，能为国家抵制外货者，能充实国防之器械设备者，此农、工、理化、商财、医药等之科系，国家必当全力以扩充之。教育经费可以扩张者，必尽力以扩张之是也；倘有私人设立此等学校，亦严格调查其经费，限制其夸大。

其次不能不有少数之需要者，即政治、法制、教育诸系是也，此止需在历史有名办理较善诸校维持之或扩充之，断不许以国家经费随便添设。即私人设立亦严格取缔，防其可以直接于士大夫。而最要者，却一面宜仿效英国在相当学校内增设文官系，如海关、邮政设校之例。各按各类衙门公务，各设专校，限定数目，造就科长、科员人才。如今日在海关、邮政作事，其实其品级亦与科长、科员相等。且所办之事，亦为国家重要之事，然众皆不以士大夫目之。故比较能廉洁勤敏，且断断不能滥插一人。惟一当各衙门之科长、科员，便有士大夫之身份，他人亦以苍生霖雨相责备；其实大半都是学非所用，或滥竽充数。故中国之传统之士大夫，乃断断要不得，即秀才为宰相根苗，无非旋乾转坤之大人物，其实皆羊头狗肉的烂东西耳。若大夫为科长，技正士为科员，技佐这种新式士大夫，正须有限制的明白造就。然无论农、工、理化、商财、医药、政治、法制、教育，即甚而至于文学、哲理、美术、图学等等，即出于文官系；又无论出洋学生、国校学生、私校学生，凡所有文凭皆止能算一社会上之荣誉，而效用于国家，当令考试。如德国之博士，不值一钱，欲当国家教授，应经过国家特别考试，授以特别文凭是也。故总理设考试院之用意，决非开科取士，用不着巨大考试场，如曩日之举场。所谓考试，亦不是光作文字或口试，终之你有什么本领，可以大用，可以小用（大用非谓旋乾转坤，是指大设施大工程等）。

留东俭学会意趣书

民国二年七月

同人以留法、留英俭学会之组织甚善，而一般贫寒求学者，仍不免有向隅之叹，于是有留东俭学会之发起。吾华自改革以来，教育之精神颇形退步。一般学校，多注意法律等学。哲学、理工等校，组织甚鲜。同人心焉忧之，用特介绍至日本留学。且留东用费，较上海、北京等处尚稍省。近来中等人家子弟在上海、北京求学者，每年须洋二百余元；往日本则每年有二百元，即可从容就学矣。志学诸子，其亦知所择从乎？兹略叙俭学会之概要如下，使人透彻其性质与任务焉。

一、俭学会之主旨，乃为人指导既节省又适当之旅行法，及留学法。希望自费留学东洋者日多，以补公费之不足。概括言之，则曰：其人能办二十元之出洋川资，又能筹措每年二百元之旅费者，即可由俭学会介绍至日本留学。惟二百元之年金，并不必一次筹出；可分数期寄汇，亦非给俭学会为之包办。乃俭学会力任代为荐引布置，能保固其不逾此数。所有一切学费、宿费等，皆请本人与学校及寓主等直接自相授受。啬约之人，定可于二百元之数，更能微微节省。偶有年幼学生，父、兄欲要会中代为经管银钱出入者亦可。

二、俭学会并不能帮助入会人资费，亦不欲要求入会人报酬。所有俭学会事务所、补习科、招待员之开销等，皆另由同人筹款支持。而入会人到出发时之补习费、住居费、茶酒费、车马费等,皆请本人自己出钱。会中所担之任务,则如应答访问,筹备补习,留待出发,联结伴侣,指示衣装,照料舟车,接引到达,保荐学校,介绍寓宿,收转信件,扶助急难等,凡可以完留学之困难者,会中务尽力焉。

三、二百元一年之数,学生无论男女,学校无论大小,一概可以强足。因境地有差别,程度有高下,必亦各有其此省彼费之处,互得其平。故无所谓大校之或费于小校,或男校之不同于女校。

四、俭学会并无在东洋有自行设立聚居若干华生之组织。因国人相聚一处,最为语言之妨害。故俭学会对于无论男女学生,其程度高而直接可以入学者,止为荐引相当之学校,代觅相当之宿所。其程度不足,正需预备者,则荐引可以居宿之预科男校,或预科女校。务使分居各校,以图语言进步之速。

五、无论男女少长,程度若何,俭学会均愿介之东行。即有字母未识,自愿稍受困苦,出洋以后,始在预科学校中学起者,力半功倍,似亦无所不可。特同人私意,若能在中国时即初知日语日文,尤较得当。故同人于上海留东俭学会事为所,附设补习科,专为初学者而设,以供出洋前一半年之预备。教法务求飞速。每月学费两元,膳宿费五元。所以不设高等科者,一则会中经费不足,二则我国学日语者到处可得也。倘问在中国将语文与普通学,习之既备,竟往直接入学,善乎否乎?则应之曰:自然大佳。但往东方预备,耗费略大而时间则减。

(甲)在出洋一半年前,即住居补习科,预备功课。出洋有期,直接在俭学事务所动身。

(乙)预先报名相约,俟有伴出洋时通知,于是集于上海一同东行。

　　报名处暂设上海法大马路四百○七号。发起人：吴稚晖、王永贞、程恩普、魄醒、卜松林、重远、张锺岳，愤愤。（录自民国二年七月十二日上海《民立报》）

蔡使要求日本警察入署拘捕学生始末记

民国前十年七月

壬寅之夏，留学生吴君敬恒因江苏、江西、浙江三省自费学生九人，愿入成城学校，适蔡公使钧峻拒咨送之时，吴君乃拟长函，反复婉转，百计恳求，并声明由在校学生五人互保一人，先在使馆出具保证书，留存备案，以取公使之信。函草甫属，时本国京师大学堂总教习吴京卿汝纶，为调查日本学校一切事宜，奉命来东。一日京卿临清国留学生会馆，吴君亦至，当出致公使函与京卿婉商。京卿颇以为然。然词气之间，实鄙夷公使，心知难成，勉允代达。日留学生至者章君宗祥等共十余人，为中历六月初九日也。

十四日京卿致吴君书云：

稚晖仁兄宗大人左右：前日大札，未转交使馆。至所谓五人送学堂，蔡公使已允可。惟属照尊议，取五人环保，与名单并送，谓是使馆旧章。谨奉闻。即乞赐交，以便转达。外有京城中寄张执中、金伯平二公书，兹并呈上，乞转交为荷。肃颂道履不具。汝纶顿首。

六月十四日

吴君得书，奔告入校诸君，遂由章君宗祥等二十余人同签印，缮就保证书。其八纸送小石川区第六天町伊泽邸，由吴君振麟转交；其一纸，第二日由章君宗祥携交京卿寓邸。

数日不得命。二十一日傍晚，吴君复谒京卿所。京卿缮函告使署吴参赞，命吴君持催。吴君惧使署官人之不易见也，先晤学生监督夏部郎偕复。部郎言，余已满职，不能过问。惟昨在使署，闻公使已行文参谋部，今日不见吴参赞亦可。吴君唯唯，即覆京卿，并告入校诸君，皆欢慰，以为风雨着屐，道路泥泞中奔走数十次，可偿其愿矣。

英国游学指南

民国前五年

行前之置备——衣饰

赴外国留学,与西人向中国内地传教相同,自以改装为便。故今所叙衣饰,皆指改装而言。

出洋已有成议。一月前即不剃发,俾短发长至六七分。出发前之一二日,可令友人于寓中剪去发辫,剪至与短发相齐。此时不必分成花样,因初剪之时,无从分起。且中国口岸剃发匠所分之花样,亦不合时宜。出行时剪至与和尚一月不剃发模样。日本学生常作此态。即英国少年亦都如此。在船上三四十天,抵西已长寸许。要分花样,刚刚可分。既初改装无花样可分,故不必定招剃外国头发匠为之。剃发匠须索银六七角,此钱似可省。

以后称银称洋,皆指墨西哥银圆而言。但银则径指银圆,洋则指金镑仙令等,所合之银圆数。不言金镑等者,便观览也。每一英镑,作洋十二元。每一仙令,作洋六角。每一办士,作洋五分。现时镑价稍廉于此。今据最昂之价值合之,宁令预算有余,勿使实用之数,浮于估计之数也。如欲知金镑价,凡言洋五分,即可知为一办士。洋一元,即知为一仙令八办士。洋一百元，即知为八金镑六仙令八办士。

当初改装时，茫不知西装如何整备。今自顶至踵，分述如下，并即说明应购于登舶时，或购于抵西后。头上应有三帽。一大帽，英国人通行硬而顶圆者，美国人通行软而顶凹者。上海香港洋行所卖，止有美国式，价昂货劣。银三四元之物，伦敦止要二元左右，物尚华美。在中国所买美国式之大帽，入伦敦市中戴之，劣陋使人怪笑，终于弃掷。故登舶时大帽断不必购。途中经过口岸，皆四时如夏，止戴草帽已可。在船上本当戴用小帽，抵西后买英国式之大帽一只。上中等洋三元，中等洋二元一角，次等一元五角。买一帽可戴二三年。一草帽，此帽在途中各口岸宜用之。若在伦敦，须讲究人于盛夏用之；普通人有十之五六，通年止戴一硬壳圆帽。草帽在中国买，亦必不甚合式，故不必甚费钱，随便化银一元余，买一顶在途中应用可耳。一小帽，此帽即瓜瓢结合，前有软遮阳，上海喜戴洋帽之人，及厂工船工，往往戴用。此帽在中国买，与在英国买，式既相同，价亦相等。上中等约六七角，次者约三四角。要买线者，切不可买绒者。绒小帽乃专为中国人制，外国人不轻戴用也。小帽舟车所必需，在船中三四十天，每上舱面行坐，必要戴小帽。露顶固失礼，或戴大帽与草帽，亦可笑矣。到英后登岸上车，其时无大帽，或节令又不可戴草帽，即戴小帽可矣。此三帽之外，到英已久，在伦敦及一二名城居者，往往购黑缎高顶帽，即日本所谓官帽，于宴会及佳节戴之。此乃银钱余时之应酬品，非学生必需品也。又如日本学生所戴之圆平顶黑漆遮阳帽，英国乃船员及门吏等所戴，携往英国，徒藏箧笥，无所用之也。

上身所应备者：贴肉衬衫，过香港至苏伊士运河，宜着汗衫。汗衫带至英国，着用之时甚少。然途中三四十天，断不可少。宜买三件。每件价银一元余。价稍廉者不合用。平常贴肉衬衫，此衫即常常更换，言清洁者所必需。但不必如曩时出洋之人，全在中国裁制。英国最相宜者，即英市所售之羊毛衫。羊毛衫上中等每件二元一角。中等一元五角。次等一元二角。有四件互相更替，可着五六季。但初去之时，途中亦有不着汗衫宜着衬衫时，可于出发前，用法兰绒制对襟狭袖者二三件；或买现成者，或向有之布短衫甚多，即以权用，亦无不可。惟太廓落者则不合用。衬衫外，西人从来不用棉袄，惟用羊毛衫。羊毛衫之细而光者，用为衬衫。厚而毢者，用以御冬。现在中国所行之卫生衣，以棉花杂羊毛为之，此物英国惟普通人间着之。价较羊毛厚衫为廉。厚羊毛衫高贵人所着者，终在六七元以上。普通人则但着中等者。一件不足，而再而三。亦有参羊毛衫与卫生衣并着者。羊毛衫之御寒者，价有洋二元四角，二元一角，一元五角数等。买三件，极少可着两冬。然此必到英后始可购买，若想途中猝寒，即用银二元，买卫生衣一件，复制敞襟对胸丝棉坎肩一件。有此坎肩，到英亦可省买羊毛衫一件。外衣在南洋一带，四时如夏，可买白外衫两件，黄外衫一件，或两黄一白。此皆连裤为一身。此外衫、领口紧纽，不必另戴硬领，中间亦不必着背心，最为方便。英国普通人，止有冬衣秋衣，并无夏衣。此等外衫，到英后皆无所用之，惟藏诸箧中，以备归国时渡海所用。故夏衣止要买此领口紧纽之黄白衫，不必多费钱，做羽毛相似之敞领衫；中间又要着硬衫，又要加硬领，又要着坎肩。既烦闷，且耗费。然坐头舱，则不可少。惟吾书止为普通游学人介绍一切。若坐头等舱之人，止须雇一外国人同行可矣，固不需吾书也。吾书要旨，惟有简约省钱，又不失普通上等人体面，如是而已。他条放此。黄白夏衫，每身约需银三元。上海虹口，香港中环，常有旧者可买，价止一二元。惟当细配尺寸，不合者弗勉强购之也。着秋衣时，应着硬衫硬领坎肩。因英国人所着上衣，无论贵贱老少，皆敞其领。日本学生则冬衣秋衣夏衣，领口一概紧纽。英国惟船员职工兵士，领口亦纽，余则无之。硬衫天热即罩衬衫外。天气稍冷，即罩羊毛厚衫外。英国普通人，着白硬衫者十之六，着蓝白柳条纹硬衫者十之二。又有在家不着硬衫，出外时挂一硬胸白布板，套一硬白袖者，亦有十之二。着硬白衫，洗濯钱稍费，后两种稍省。若欲稍省者，在上海、香港买蓝白柳条纹硬衫两件，每件约银二元左右，可着一二年。或买白硬衫，所贵亦无几，洗濯钱亦有限。各视人之喜好买之可耳。若挂板套领，日本颇通行，然购诸上海、香港颇少，或到英后再为之。硬衫上缀硬白领，此领上海、香港现行之双折领，正英国所通行。惟双折领系领结时稍难，若较高之单领，系领结稍易。单领英国人戴者亦多，可买双领三条，单领三条，其价大约银四五角一条，英国则洋三角一条。中国若过贵，买二三条应用，余至英再买。有领六条，可戴二三年。若领连硬衫者，此系老式，英国惟"失风"（过时）之老年人间有着者。买硬衫时留心，见领口有反折一寸许者即是，切不可买。不连领者其领口与平常衬衫同。买硬衫宜买不连领者。着硬衫既讫，缀上白领。缀白领于硬衫，当后颈有活铜钮一颗，前面项下，即用扣硬衫领口之钮。硬衫上钮凡六颗，详记如下：一后颈缀领之活铜钮，或用圆头直钮。此钮单买，约银一角左右。英国洋五分。二领口扣硬衫及缀领大铜钮，或活揿，或圆头。三与四扣硬衫胸前之小铜钮。二三四自成一副。普通者英国洋三角。

贵重者用金刚石等，数百元亦有。五与六自成一副，即纽袖口者。英国普通者止洋三角。硬衫上各种纽，在上海、香港至多银六七角可矣。缀领既讫，乃系领结。上海、香港旧行之一字领结，英国戴者甚少。大都用一带扣成活结，使带头下垂。日本又有现成做煞之带头下垂结。结上有带，别扣于领后。中国洋衣店抑或有之。此为最便。因活扣之结，天天自为之，初改装人颇苦其难也。各种结英国普通者洋三角，或一角半。上海、香港价略相等。买一结应用，余至英再买。颜色不拘，一结可戴半年。领结已系，即着坎肩。坎肩本与外衣裤为一套。虽颜色尽可与衣裤不同，而衣料必同。冬则皆冬，夏则皆夏。外衣，此加于衬衫之外，必敞领者。冬所服者冬衣，春、秋所服者秋衣，夏所服者夏衣。日本讲究人三衣皆备。余止有秋衣夏衣，无冬衣。英国讲究人亦三衣皆备。普通人止有冬衣秋衣，无夏衣。冬衣之料，大都用羊毛哔叽。秋衣之料，即细呢光哔叽线布等。夏衣之料，即用与羽毛宁绸相似之一种。黄白扣领布衣，乃夏衣内盛暑所服者，于南洋一带最宜。于日本尚宜。英国则无此酷暑，当着此衣也。犹之日本天气较暖，故着呢衣即可过冬。日本学生几不知羊毛哔叽为何物。故英国未出国门者，亦不知黄白布衣，是何物也。上海所称秋呢，大都即是夏衣。若钱不多者，勿做为是。上海所称冬衣，大都呢及光哔叽之类，正英国之秋衣。英国普通穷斯文人，亦有着秋衣过冬，兼以过夏，终年止着一衣者。英国衣料，色尚深黑。故依鄙见，在上海、香港制衣，最好做黑呢大衣一件。黑呢坎肩一件。深蓝及玄色柳条光哔叽裤一条。如此一套，到英时，不拘春、秋、冬、夏，无不相宜。大约价银十六元或十八元。好者二十元左右。外衣坎肩不用呢，而用光哔叽亦可。颜色不用黑，而用深棕或蓝黑亦可。

花纹不用柳条，而用骰子块等亦可。美国学生报告，极言上海衣价廉于美国。若以例英，则又不然。英国至贵重之衣料，其价自使人可骇。若普通人所用与上海物料相等者，英反廉于上海。上海十八元一身者，伦敦止要十五元已可。且上海裁缝拙劣，式样村恶。故登舶时止须做一身应用，余来英后或买或做均极便也。若钱过少者，往上海虹口等旧衣店买呢类及哔叽者一身，不过五六元七八元耳。惟身材宜配合恰好，过大过小则不合用。衣裤一身爱惜用之，可着二三年。下身所应备者，贴肉衬裤或旧有之布者，或制法兰绒者，或到英添买羊毛裤数件，与衬衫同。天寒时罩羊毛厚裤或卫生裤。其件数价值与羊毛厚衫同。登舶时止买卫生裤一条，余到英再买。若中国之棉袄夹裤无所用之。外裤已论于外衫中，见上。裤带悬于肩上者一条。上海廉于英，约银三五角。英国六角。足上所用者，线袜。但够途中应用可矣，余可到英添买。英国羊毛线袜。每双洋六角或九角，皆坚牢适用。

行前之置备——交通

中国与英国按期往来之轮舶，除太平洋过美洲线外，凡经历南洋苏伊士运河者，其邮轮有英有德有法有日本，英又有商轮。今先将各公司价目列表如下：

三等往伦敦		二等往伦敦		头等往伦敦		等级	出发地
从香港	从上海	从香港	从上海	从香港	从上海		轮船公司
—	—	同	四十五	同	六十五	英	英邮轮甲
—	—	同	三十五	同	五十		英邮轮乙
—	—	三十	三十二	三十五	四十二	金	英商轮

续表

三等往伦敦		二等往伦敦		头等往伦敦		等级出发地	
从香港	从上海	从香港	从上海	从香港	从上海		轮船公司
二十四	二十六	同	四十四	同	六十五		德邮轮
同	二十五	同	四十四	同	六十五	镑	法邮轮
一百九十	二百	三百十	三百三十	四百五十	五百	日圆银	日本邮轮

英舶无三等舱位。英邮轮甲，其行期稍速于乙，故价亦略昂。如有力能乘德、法公司等之头二等舱位者，即乘甲类之英邮亦可。有人云：英轮饮食居处，远优于德、法诸轮，亦有人以为稍逊。其实乃各据一时一事，以为品第。在各公司揣摩众意，求便行客，原无不各求其备，以争名誉。甲类英邮轮公司，西名 Peninsular and oriental Navigation Company（P & O）其名轰于全球，为世界轮船公司之巨擘。上海分设代理公司在黄浦滩。香港在中环右麓。

英邮轮乙，行期按部就班，略不及甲之往往超越。其价约减至五分之一。颇便于勉支场面，乘坐头、二等舱位者。甲乙同一公司。甲类西名为 Mail Steamers 乙类西名为 Intermediate steamers 英邮轮发自伦敦，迄于横滨。更迭往来，有舶五十余。在伦敦泊东郊之阿而蒲船坞中。

英商轮其线路西名为 The shire line of steamer 其公司西名为 Yenking and Company Limited（J & Co）头、二等舱位，此公司所定之价为最廉。其舶止有七艘，亦往来伦敦横滨间。惟船期或一月或半月，不能较若划一，又行经上海，常不停泊。欲乘此轮，宜一面在上海探听船期，一面托人在香港探听，或径至香港登舶。在香港登舶，头等比上海价减七镑，二等亦减两镑，颇觉上算。此轮既船价低廉，而舱位亦精洁。惟惜船期稍活。今将七舶之西名，尽载如下，以便托人探访：一、Denbyshire，二、Merionethshire，三、Flintshire，四、Monmouthshire，五、Glamorganshire，六、Pembrokeshire，七、Radnorshire 英商轮公司之船，亦舶伦敦东郊阿而蒲船坞。

德邮轮发自德国北境之"罕门埠"（汉堡），迄日本之横滨，行经英国南境稍珊墨敦，听英客上下。指明往伦敦，或从伦敦动身，皆由该公司专车迎送。车费即包在船价之内，不复另索分文。"稍珊墨敦"离伦敦约二百余华里，火车行两小时，每日往来十余次，无纤毫不便。德邮为近来我国西行者所惯乘。皆称便利。故有优于英轮之誉。德、法、日本之轮，尤便寒士者，在有三等舱位。洋海轮舶之三等舱，与内海内江之统舱三等或支架纵横或席地卧起者不同。大约内海之大餐间，即洋轮之头等舱。合内海官舱之房间，与大餐间次等陈设之食堂，即洋轮之二等舱。合内海下舱之房间，与官舱之饭间，即洋轮之三等舱。惟内海之官舱及下舱房间，皆无铺陈。洋轮则一律铺设被褥，与大餐间卧室同。且洋轮清洁，亦远胜内海内江之轮舶。若内海之支架三等舱，或席地之统舱，洋轮名曰舱面。即支篷于舱面坐卧，每为新嘉坡至可伦埠土人所乘。若长征三四十日，万不能忍受，故乘者绝无其人。所以上表亦不列其价。日本因东方惯名支架席地之舱位为三等舱，故右表所列之三等，日本人名曰特别三等。德公司西名为 The Norddeutsoher LloydCo.（N. D. L.）。上海名北德公司，在黄浦滩大马路相近。香港在中环右麓。此北德公司，亦为世界有名之大公司。其所操之业，不独航海一项。中国人所知之美最时洋行等，皆其分社也。在伦敦尚有报馆等，亦为该公司所设。

法邮轮往来马赛与横滨间。若指明往伦敦，或由伦敦动身，亦由公司备车专送。车价亦包在船价之内。一切行李，皆公司妥为照料。彼伦敦自有分设之公司支值。如客愿在法境里昂、巴黎等诸名城按地停留一二日者，伊能分给按站上下之票。行李可嘱公司先运伦敦。途中停留，除寓资饭资自理外，车价不因屡停而加增，仍包在船价之内。法公司西名为 Messagerles Marltlmes Co.（M. M.）。上海、香港之法邮船公司，与英、德各公司同在相近咫尺间。法邮船或云饮食丰美。又法境可以游历，故优于诸家。若不愿游历，在马赛可上车至伦敦，中间渡一海峡，共需一昼夜，与各家远绕大西洋走七八天者，时期之缩短，大相悬殊。或嫌车船屡易，稍若烦难。然行李既公司代理，而上下复极安便，亦无一毫为难处也。德、法两公司之远东线，皆有船四五十艘。

日本邮轮，即邮船社会之船，与上海赴东京游学之东航，同一公司。行于横滨、伦敦间者，有船十二艘。其饮食居处，与西轮无异。其价最廉，至相宜。其公司或称三菱公司，在上海、香港者，皆比邻于西洋诸公司。除英商轮船期稍有活动外，余皆半月一回，万无愆忒，为表如下：

在上海出发　　　　　　　在香港出发
乙巳正月初四日觜英邮礼拜二　乙巳正月初一日胃日邮礼拜六
初八日柳德邮礼拜六　　　初四日觜法邮礼拜二
初十日张日邮礼拜一　　　初八日柳英邮礼拜六
十四日亢法邮礼拜五　　　十二日轸德邮礼拜三
十八日尾英邮礼拜二　　　十五日氐日邮礼拜六

二十二日女德邮礼拜六	十八日尾法邮礼拜二
二十四日危日邮礼拜一	二十二日女英邮礼拜六
二十八日娄法邮礼拜五	二十六日壁德邮礼拜三

上表取乙巳正月一月内之船期为式，余可类推。如凡遇礼拜二，黄历上又为觜或尾者，上海必有英邮。凡遇礼拜六，黄历上又为胃或氐者，香港必有日邮。又有简便之法，不必问其为某月某日，或礼拜几。但检黄历为觜或尾，上海必有英邮出发，为柳或女，必有德邮出发，为张或危，必有日邮出发，为亢或娄，必有法邮出发（西人礼拜某某等之七日，日人沿用之，改为日、月、火、水、木、金、土，用以记时，颇极省便。然西人于两周一回等之定期，即无简括名称。中国黄历之二十八宫星名，擅记此等定期之长，殊为文明利器，固未可以其稍挟星命家气，便漫然斥去之也）。

观于上表，每二三日必有西轮出发。几与天津、香港之内海轮船相同。即无力之人，欲乘三等舱，除近年日邮因战争停止，专乘德、法两轮，初八有德邮，十四复有法邮，二十二复有德邮，二十八复有法邮，亦每周可得一船，与上海赴横滨相同，交通殊无不便也。属意欲乘某船，无论上海或香港，必于二三日前往该船之公司探询时刻，何日可以写票。英语娴熟者，可径向柜上洋人探问，不必问华人帮伙。因华人在洋行公司者，类皆下等人，习气至重，欺人谩客，无所不至。倘英语不甚娴，止可稍忍侮辱，就问于华伙。凡洋行公司规例，上午十时至十二时，下午二时至三时，一定为办事时。若余时及礼拜六之下午，均非办事时。若不依时往问，动遭斥拒。

写票必执现金或银行之钞票。若换成金镑，不肯收受。因无贴水余利可沾。现金挑剔亦多。止可忍受。盖总算所失小利，亦甚区区。与此辈下等人饶舌，殊不值也。然彼已沾小利，心亦满足。别无意外欺人之事。不必甚畏其诪张也。得票后，别无为难，问明何时开船，大轮均泊吴淞口。无人入港者，皆由公司另遣小轮送往。小轮在上海，常泊黄浦滩大马路口一带。行李上小轮，或挑或车，皆由各客自行雇人。由小轮上大轮，由公司小工。小轮无费，略给酒钱数十文，或一二角，任客之意。不给亦可。上船情形，别见下篇。

香港常作为有疫口岸，三等舱位票，每致停写。上海近年亦有作为有疫口岸之时。故乘三等舱位者，倘香港不能写票，必往上海，或上海亦不能，可往长崎。德邮之三等舱价，从日本各口岸出发，为镑二十七。法、日两家，由日本各埠，与上海同价（以上述购买船票）。

由各处中国邮政局，皆可寄信往英。现在中国邮价，时时变动，故不复赘记。况就近向局问明，亦至易也。香港割为英属，故港中止有英邮局，其邮价列下：

第一类封口信：每重英权半两，贴英国"人头纸"（邮票）四分。半两以外八分。一两以外一角二分。余类推。四分八分等，即指墨西哥银圆而言。

第二类明信片：每张四分。

第三类印刷物：合书籍新闻纸等而言。新闻纸虽有别例，大约从同。每重英权二两，贴人头纸二分。余类推。

第四类小包：小包重不得过英权十一镑。凡由中国寄往外洋之小包，因关税之关系，故寄例颇苛细。今因游学西洋之人，待寄于小包之物甚鲜，不复罗载其详。

第五类汇金：一镑以内，邮费一角六分。二镑以内，二角四分。四镑以内，三角六分。六镑以内，四角八分。八镑以内，六角。十镑以内，七角二分。十镑以外，另为"一票"（一单位）。每票以十镑为限，欲同时并汇若干票，任寄者之意，别无限制。虽同时汇千万票可也。在中国之英邮局内汇金，虽以英镑计算，然仍当以中国通用银圆，交彼折算。若交英镑，往往不受。因无小利可沾也。汇金时，欲汇若干金，起码几仙令亦可汇寄。先交欲汇之金，次交当纳之邮费。即乞一汇金底单。底单系"刻"（印刷）现成者，于底单上填明若干金，寄金者某姓某名，住居何处，收金者某姓某名，现寓何城何街何号。局员即照底单登簿，发出汇票两张。一张由寄金人自寄与收金人，一张由寄金人存作收条。寄金之人得汇票后，自行封入信内，或立刻封寄，或带回后过数日封寄，任人之意。有汇票之信，信面不得写明有汇金若干字样。欲写明者，需付保价险之邮费（见后）。若不欲保价险，即不能写明，恐不稳固，可保信险（亦见后）。底单上寄金人之姓名住址，收金人之姓名住址，其西字如何拼写，须由寄金人详细告明收金人。收金人在英国向邮局取金时，邮局人员即据底单一一根问。倘所问非所答。即不能照付。故邮汇之金，如以汇票另封一信内，将底单所写，别由一信别告，虽汇票信落他人之手，亦无从冒领也。较之银行汇票，止须签一字，无论何人，绝不细问其来历，即行付出。邮局汇票，殊稳固矣。

第六类保信险：中国人习称曰挂号，或曰保险。不论轻重，每封八分。失去者，不论其信之贵重与否，每封赔偿五镑。外国邮信，不保信险。尚鲜遗失。若既保信险者，万万不致遗失也。故虽有千万金之汇票在内，但保信险，已十分稳妥。

第七类保价险：此种保险，与一切财产保险相同，任人指保，其费亦廉。然此类价险，皆便商业处。游学者无所用之。故缺其例。

香港英邮局在维都利亚街。又中国主权旁落，北京、天津、上海等数十都会，凡西人居留地，各国皆自设邮局。英邮局之在上海者，在英租界北京路东头相近之博物院路。其邮例与香港正同。竟以属地之法行之。故较中国邮局为廉。又中国邮政局，亦英人主政。局中雇役之华人，其状貌实与在英邮局者相同。而且有时中国邮局华伙，遇寄往外国之信，郑重张皇，指刁之处，反或过于英局。故寄英信者，每乐就英局，真可唱也。以上述安排通信。

以中国通用银圆换金镑，其价在日报后外国银洋行情单内，略可得其仿佛。最好向汇丰银行等问明。银行每日牌示镑价，一无欺伪。径可将现银交与，嘱核镑数，乞付汇票，向伦敦取金（在英国他城，上海香港银行，不能直汇。然来英必过伦敦，且执伦敦汇票，在他城亦能设法寄取。故但汇伦敦可已。）

伦敦银行所聚之处，其主要地名，即曰版克 Bank。上海香港与伦敦相通之银行，其最大者，曰汇丰。在版克相近之 31 Lombard Street 门上有华文汇丰两字。曰麦加利，在版克左侧之 Treadneedle Street。版克居城之中心，过客所必经之地，取金甚便。执汇票取数十镑之金，如向中国小钱店取一二百文之票钱。票方送上，金已交出，无少留难也。

英币凡三品：

曰金：如中国通用之二角小银圆大小者，曰镑。如香港五分小角子者，曰半镑。（以上二币，市上行用甚广）。

曰银：如中国通用之墨西哥银圆者，曰五仙令（此币甚少）。如日本半银币者，曰二仙令半。如半圆银而略小者，曰二仙令。如中国通用之两角小银圆者，曰仙令。每二十仙令准一镑。半于仙令。如中国单角子者，曰六便士。半于六便士，如香港五分小角子者，曰三本士。（以上五种，市上行用甚多）

曰紫铜：如中国之"十个钱铜圆"者，曰本尼（或译为办尼。其复数曰本士或曰辨士。）十二本士，准一仙令。如中国制钱大小者，曰半本尼。（以上二币，行用甚多）。如一角小银圆大小者，曰法星。四法星准一本尼（此币止穷市有之）。

倘在上海香港久住者，既向银行问明镑价，并可依傍银行所告，自向小钱店兑换，其价必较银行为便宜。上海之虹口，香港之中环，此等兑换外国币之小钱店甚多。惟亘换数十百镑，不能在一家得之，必向数家并凑。此事原须熟识而老练者，方能任之。换镑后欲向银行托汇，与在银行兑换者相同。盖兑换自兑换，汇划自汇划，本是两事。即在银行兑换，汇划亦须加费也（或不加费，以利抵费，亦未可定）。如所换不多，即带现镑，海轮上并无"淘摸"（扒窃）等事，亦未尝不可。如向小钱店兑换，仙令、本尼等，价尤较廉，兑之甚相宜（以上述换钱币）。

箱箧不必定取外国木箱与外国皮箱。装粗重书籍等，即用中国之板箱亦可，装衣饰等，即可用中国皮箱。各国之人，皆宝远物。中国人以外国箱为美，岂知外人见中国式之箱箧，苟为整洁者，亦珍视之。故与其以同一之价，仅可买中下等之外国箱，莫若以之买高等之中国箱。惟中国箱铰链把手，往往单薄，不中上船落车抛掷之用。宜设法加固。莫妙于在上海马路上售卖机器链钉铺内,购换洋式铰链,洋式把手。然仓卒不及购换者,亦无大紧要。

如有人喜用外国手提皮箱等,亦无妨任意购之。不过鄙意以为如力有不及,尽可随便携带自己固有之箱箧。谬说流传,谓洋人轻便,行李止需自提。故"陶公橱"之类,纷纷制作。岂知洋人之轻便,不过因铺盖食具,到处皆有供备,无须自带。故偶尔旅行,提包即行。至若万里作客,久住经年,亦动辄附带行李十余事。笨重之木箱,坚固之皮箧,必扛必抬者,无一不与华人之出门同。安在其能尽由自提乎?故买手提皮箱之类,止喜其轻巧则可。若专为自提张本则大愚。

然中国箱之编篾如篗,织竹如筥,或置物违度,或遇掷易败者,亦不合用,其合用者,有若铁铰链之厚板箱,各式皮箱,藤竹扁箱等。又若日本之对合柳条箱,对合小藤篋箱等,洋人用者亦多。大约寻常一人之行李,恰与火车准带之分量相符。最好用两个箱子,一坚而笨者,放书籍等笨重物。一稍轻巧者置衣饰。箱箧而外,宜备一手提包,此宜购买三四元一具之略好者,置零钱手簿杂件文具等,以便途中随手取用。

欧洲作客,必宜自带者,一曰牙刷、牙粉。一曰发梳、剃刀。除此而外,如面盆面布之类,一概用不着。又如"茶婆"(置茶壶之篋)茶壶等,更无所用。惟肥皂则或有或无,带一肥皂盒,以应缺乏,似无不可。牙刷、牙粉,任各人所惯用者带之。发梳即买中国物,角者为良。小巧而齿密者为合用,买一廉价者途间使用。区区小物,到英后重购亦可。剃刀必连磨石磨皮等。然洋行所售者至贵,一副大约需四五元。且东方所售,式陋而不合格,不若到英购买。途间即买中国剃刀,暂时应用,亦无不可。好在使用之时,必在使人不见之时。故省俭者或尽

可永用中国剃刀。剃刀之所以为必需品，因不留须者，须根密
簇，西人亦目之为形秽。故剃须与净面，同为晨起应有之功课。
非如我国少年之日日刮须根者，全以媚内起义也。剃须时须将
两颊边之短发，一同修剃。剃至上耳根，惟此专对西装者言之。

留学生行前为第一——整备衣装

民国前五年

（箱箧）饶裕者欲多购外国皮箱皮包，自可随意。惟装置物件，若已敷足，亦以省购为是。因洋式之箱箧，欧市为廉，到此可随意添置也。挟中人之资，而喜用洋货者，稍为精美之皮箱皮包一二事，亦无不可。然如其家中本有完固之华式皮箱等，可以携出者，亦甚合旅行之用。物希为贵，即西人决不薄视也。如筹措旅资甚艰之人，除破烂脆薄之箱件，不适于舟车上之抛掷外，其余一切中国之皮箱、藤扁箱、日本柳条箱、漆布箱等，皆可随意带出。西洋轮船码头之上，火车站中，此等柳条漆布类之箱箧，随在充积，并无失体面之说也。舟车跋涉，箱笼每易损坏，若有因移家西来，粗细各件，装积重大者，最好用中间满钉铅皮之木箱。若欲数数开取物件，或改用粗厚之洋木箱，无需全用上好之皮箱。盖即头等舱之西洋客，不过随身所带之数件，欲携入房间，遂取其精美。其余装置行李舱中者，反以重笨之木板箱为大方。故若寒士衣物不多，而书籍却富者，尽可用近寸之厚板，杜（自创自制）钉一木箱，略加油漆。中容半书半衣，可代皮箱。此外再得尺有半之皮包一具，俨然绝体面之行李。在寒士购买手携皮包，切弗过小。皮包过小，又需另备随身小箱，略大则可以一当两用也。中国之竹丝箱、圆竹笼、枕箱、网篮等，切弗携带。华式之箱夹板，亦太累赘。

爱惜箱件者，或外里以布套，密缚以麻绳，亦已可矣。惟于随身携入房间者，似可省此裹缚也。

述破天荒之西洋私费学生大出洋

民国元年十一月二十四日

高阳李石曾君发起留法俭学会，征集私费生，向法国留学，第一次，夏间已去十余人。今第二次学生将于阳历十一月二十四日早晨八点钟在前门外东车站出发。计共四十有二人。实可惊喜。我国学生自留学西洋以来，由官费派遣者，数十人同行，已数见不鲜。若私费生一次同行多至四十二人者，以此次为第一遭。是亦民国纪元后之祥瑞也。

按李君得法国农大学校长某博士之助，为俭学会学生设预备科于该大学之余舍中。请各教授为教习。预备既足，任凭学生之志愿，各择农、工、商、矿诸学，分赴巴黎等各大学。无论在预备中或已入大学，皆代为布置妥贴。以六百元为年费。为最廉之西洋留学。

恐在中国学习法文者甚少。字母未习，径赴法国，略有所为难。又于北京，前国子监之南学，设留法俭学会之北京预备学校，以为预备之预备。多则一年，少则半年，即可成行。外交部之顾问法人铎尔孟君，实以义务为该校之法文教员。教法文之神速，得未曾有。故闻风而至者一多一日。除此次四十二人出发外，又已有五六十人在校。皆一两月内所至者。李君等预料，五年之内，必有三千中国学生可赴法国。法当道鉴于李君之诚恳，曾提议将照美国办法，以庚子赔款作为中用学生之留法学费。李君正竭力怂恿中。

北京预备校主持人，高阳齐如山君谈及赴法之旅行状况，又廉俭，又安适。颇足动学界之神往。齐君云：西伯利亚之旅行，皆以为乘坐慢车决不如乘坐万国快车，在舒服中更求舒服。是固然矣。然自北京至巴黎快车行十二日，慢车亦止行十五日，仅仅三日之淹滞。较诸航行必三四十日者，已优胜一倍。快车为二等价，近五百元。慢车二三等参坐，一切费用才二百元以内。其省减之巨为何如？且不习此路情形者，往往惧慢车中有俄国粗人。其实我与我之友人已往来数四，即或偶遇俄国粗人，彼且在车中教我以俄语为消遣。殷勤实过于东省之国人，且其状态，亦略胜于京汉、京奉道中所遇三等之恶客也。

其车价自北京至奉天，坐二等约十九元；最至长春，亦坐二等，约十元；再至哈尔滨，二等约十六元。在哈尔滨购买直往巴黎之三等票约九十二元。由哈尔滨至叶尔库斯克，在三等票上补加二等费约十元。此即避去俄国粗人。过去并无俄国粗人遇见矣。嗣后更出定座及补加快车费，共三元。总合一百五十元。

饮食每天一元已可，极为丰美。在车上购食价稍贵。若就车站之食堂食之，取值大廉。每遇饭时，车必择相当之站久停，以备乘客就食。倘欲更求节省之法，车边购食，价可极贱。十数元已足。囚买烧鸡一头，价止三毛，可供二餐。最有名之俄国面包，铜子六枚一个。最大者，一餐食之不尽。鸡子与北京相仿，才十许钱一枚。滚热甘美之牛乳，铜子两枚，可得一大盂。极世界之廉价。车站皆有开水，任人取饮。其余果食鱼肉及罐头食物之类，沿途出售者纷纷。价皆低廉。决非如常人意中之西伯利亚，以为止剩冰天雪窖旷无一物也。

　　车中温暖异常。虽车外严寒，车中才如秋末。铺位亦宽绰。惟铺盖必自带耳。故若沿途无久留之事，即严冬出发，亦不必整备特别之寒衣。但就北京寻常御冬之服，尽可成行也。

每日检点　格言

尽伦（作训）

尧舜之道，孝弟而已矣。

色难，有酒食，先生馔，曾是以为孝乎？

父母之年，不可不知，一则以喜，一则以惧。

见利思义，见危授命。

魏孝文帝性至孝，事冯太后能承颜顺志。初，后忌帝英敏，欲杀之。盛寒，闭空室，绝其食三日，因大臣固谏乃止。帝初无憾意。又有宦官谮帝于后，后杖帝数十，帝默然受之。及后崩，亦不复追问。

汤文正曰：齐家之道，须有委曲，默为转移之法，不得径行其直。

接物（作训）

言忠信，行笃敬。

君子敬而无失，与人恭而有礼。

我不欲人之加诸我，吾亦欲无加诸人。

敬人者人恒敬之，爱人者人恒爱之。

不忮不求，何用不臧？

子贡方人。子曰：夫我则不暇。

君子之爱人以德，细人之爱人以姑息。

友直，友谅，友多闻。

君子矜而不争，群而不党。君子和而不同，小人同而不和。

亲者无失其为亲，故者无失其为故，久而敬之。

君子成人之美，不成人之恶。

成事不说，遂事不谏，既往不咎。

忠告而善道之，不可则止。

朋友数，斯疏矣。

孔子不假益于子夏。

责己也重以周，待人也轻以约。重以周故不怠，轻以约故
人乐为善。

不念旧恶，怨是用希。

夫子之道，忠恕而已矣。

不逆诈，不亿不信，抑亦先觉是贤。

人不知而不愠。

与其洁也，不保其往也。与其进也，不与其退也。

有若无，实若虚，犯而不校。

不迁怒。

君子易事而难悦也。及其使人也，器之。小人难事而易悦也，
及其使人也求备焉。

广识

己高明，则必加意于沉潜。己厚重，则必宽容夫倜傥。

名世之英，和而不流。见不出别人坏处。见之，绝口不言。此谓和矣。当交关处自己能粹然而操，斯不流也。

王曼卿绝不肯与小人作缘。余非贪口腹者，贪闲适一饷。故有小人见招，虽深恶酒食相飨之无谓，然借此可得半日闲，因而勉与相共。此后当强却之。宁别适他所，谈文词或世事，以偿偷闲之欲。

自汉末以来，中国士大夫如许子将辈，所以更相讪谤或至于祸。原其本起，非为大仇。惟生克己不能尽如礼，而责人专以正义。夫己不如礼则人不服；责人以正义，则人不堪。内不服其行，外不堪其责，则不得不相怨。相怨一生则三至之言，浸润之谮，纷错交至。虽使至明至亲者处之，犹难自定，况已为隙且未能明者乎？

与接为构，辄与陋人相督，过丑哉。

待人以诚，与人交久而能敬，不是客悦人，若面子上亲爱，腹中却有许多是己非人，常见得人不是处，即是不诚。

让古人是无志，不让眼前人是好胜。

社会进化论云：原人性情躁急，见物遇事，情欲所发，绝不能制。更无思虑前后，便即作为。此东西古今劣等人种中屡见之事。盖智力未进，只见目前。思想单简，不及考过去未来之事物所致者也。

字幼（作训）

子帅以正，孰敢不正？其身正，不令而行。其身不正，虽令不从。

教化转移之意多，防禁操切之术少。

远处士家故多赀，悉以赒乡里。而教二子以学曰：此吾赀也。

胡文忠云：严乐园曰：长官之于属吏，必当扬善公庭，规过私室。

为人上者奈何不敬？

举职（作训）

道之以政，齐之以刑，民免无耻。

先之劳之。

必也临事而惧，好谋而成。

温故知新，可以为师。

能以礼让为国乎何有？

（广识）吾侪小人，食而听事，犹相不给命，而不免于戾焉与知政。

仲尼曰：能补过者君子也。诗云：君子是则是效。孟僖子可则效也矣。

求逞于人不可，与人同欲尽济。

（广识）叔向曰：得国有五难。有宠而无人一也。有人而无主二也。有主而无谋三也。有谋而无民四也。有民而无德五也。

苏倬典机密，始制文案程式。朱墨出入及计账户籍之法。后人多遵用之。

自晋、宋以来宰相皆以文义自逸，敬容独勤庶务，日旰不休，为俗所嗤。其为人质悫无文，以纲维为己任。

多端寡要，好谋无断。

才疏意广，讫无成功。隐几读书，谈笑自若。

是非皆得半，多事与无事，终归得半之数，不若无事矣。

（作训）曾文正曰：身勤险远艰苦亲尝之。眼勤人物公文亲察之。手勤易弃之物随手收拾之。易忘之事随笔记载之。口勤规劝训导必思之。心勤精诚所至金石为开。苦思所积，鬼神亦通。

多做实事，少说大话。

兴一利不若除一害。生一事不如减一事（耶律楚材语）。

胡文忠曰：兵可挫，气不可挫。气可偶挫，志终不可挫。

兴利不若除弊，多事不如少事。

凡豪杰之士，不在己有所长，贵能取人之言而力行之。

形格势禁，必致决裂。

（广识）勇而无刚，尝冠速去。

无论作何等好事，从未有同声赞美，举世扶助者。必有阻格，讥笑评论，诱引多端，以败乃事。即如湘军初起，曾文正之遭侮罹谤，固何如者。

处事无毅力，不如休发端。略遇挫折便自废叹，如此脆弱无能，徒乱人意。

王曼卿曰：放大眼界，拓开心胸，扩出气量，用以计事，此闳字也。然要细细打算，处处周到，引出神智来，此即达字。了然胸中，确有把握。若小不留意，泄于浅陋之人，谋于柔懦之夫，往往反为惑乱。多事前之议论驳辨，必深蓄而不泄。即商于有识之人，亦必借端论述，加意提防，此即沈字。闳、达、沈三字更迭互用。一眼认定便须劈开许多利害。猛信得猛断，此即毅字也。

（作训）食人食者事人事，夜间睡卧时必思今日吃了饭拿了银子干得几件消受的事，可以鼾卧否？

曾子欲思不出位。一时有一时之事，一人有一人之事。舍却目前应为之事，自己应尽之职，却去议论不急之事，不相干之事，此便是出位。出位作事，虽极合理，终是因此废彼，举一失一。孟子所谓：舍田。西人所谓：越限。皆深不直之。

（作训）因方为珪，遇圆成璧。栽培欣覆，天地且无心成化。无心成化，所成者广。若全要合得己意，强人就我，纳枘入凿，削趾就履，劳而少功，格而多阻。故取人以为善，量材而器使，圣贤豪杰，无不由之。

曾文正覆郭筠仙云：窃谓居高位者，以知人晓事二者为职。知人诚不易。学晓事，则可以阅历黾勉得之。晓事则无论同己异己，均可徐徐开悟，以冀和衷。不晓事，则挟私固谬，秉公亦谬。乡原固谬，狂狷亦谬。重以不知人，则终古相背而驰，决非和协之理。故恒言皆以分别君子小人为要。而鄙论则谓：天下无一成不变之小人，无一成不变之君子。今日能知人能晓事则为君子。明日不知人不晓事即为小人。寅刻公正光明则为君子。卯刻偏私暗暧即为小人。故群誉群毁之所在，下走常穆然深念，不敢附和。

朱子曰：士之所以能立天下之事者，以其有志而已。然非才无以满其志，非术无以辅其才。古之君子未有不兼是三者，而能有为于世。所谓术者，岂阴险诡谲朝三暮四之谓哉？处事之方而已。

议论者任其为议论者。议论每失之高远。作事者只管作事，虽起初不合议论者之意。做事到秩然有序，议论者亦不能不服。

敬业

（作训）强恕而行，求仁莫近焉。得见有恒者斯可矣。人而无恒，不可以作巫医。借言语激发意兴，只是无本之水。人一能之，己百之。人十能之，己千之。困而不学民斯为下矣。逝者如斯，不舍昼夜。学如不及，犹恐失之。战战兢兢，如临深渊，如履薄冰。子路有闻，未之能行，惟恐有闻。疑，思，问。进吾往也，止吾止也。君子无终食之间违仁。造次必于是，颠沛必于是。庸德之行，庸言之谨。学而不思则罔，思而不学则殆。笃行之，博学之，审问之，慎思之，明辨之。说而不绎，从而不改，吾末如之何也已矣。今夫蹶者趋者是气也，而反动其心。必有事焉而勿正心弗忘勿助其长。发愤忘食，乐以忘忧，不知老之将至。以思无益不如学也。虽小道必有可观者焉。致远恐泥。下学上达。多学而识。何必读书是故恶夫佞。多闻，择其善者而从之，多见而识之。多见阙殆，慎行其余，则寡悔。子入太庙，每事问。四十五十而无闻，不足畏也已。年四十而见恶焉，其终也已。儒者博而寡要，劳而少功。

（立宗）执事敬，思事敬。

（作训）朝忘其事，夕失其功。学如逆水行舟，不进则退。汤文端日作端楷，至死无间。程伊川曰：学进则识进，识进则量进。潮之为义大矣。日计不足，岁计有余。几上之尘，人身之垢，可以自悟。凡物只有一本二本，不能生长。凡学当守一门二门，不能深造。学者做功夫譬如炼丹。须先将百十斤炭火煅一饷，方可用微火养教成就。今人未曾煅，便要将微火养，如何得成？朱子曰：学者读书，须是于无味处当致思焉。至于群疑并兴，寝食俱废，乃能骤进。因叹骤进二字最下得好须是如此。若进得些子，或进或退，若存若亡，不济事。如用兵相杀争得些儿，小可一二十里地，也不济事。须大杀一番，方是善胜。看文字须大段看精彩。不可按册子便在，掩册子便忘却。曾文正曰：今之君子之为学，吾惑焉。耳无真爱，目无真悦。众目之所注，亦注之。众耳之所倾，亦倾之。奸视而回听。言不道，而动不端，无过而非焉者。曹好所在而不之趋焉，则不相宾异矣。起一强有力者之手口，群数千百人蚁而附之。朝记而暮诵。课迹而责言。竭己之耳目心思，以承奉人之意气。曾不数纪，风会一变，荡然渐灭，又将有他说出为群意思之所会，则又焦神竭力而趋之。疲一世以奔命于庸夫之毁誉，竟死而不悔。可谓大愚不灵者也。事贵初有决定不移之志，中有勇猛精进之心，末有坚贞永固之力。王凯泰曰：洋人议论，谓中国无定见，又无恒心。请益曰无倦。

摄仪

（作训）士不可以不弘毅。断断兮无他技，其心休休焉其如有容焉。温而厉，威而不猛，恭而安。望之俨然，即之也温，听其言也厉。恭而无礼则劳。君子不重则不威，学则不固。出门如见大宾，动容貌斯远暴慢矣。正颜色斯近信矣。君子坦荡荡，小人长戚戚。

视思明，听思聪，色思温，貌思恭。色厉内荏，其犹穿窬之盗。巧言令色鲜矣仁。非礼勿视，非礼勿听，非礼勿动，恂恂如也，似不能言者。辨辨焉，惟谨尔。与上大夫言，侃侃如也，与下大夫言，闿闿如也。

（作训）敬慎威仪惟民之则。有威可畏谓之威。有仪可象谓之仪。其下畏而爱之，则而象之，是以上下能固。故君子在位可畏，施舍可受，进退可度，周旋可则，容止可观，作事可法，德行可象，声气可乐，动作有文，言语有章，以临其下，谓之有威仪也。

叔向曰：奉吾币帛，慎吾威仪，守之以信，行之以礼，敬始而思终，终无不复。从而不失仪，敬而不失威。道之以训辞，奉之以旧法，考之以先王，度之以二国，虽汰侈，若我何？

（作训）不可作妇人敬，女子恭。韩琦识量英伟，临事喜愠不现于色。魏方泰往还绝漠，每至，挈孥令舍马瘝仆吁。公部署既定，即端坐吟诵，神气洒然。王曾罢官，王且曰：王君介然。他日德望勋业甚大。王君昨让观使，虽怫上旨，而词直气和，了无所慑。其始被进用，已能若是。我自任政二十年，每进对，稍忤即蹙踖不能自容。以是知其伟度矣。气盛为物之所畏。

（作训）朱子云：周公硕肤赤舄几几，方是圣贤气象。王介甫囚首垢面，自治且不能，焉能治天下！齐明盛服非礼不动，所以修身。赵清献和易长厚，气貌清逸，人不见其喜愠。

抒词

（作训）非礼勿言。仁者其言也讱。讱忍也，难也。心存而不放，其言若不易发。出辞气斯远鄙倍矣。论笃是与君子乎色庄乎？可与言而不与之言，失人。不可与言而与之言，失言。

吉人之词寡。信而后谏。先行其言而后从之。言思忠。俨若思安定辞。刚毅木讷近仁。率尔夫子哂之。不曰如之何如之何者，吾未如之何也已矣。知之为知，不知为不知。多闻阙疑，慎言其余则寡尤。其言之不怍则为之也难。不愤不启，不悱不发。笑而不答心自闲。愿毋伐善，无施劳。不耻下问。以能问于不能，以多问于寡。

（作训）吾师曰：祸从口出，惟口起羞。言之宜寡，岂待言乎？然友朋群聚，宾主初见，欲一无所言，断不可行。言一不慎，非触即陋，非鄙即背，非佻即迂背之类。往往劝人苟且文艺，以猎科名。引志士入歧途，为不肖者附益，背之至也。

又往往捐官混饭吃，官岂吃饭之具？平素方痛恨仕途之庞，反奖无可有为之人，令渠虱于官中，背之至也。又往往有以苟且图利之计，代策以慰人，强聒以悦人，人欲肆而本性之德亡矣，背之至也鄙陋之类。染市井习气，喜为尖利谑言，然不戒至好之前，广坐必难戒。谈嫖赌吃着。说道学冠冕语，愤时经济语，以狂言劝人，聊博忠直，此皆鄙陋之至也。

宾主初见，道途起居，晴雨寒暄，虽不可少，亦以简省为是。

访问本处文学、教育、山川、道里、风俗、人才，最为有益。然宜有问无答，唯唯而听；并能实心诘问，不事寒温门面语。若一涉评骘优劣，感伤时事，旨即失矣。

（作训）陈公云：与人谈，不宜阿人。遇不可者，曰不知而止。不言其恶则可。姑许其能断不能。以口舌得官是鄙夫事。背后论人，闻者切齿。剧谈时第当乐道人之善于亲故，尤要留心。即其人为人人所笑骂者，我无庸更笑骂之，作陷井下石之事。以亲故之善强聒人，似有骄矜之色，亦足令人嗤笑。作千百人能言之语，是谓无耻。得未经人道之言，与千百众人道之，是谓无识。

（广识）以同异为是非，以成败为是非，流俗人常如此。朱子云：世间道理只有是非。无所谓更有公论。认为是者不必因众言而自惑也。如此是非只消自知，安用与同异成败人喋喋相争为哉？仁者见仁，智者见智，他人识论自有他人见解。细思之为当。不可来者，不合己意辄攻驳。言平则易入，激则召争

处境

（作训）其未得之也，患得之。既得之，患失之。是之为鄙夫。凡人当使可贫贱。不遇鲁侯，天也。德不孤，必有邻。乡人皆好之，未可也。乡人皆恶之，未可也。执德不宏，信道不笃，焉能为有，焉能为无？邦有道贫且贱焉耻也；邦无道富且贵焉耻也。孔子圣之时者也。以约失之者鲜矣。不侈然以自放之为约。耻恶衣恶食，未足与议。枨也欲，焉得刚。一箪食，一瓢饮，人不堪其忧，回不改其乐。邦有道则知，邦无道则愚。世人每言我为大不为小，修益慎职无饮酒。邦有道危言危行，邦无道危行言逊。

（作训）遵养时晦。一命而偻，再命而伛，三命而俯，亦莫敢于侮。饘于是，粥于是，以糊余口。

（广识）天地之气机，一发不可遏。中国士大夫自怙其私，以求遏抑天地之机，未有能胜者也。

（广识）知伯曰：恶而无勇何以为？子对曰：以能忍耻，庶无害赵宗乎？

（作训）武进张玮为提学金事。大吏建魏阉祠，乞上梁文于玮。玮即日引去。布袍草履，授徒于家。玮之难进易退如此。

仆本竂人，富贵之念既已断绝。每岁所缺学养之资，仅十数万钱耳。诸债之集，亦五百金耳。何必戚戚然常忧失职，汲汲然常多有为。

黄儆居曰：心慕富贵利达而豪杰自命，不保祖宗之恒产，恐他日贬廉以逢世。心胸宜高一层再扩一层。故功业盖世，还当思道德绝人。古之圣人将有为，必先处晦而观明，处静而观动。则万物之情毕陈于前。

（作训）吾祖死，贷人松木板作棺，棺缝糊以纸。吾母殓具，不能实棺；以稻草足之。吾甘长贫贱，亦得如斯送终也。行天津车道，露坐两昼夜，风雪交侵。晨过小市，得麦饼，寒且坚，食之甚喜。此后舟车之瘁，行役之劳，不过如此。

少时与樵竖牧童相顽戏。所知惟贾肆伙。以为苟能是，是亦足。今粗知天下古今之大略，辨当世之士大夫贤否得失，愿长贫贱，拥破书，作村学究，陶然自然。十五六岁时处境骤窘，往往断炊。夜卧绳床，老被寒如铁。外祖母年迈不胜寒。恒思得新棉被。数年不能制。十八岁训蒙童冯氏。衣敝不能至塾。至日辗转，无可为计。外祖母质其外衣，为买一布袍，皆历历在目。窘状不可缕指。厥后客一廛，外氏如逻夜者。亭舍妻女，亦怡怡然。安斯食斯，视若巨第，无侈想。计此何境不可处？何至蹙额忧贫？见人工诸般居积辄自拙。

曼卿雄才大略，不可一世。未行摩顶放踵，行墨道利天下，皆僵草际作陈死人。余何物弱质，尚生日月之下？何以一不得便生无涯之感？

卫生

（作训）少之时，血气未定，戒之在色。及其壮也，血气方刚，戒之在斗。子之所慎斋战疾。程子曰：若人待老而保生，是犹贫而畜积也。

宅心

（作训）所谓诚其意者，无自欺也。故君子必慎其独也。小人不知天命而不畏也。狎大人侮圣人之言。敬以直内，义以方外。季文子三思而后行，子曰再斯可矣。君子贞而不谅，贞正而固也。谅则不择是非，而必于信。使骄且吝，其余不足观。贤贤易色。人无远虑，必有近忧。毋意毋必毋固毋我。

（广识）隋炀外凝重，出言可观。内存声色。陈公有思虑，大都于事物上着想。

（作训）和｛不浮躁｝；平｛不偏激｝；忠｛不失职｝；厚｛不忮求｝；闳｛宇宙内事皆性分内事｝；达｛不妄说｝；沈｛不浅露道听涂说德之弃｝；毅｛行之果，村之坚，脚跟蓬转无一成｝。

贫民生计

　　亲惯之贫苦者，大都既愚惰复狡恶，专伺势要荐引，就易得食之事，苟且胡混，即遂其好懒恶劳之素。故在生计界上，从不思稍改良，更进一层；亦不思稍翻新，另辟一境。见之可怜，思之生忿。旧与若辈周旋，或染嗜好而潦倒者，或操贱业而敷衍者。往复计算，颇致忠告。虽言之无本，又伤太易，宜采听寥寥。然璅璅烦渎，不无一得可取。随告随忘，亦觉可惜。兹付记录。后遇此辈，或求荐引者，即用代答，可省口舌之劳。惟可恨狡恶之徒，或触类而通，借径于改良，翻新肆欺，诳行诈伪，却难保必无其人。是则教猱之罪，不能不归狱于记录之人。嗟嗟！既愚鲁复狡恶，今之贫苦人，真无法以处之。天地不颠覆，恐终无太平乐利之一日。

监督来矣

监督来矣。监督竟来矣。中国可评论讽劝之人物甚多，何必斤斤较量于监督？然本报就欧洲新来旅居之中国人而论，较有小关系者，莫如监督。派一留欧学生监督，为无意识之举动，本报已一再论之矣。无如监督不听。监督竟来。来即来矣。姑赠之以数言。

曰：监督不急急于拼命做官，愿来欧洲吸文明空气。监督其贤。骗端方、张之洞等之钱，挈全家以受文明教育。监督其乐。监督素不计较于锱铢。定使在留西方之私费生，皆有缓急借钱之地。监督其可爱。最好计画，赁居伦敦之西郊。暇则与李经方乐亲戚之情话，与王大燮为文酒之清谈。销夏休冬，周历各国，造胡说八道莫须有之报告。监督其识趣。如其良心不昧，多留心些真有益于社会之事物，及时记载之，劝人仿行之，监督其可敬。

若《神州日报》所载：监督卖弄吾国固有之道德学问，"冀发挥绪余，增益此后进之学生"。监督夜郎自大，其意急欲以饾饤考据横通之野蛮学问，开张存古学堂于海外干净之地。监督发昏。监督全不知留学界之实情，请问监督纵有嚼甘蔗滓之兴会，谁则有暇趋侍讲席，领教讲义者（惟借钱则有人来耳。如其不信，请问曾做过监督者）。监督做梦。辄以社会主义，及政党国会云云。（略见从前本报）乱毛泼在糊粥里，随意瞎扯。两头牵搭，自居为调人，绝不知其罪恶将更甚于梁启超、杨度之属。监督胡说。闻监督不自尊重，曾受胡政府之命令，将注意阻止新世纪等之出版。监督不值一笑。

　　然本报粗俗攀谈，乱讲几句，绝无成见。如其监督脱尽王先谦等之名士气，除去严复等之腐败余毒。诚留心于真理公道，将使社会食报者。监督实可佩。本报将说：得罪得罪。然而花五十个学生的费，养一个监督，先说不过去。（录自民国前四年《新世纪》第四十九号）

呜呼牛皮好吹总监督难做

奇哉总监督（非一省二省之监督，即为全欧留学生之总监督。读者注意）竟来矣。吃厌大米饭红烧肉，欲来欧洲一换口味乎？曰非也非也。别有故在。

总监督甫来尚未有所发挥。于此时而遽作评论，不嫌太早乎？曰：不然不然。先生之政见，已略详于报端。彼以道德文章之士自居，必将实行其政见。则吾之论总监督也，已有可据之资料。更何须再待乎？

弃淮扬道，更弃路矿总理，不惮远涉重洋，"冀发挥绪余，增进此后进之学生"。先生风节诚高，足令人钦仰不置。而不知先生真相之可鄙。又令人难忍也。

淮扬道固可宝贵。然为旧道德文章所濡染者，已历多年。一旦弃名士之身份，作叩头请安之丑态，讵能忍受。而况淮扬道缺，并非优美。故为名誉计，为金钱计，固莫如舍之矣。

任路矿总理者，亦已两三年。一事未举，虚耗经费。以江浙路矿总理之道德文章，尚足颉颃，而用人办事之才，深愧弗如。故莫如舍之以全名誉。

虽然，欧洲留学生之总监督，果凭空飞来乎？运动何消说得。

端方其人者，曾用公家之款，薄游欧洲。于各国留学生之情状，略得大凡。欲觅一人使来缚此六百余个狗学生久矣，而迄不得克胜其任者。乃因文酒清谈，借事物色。忽聆先生之牛皮政见，叹为奇才。盖不特善于调和，更工于笼络。然则此重

要之总监督一席，舍我蒯先生其将谁属哉。呜呼噫嘻！既不肯
卑就官界，复不容于商界。乃窜入学界，以期卖弄其道德文章。
先生至此，亦已狼狈不堪矣。夫不卖道德文章于南北两京，乃
捆载出洋；已如上海福州路之国色，一出国门，便尔一文不值。
哈哈，果道德文章误先生耶，抑先生自误耶？

西洋之道德，本多欠缺。然比诸中国之所谓道德，确已超
越万倍。无真智识，吹空牛皮（读其答词与演说文，俨然有大
政党之领袖口气。意者其以日本之大隈伯为模范乎？令我忍俊
不禁矣）。西洋有道之士所弗为也。是凡居欧稍久之学生，其
道德均高过于新来之总监督。而此番运来之腐败货物，吾决其
必无人过问矣。

先生之所谓文章者，无非得诸几本木版粗纸之经史子集。
其内容不暇细论。约而言之。则塞人智窦，教人拍马屁吹牛皮
做奴才之秘本。而于增进众人幸福之种种艺术，绝无一字及之。
如此害世文章，岂有价值。乃先生犹扬扬得意，津津乐道之。
吾谓不如将此六百余个狗学生撤回，而圈入存古学堂之中之为
愈矣。

总监督所怀之秘宝如此。不知更有何余绪，足以发挥。然
用人钱财，安可不想一消灾之法。

总监督之智识，在野蛮之内国，不可谓之不完备。而一莅
欧土，即眼昏如墨，语不成声。是故余绪未曾发挥，吃饭困觉
事件，先须请教此后进之学生。而端方之言，犹留耳鼓。谓留
德学生冷而傲，留法、比学生热而嚣，留英学生温而谨。然则
可与相处者，莫如留英学生。此所以定计吃英国之饭，睡英国
之床也。

行辕定矣。消灾之法，当思从何入手。四顾欧洲广大，学

生四散，个人智识精力均有限。一班贼骨头的学生，检视匪易。无已，即师用熟番通生番之法，实行检视可矣。而欲得虎伥，必于以下两种学生中选择之：

第一种年齿稍长，而具腐败之旧道德文章者。

第二种怕读书想出身，以亲近官长为荣幸者。

用第一种人作伥，和平有余，而过于谨慎小心。凡触犯众怒之事，决弗肯为。然受总监督之重嘱，不得不稍稍为之，近乎敷衍而已。

用第二种人作伥，又嫌识见太陋。虽屁滚尿流的做去，亦无大效。然欲风潮之发起，不可不用此一种人。

然此仅言对内也。以言乎对外，则欧洲主持学校之人，其心地决不如日本人之狭窄。即有大群学生至，亦断不致特设新校收容之。至若定取缔之规则，敛各省之津贴，更无此闲工夫。不特此也。彼闻总监督之新名词，将狂笑不已耳。故为日本之总监督，尚有无理取闹文书往还之兴味。而为欧洲之总监督，则上好白折，俨同废纸。崭新关防，无异称锤。至此方知欧洲总监督之无味而难做。然而已来矣。

消灾无法，豪兴都销。则惟有实做吃饭睡觉之总监督之一法。能如是，吾复何言。所不满意者，何苦扰累小百姓，养此闲员耳。

我论将终，谨以数言祝我总监督曰：一旦国会开张。资望所在。一名安徽全省领袖大议员，因新添出洋之资格，固稳稳的在荷包中也。幸勿灰心。（录自民国前四年《新世纪》第五十一号）

流罪之蒯光典

官，理事者也。中国人则不问有事可理，与无事可理。但见有一事类之名目，必设一官，或设多官，以管摄数少于官之人。故一乡一市，有三两名之乞丐，必设一丐头。地方偶有小灾，放数百金之赈，必派一放赈委员。西洋留学生，散处各城邑，毫无统治之可言。一切入学诸事，皆能自为谋。又断不需一行动惟艰，语言不通，智识平常之人，为之帮助。故我百思不得其故，何用监督，何用总监督。此实蒯光典对于西洋留学生之名目，见景生情，运动而来。此正如乡镇上之丐头，虽无所用，而名目不可不存。所谓宝塔尖上之金葫芦。在专制政府之结果，不能不留此装饰品。蒯光典虽贵报有时以为贤者，有时又称有鄙陋之历史，究不知其为何如人。仆尝闻其夹七夹八之议论。大约其人富于狡猾，尚不至灵性全无，蠢如鹿豕。故吾不解彼乃何乐而忽愿为此装饰之品。其初离上海之时，意气之盛，规画之大，一若西洋不可无总监督，总监督亦不可无蒯光典。初生之猫，其大如虎，思之甚为可笑。曾未两月，今则无声无臭，蜷伏于伦敦。贵报前登之睡虫一篇，实得其真相。虽然，成事不说，说亦无用。因见可而进，不可即止，彼固无此志节。而且外有体面，内有家属，无数之累赘。即欲弃其监督，忽来而忽往，其势必有所不能。故必敷衍稍久，徐谋退步，亦人情也。但其离索之苦，岑寂之感，向以靴帽袍套，作官厅上之生活者，亦初不料若大伦敦之市，有如是之沉闷。盖因中国所谓士大夫者，其污秽之状态，躁暴之性情，懒惰之习惯，决不适于文明都会之生活。故与西洋社会，既有格格不相入之势。自然身居繁华锦绣之都会，不啻入牛羊鹿豕之山泽矣。虽闻聘有一二名士，以为书记翻译。然又闻蒯光典骄矜而好自大，人皆不乐受其呼斥。故略因公事与之委蛇外，无有愿与之亲近者。宜其止能日日坐拥于四个老妈子（伊此次携之西来）之中，仍为其呼来唤去之官态，以自消遣而已。又彼之子女，皆乖戾之气所钟，贻羞于留学界之野蛮举动甚多。蒯光与教子之无方如此，乃欲为留学生监督，真老悖也。吾为此短书，乞贵报采登，非有所警于蒯光典。吾特奉告第二之蒯光典，切勿继来，靡人民之血资，而受西洋之流罪（在学生之游学则乐事，而监督坐困寓中，不啻流徙西伯利亚也）。至贵报不察，词气之间，望其或能尽心于公益。此实不知此公之内容者。此公外好名而内鄙陋，吾实无以形容之，吾亦不屑形容之也。（录自民国前四年《新世纪》第五十八号）

中国人之腐败病

中国人本有腐败病，世界共知之，值近日之黑暗，故其腐败之情状，忽达极点，吾欲有所云云，一部十七史，从何说起？

朝餐将设，照例邮便局之送信人来，吾友得彼之青年朋友一函，语语沮丧、字字恓惶，不忍卒读。然近日所接之来书，岂独某青年云尔哉？几无人不作腐败之声口，岂独本社所得之来书如此哉？吾料留在海外之诸公，亦必每星期皆有所得。

腐败本是一种传染病，一人向隅，则满座为之不欢。此即此一人之腐败微生物，因向隅之时，滋生疾速，忽传染于满座。故致人人不欢，不欢者，即腐败之征候也。

社会者，一数百兆人参列之大座耳。有时一二自私自利之人，忽生其鄙悖之灰心，表显一向隅之态，其人之心理，不幸适中于众人之怯弱，于是其腐败之微生物，飞扬播越。不旬日间，全社会不欢之感情，因之而生。积多数腐败之人物，又适凑合而为一黑暗之现象。愈黑暗，愈腐败；愈腐败，愈黑暗。否则世界者，终古一光明美丽之世界，何以忽于一部人之心中，确然显露一黑暗之状态乎？

某青年来书，答吾友游学海外之劝，其为言曰："游学海外阻力至多。虽然，吾今日之观念，即无阻力，亦不愿远出。因吾国东西游学者万人，不知所学何事，学成亦何所用？其目的不过在翰林进士，否则卖路卖矿耳。"此实为有激之忿言。然其腐败之种子，即在"学成亦何所用"之一语。学也者，将用以为人类之改良，得社会之进化者也。简言之，乃人类之天职耳。

今之所谓志士，吾知之矣。跃登演说之台，开口即告人曰："今日中国国势如何不振，故诸君子不能不奋力向学。"呜呼，此所谓开口即错者，彼何不曰："中国人亦是世界人类之一，故诸君子不能不奋力向学。"盖前语与后语，虽毫厘之差，而所得之影响，则有千里之谬。

所谓国势不振，而后奋力向学者，就其本意而发挥之，一即国势素振，向学可以不奋力也。二即向学专为振作国势，此"用"之说也。三即国势之振作，毫无期望，可以不必向学，此"学成亦何所用"之说也。

大道不明，世人之心理，不正当如此！

就用之一说，又生数病。一吾得吾之所学，可以用吾之学者，惟有翰林进士，故目的在翰林进士。二吾有学而不用，无以偿吾为学之劳，故迫而为卖路卖矿，亦足以慰吾之辛苦数年，熟悉外情，非一毫无所表见。

虽腐败之病势，全因翰林进士及卖路卖矿之两种而加重。然腐败之病根，即为"用"之一说，挟"用"之成见，而利用之者，便趋于翰林进士等。因翰林进士等，遂见学与用实为背驰。及背驰之形已成，其不肖者竟以学问为干禄之具。其贤者遂鄙薄学问而不屑为。何也，因其徒为干禄之具故也。世人之观念，达于如此地位，而腐败之病遂剧。世界亦因而觉知为黑暗。某青年之寥寥数语，即一切社会之代表也。

故在旧社会之官场，几以子弟不识字，即为幸福。就使欲稍识亚刺伯数目字，以便认明银行存款之总数，止需三十两银子，请一位读过三本印度读本的洋教习，混闹了一年半载，便算为子弟授有一点新教育。

至于现居显要者，更以从事学问为可缓。故即贵胄出洋之章程，优待无所不至，而应募者绝无一人。因此等人止需肯在书房里，伴着少奶奶看看《红楼梦》，不去外边生事，便算宅子里出了佳子弟。

又有一部分，号称诗礼之旧族，因以今世界之新学为寇仇，故子弟惟以能穿蓝布长衫，大呢马褂，在乡里优游卒岁，庶几在我生之目中，尚保有旧时之清白。

以上三种，本为中国习惯之旧俗。今日中国社会之把持力，尚全挟于以上三种人之手，所以几次之新风潮，虽起而向之力撼，卒之皆为所败。近一二年中，新风潮非常失败，旧习惯非常得势。故中国人腐败之病，遂觉有可惊骇之沉重。

于是在此三种人之外，推而至于全般社会，市人之子弟，皆愿其斗麻雀，吃花酒，止望能免于穿洋衣，进学堂，即可无灾无难。乡人之子弟，有从东京上海废学而归者，皆高坐茶馆，赶村剧，寻赌局，与向日之秀才童生，曾无少异其面目。

因之一年以来，书铺"大折阅"（大亏本），报纸亦复三张者改为两张，销数五千者缩为三千；惟一切饮食嬉游之事，则到处扩增。

主张新风潮之徒，其黠者即利用现时发生之新名目，或要求宪法，或讲求自治，盼望一经畀身宦途，即可与旧社会合同而化。其强有力者，皆遁入于路矿实业等等，预备资本家之资格。于是奔走于此两种者，破弃一切道德，欲急攫一世界不久陆沉之饭碗。及既得之，遂日夜以图其醇酒妇人之乐。

其志行素卑鄙者，往往携青年于海外，亦令营营于妻孥，负其可宝贵之学年。而在内地者，闻有二十金之学堂教习一席，不问其子弟之学力如何，或其聪明才力，足以研求至精之学问又如何，则必令其抛弃所学于半途，走数百里数千里就之。而今之子弟，即年不满二十岁，其声口亦俨然若成人，柴米油盐，大知甘苦。且以为彼其人者，迫于时势与境遇，止当废学而从事于衣食。

惟有官学堂之考试，则赴之者踊跃于前，因不但后日可以得出身，即啖饭有所。而且就目前而论，既可省束脩，又可以得膳宿，即不啻一小小糊口地也。

至闻有官费之出洋，尤能大改其面目。即平日甚以出洋为反对者，皆奔走如狂。盖父兄知此中有翰林进士，而子弟亦察知进学之乐，有如本报第二三期所载者，固已实有征验而不爽。于是仗其父兄之势力，捷足者先得，使贫而好学者，反遭额满之见遗。其实彼如果为学问也者，而家中之财力，甚足以支持其学费。即此可以证明彼之得官费而留学，并非真心为学，止计较于费之出于人与出于己耳。

终之种种腐败之情状，不胜缕书。且揭而出之，皆为人人熟知之陈臭语、亦所谓腐败之报料耳。吾所以略有以上之云云者，今日动陈一义，稍合于道理者，皆必遭中国人之指摘；以为公等身居海外，与中国情形，过于隔膜。故所言迂远，未免不切于事情。吾则仰天大笑曰：吾不知诸公之所谓情形者，为社会进化之程度，抑社会退化之程度耶？如其有向进化之程度，则所谓有愿力而无知识者是矣，则予以智识，将愈高明而愈增其愿力。如其有退化之程度，则所谓有知识而无愿力者是矣。其腐败之情形，不惟逆知之，且亦何必知之？如必委蛇于社会之腐败，而为之枉道以求合，则以何贵有针砭社会之报纸？直相与互为迁就，牵连腐败可矣。

故诸公休矣！诸公身居国内，所见情形既熟，而腐败之程度亦独高。所谓牵连而入于腐败，乃必至之势也。所以亦可云腐败者，本为传染病。而易受传染之物，即熟悉腐败情形之一种人也。其人何处最多，即中国最多。故中国病腐败者亦最多。

否则，浅而言之，荦荦数大端，所谓："人当各有所学，以尽人类天职。""人即为善群之虫，宜多与世界交通。""人生在世，共不过百年，互相传续而进化，可至无穷。不当有一种人，独谢继往开来之责，以遂其醉生梦死之私。"如此，则中国无可学，故当出洋留学。中国即有可学，亦当四出观察。曾何吾营吾衣食既足，而牢骚于学问之无所用，遂自弃其天职乎？虽然此岂以一人之心理，独发一"学无所用"之观念乎？乃腐败之微生物，传染遍于社会之全体、遂使无一人不受病耳！（录自民国前四年《新世纪》第五十九号）

蒯监督畏旗人如虎

古今中外凡被征服之民族，莫不畏征服者之横强。犹太之被征服于罗马，罗马人高视阔步于耶路撒冷，而犹太人一闻罗马人之声，皆为之唾舌。英格兰被征服于罗马时，亦如之。今印度之被征服于英也，凡印人之见英人，莫不带一种特别之神色，觉有媚之而犹恐不得其门，恨之而惟恐形于面者。高丽属于日本之秋，仆曾遇数高丽留学东京之青年，问以高丽国事。彼则痛不可仰，热泪迸流。方其悲痛之时，其神魂若离体，而惟恐日本人见之者。至于安南人之见法人，仆曾见一法人，带四十个安南车夫至马赛耳海滨赛会。有一车夫，偶错行一步，法人即用足乱踢。而安南人皆战战兢兢，惟恐祸及于己。此皆被征服之民族，畏征服者之大概。然皆不若蒯监督之畏鞑鞑长尾胡（名之曰旗人）之为甚也。盖长尾胡窃据中国以来，于今二百六十四年矣。以五百万野蛮未开化似人非人似兽非兽之怪物，分驻十八省肥沃之地，不耕而食，不织而衣，不工不商，坐以吸我汉族同胞之血肉。取其名曰驻防（驻其险要以防家奴，家奴指汉族而言），别其号曰八旗。计二百六十余年中，横行八道，将汉家好山水，遍地染成腥膻。一切虎吏狼官，以残同为媚异之上策。汉儿尽作胡儿语，争向城头骂汉人。贱种以猪生狗养自居，何怪他人视为奴隶。吾为蒯监督羞，亦不能不自羞，而为全中国人羞也。蒯监督之无良心，无人格，奉胡政府命，以钩稽党人，尤为贱种之贱者。吾辈对付之法，惟有彼所甚畏之数物，以视其举动之若何耳。何必形之于笔墨，登之于报章，以教训此老而不死之蟊贼。即日日指而骂之，提而教之，又何足以使此猪尾其头，妖怪其身之朽物，见而生畏。彼所畏者。除碍于其生命之数物外，仅旗人耳。留德学生旗人某，前日又作一长函以让该监督。内有一语曰："国事即我家事。"其意以为尔老蒯虽作监督，究竟系我家奴，谁令你短发学费。且小老子是湖北的驻防，乃家奴梁鼎芬在湖北想升官发财，故将湖北人之财产，送我们到欧洲留学。我们每月六百马克之外，另有安家银二十四两。按月照发，不折不扣。尔老蒯不知家奴身份，胆敢在小老子面前，妄作妄为，毋乃丧心病狂乎。

至于"欧洲各国革命，多由压力酿成"一语。即某旗人训该监督尽家奴之职。其意即谓"不要用压力唤醒汉人之狗留学生，酿成革命风潮，免得小老子学了陆军，要动手费力，以杀你们小奴隶"。闻蒯监督受该旗人之痛责，唯唯听命，不发一声，亦不敢复一字。惟诚惶诚恐，闭其老睡虫之房门，自叹曰：监督难做，监督难做而已。吾则下一转语，非监督难做，家奴难做也。吾不禁回顾神州大陆，悲从中来。四亿同胞，注入奴籍，颠连困苦，唤呼无门。自宰相以至州县，不杀同胞者，不得为官吏。自绅商以及学界，不谈立宪者，不得取公民。十八省故国河山，即十八重黑暗地狱。所望者滚圆的救主，从天而降。扫去妖魔，降伏夜叉，庶人道稍存于几希。贵报维持人道，反对强权。对于从前路易十四"朕即国家"一语，当快睹其儿孙之上断头台。闻某旗人"国事即我家事"之言，不当让我辈手持金刀九十九乎。

欲问野蛮专制国，有翻身之日否？则数刺客以对。虽老朽如蒯光典，亦知刺客可贵。崇拜暗杀主义，乃中国之刺客。奏效者仅吴君樾，徐君锡麟。失败者则杨君卓林。三人而已。然而无有乎尔，则亦无有乎尔。读罢以上来稿两篇，忿闷不已。揭杨君遗像，以愧我辈。（本报附注）。（录自民国前四年《新世纪》第六十号）

恭喜恭喜

　　国内新政勃兴，留学归国诸君，久已翎顶辉煌，车马煊赫矣。独怜吾侪犹羁留异域，姓名不闻于朝野。捷足先登，让人非计也。然自海外缙绅录总纂官之至欧洲。吾侪进身之阶石，固大可自今日为始，从事堆砌也。

　　晨起，闻剥啄声。启扃。得一长方式之信封。剖视。得两纸单。当食早餐之顷，细读其内容。支支节节，类丑羞妇之对良人言，不得悉解其衷曲。既而恍然大悟曰，调查表，系伪托耳。观其二十条之注意，实绝好海外缙绅录体例也。昔者吾尝嫉视监督之来。以为我饿我食，我寒我衣，我自能料理我，何须有监督之干预我。至此而始改吾昔日之恶感情。盖欲由一无名小子之留学生，以跻于士大夫之列，非借所谓媒介物，所谓运动品者不可。而监督者，即留学生做官之媒介物也。报告者，即做官之运动品也。监督之至久，而慨然以两物贻吾学界同人。吾固感嘉惠之特施。将自此以往，馨香祷祝此老之不朽矣。

　　吾所希望于诸君者，则此次表格之填写，务当勉尽心力，以冀字字特色，语语动人。他日享受全国社会之欢迎，在此一举。监督之嘱咐，乃受无限经炼得来，不得以绝无价值，而忽之也。惟是诸君但求各人自己履历好看，注入某大学，某专科，研究如何有心得，考试如何列优等字样。而令真入大学、砥砺力学、束身自好之士，反无所表见。则诸君不特欺骗社会，而并欺骗同人矣（尝闻某大学，以欲市小惠于中国人。特设最简易之入学试验。其不得已而应之，置若无事者，固有其人。而一般鹜虚名之中式者若干人，自命其得意。又有因加减乘除作剧被黜者，仍以能应入学试验为荣。好名之丑态如画）。亦当预为诸君忠告者也。诸君必以吾言为至卑鄙。诚然诚然。而所以不欲为学界同人讳者。因学界中之卑鄙情状，久已无人不知之。而况报告一出现。则各人名下之履历，铺张扬厉，似真似假（读会馆之报告，已可略见一斑），其卑鄙可笑之处，将众目共睹，欲掩无从也。（录自民国前四年《新世纪》第六十二号）

草台小剧

风水先生

台景系一荒村。破屋十八。牛棚二。猪圈三。鸡棚狗窠各若干。忽逢天灾，寇盗纷至。屋坏。猪牛亡去。村人号哭求救。工人四面来，续续来。一霎间来者数百人。

工人始至。人人义形于色。有成功而朝食之势。后稍怠。博弈者，好饮酒者，寻花问柳者，时有所闻。然大致尚安顿，不外于人情。有任其自然。大功之成，早晚间耳。

天下本无事，庸人自扰之。村中有自命为村长的一男一女。男的遗精遗瞎了眼，女的偷汉偷昏了头。忽向龙虎山人请到一位风水先生，来与工人胡说八道。

风水先生头戴封典二品。尾拖花翎一眼。腰缠白金三万五千两。老妈子四个。小伙计四个。前导后护，左抱右拥，施施然而入工厂。妈子伙计，两两对立。唱"相应""奉此""等因""查照"。风水先生从腰包挖出祖传的日规一个。千年朽木，百孔千疮，蛀虫钻出钻进。中间一个指南针，锈笨不动。风水先生戴着碗大眼镜，猛对朽盘锈针，把工程师所绘的图，工人所作的工，仔细品评了一回。

有一工人大约从前读过几句书，很有些书生习气。告风水先生曰："先生，人各有能有不能。先生之职，在理阴阳，测祸福，为村长祈百年上寿，所谓形而上者也。至于图画工作，一切形而下者，别有专家，恐非先生所知。"

风水先生大怒道："你看不起我？我路也筑过，地也掘过，厂也开过，什么都做过。形上的知道，形下的知道。不上不下的知道。什么都知道。我的位置啊！说来恐怕你还不晓得，是……是……是在康德达尔文之间。"

诸工人听了，身上的肉，直从耳管麻到脚指。哭不出，笑不出。个个退避三舍。

风水先生以为他们怕了。越发大言道："你们这班工人，没有本领，拼命要钱。实在可恶。我定要请多少印度巡捕监着。"

工人听着这话，一怒却不同寻常。连一班从前极谦恭谨慎，处处怕人怕事的，都挺身指手大骂道：我们的学问，不论深浅，本领不论大小，终是天下应有的学问，可用的本领。不像你专以撒谎为学问、骗钱为本领。老实告你，安分些罢，康德不叫康德，叫 Kant。达尔文不叫达尔文，叫 Darwin。不要翻错拼错，叫人好笑。

一切大笑话，最好关着大门，与四个老妈子谈谈，千万不要瞎闹。

风水先生讲话的本领本不甚大。况工人这番说话，实触着他的痒处。他便敢怒不敢开口。仍由同来的四男四女扶着回家，关门大睡，有睡虫之目。有时要顾面子，怕村长以素餐见责。老着面皮来看工人几次，亦不敢多话，但问尊姓大名而已。

一日工人正在工作，忽闻厂外喧笑，出门视之，则诸工师及过客相聚而语。

这是什么人？

风水先生。

他做什么事？

说鬼话。他有他的一片大道理。却是除了他及他的鬼话党外无人能知道。睡觉，故人都唤他睡虫。哭，便是他现在做的鬼相。据他说要哭三日，谓之哭临三日。

呜，怪物！说鬼话，睡觉，哭。可谓三不朽。他赚多少钱？

三万五千两银子一年。约合英金四千余镑、法金十万余佛。

该死！天下有这种便宜事。这种混账人。可怜工人，日出而作，日入不息，尽心竭力报效社会。所取给予社会者不及此贼所赚三十分之一。许多大学问家，大实业家，名闻四海，功业卓著，做了大学校长、教习，亦没有他这样俸禄。

哼！他反说工人拼命要钱。

于是大家不平。乱骂道：该死！怪物！贼！不要面皮！而风水先生充耳无闻。身上吉栗各六，白布七寸，黑布一尺，号啕大哭，匍匐入厂，喊道停工停工。

工人提着他的耳朵问道："你睡醒没有。我们骂你不算数，旁人的公论你知道么？你的四肢百体，难道不是人类精血所成，不做一些有用的事，专门睡觉，还要如此出丑。"说完，立刻赶出去了。

风水先生一想，倒也不错。人生在世，究竟不是睡觉所能了事的，于是发愤为雄，一定要做些事给人家看看。

哈！倒楣。毒蛇蛰伏，犹不过空占人间尺寸有用之地，只要一动，便使人手足无措。睡虫不醒，犹不过素餐三万五千银子，才一蠕动，便使人梦魂不安。一个工人竟被他气昏吓昏从三层楼上投身死了。

工人大会，与他理论。他肯出六个佛郎，还要算什么恤款。于是工人怒不可遏，说道：碰着这种三等野蛮，毕竟无理可讲。挥拳便打，打到他眼血横流，方狂呼饶命，自愿辞职。工人散去。

理会那死友的葬事。风水先生坐在台上揩眼血。妈子伙计围之。旋有一妇人登场，徐娘虽老，风韵犹存。手持脚带一条，代他裹着血眼。不怒不喜。说话甚多，不尽可辨。断断续续，似说……"这不过你目中无人的小报。人命重案，恐人家还不肯如此罢手……你也本太心狠。我伯父做了东方毕士麦，你万事靠着，有吃有着，也便算了。奈何异想天开，竟想靠着他做东方康德，东方达尔文……国家尽使有粹。问你有些什么。翻尽天下字纸篓，几曾见你半个字……打劫要看准人家。现在群盗如毛，盗风甚炽。何处不可生活。你偏要到工人头上刮削。他们眼界小，开口三万五千两，闭口三万五千两，好像你赚了这三万五千两，便犯着通天大罪。这也怪不得他们。若把这钱添派工人，他们便多三四十个帮手。你这半死不通的东西，做半个帮手的资格都没有，却耗费三四十个帮手的钱。我做了他们，也不放你安顿……从前很好的一个饭碗，人家阴谋暗算，想夺你的，故给山东路你走。我叫你不要来，你偏不听。现在有趣么……"

风水先生垂头不语，举杯求酒。酒酣耳热，抱膝长吟。清词丽句甚多，然不可辨，仅记其结句，亦不知所云。

"……团团绝好淮杨橘，端午桥边忽变枳。"于时村中适有客舟解缆。风水先生遂负伤登身，回顾其四个小伙计曰：请各位暂为代办。

诸工人围住那四人道："诸位，我们年相若，大家都是兄弟。生在世间，终要做一些有用的事，方无愧于吃饭。不要相应，不要奉此，不要等因，不要查照，不要代书，不要通事，不要代办。来来来，与我们通力合作。庶这荒村早有一些文明气象"。

那四人毕竟有良心，满口答应，立即入了工党。是时台上人足有五六百，同声大呼曰：工人万岁，风水滚蛋。四个新党员又大呼曰：风水滚蛋，我们不代办风水。你也可告你的同业，现在世界，容不得风水。切莫再来害人，再来讨打。风水先生乃操大汉之天声，发浩歌于海上。歌曰：

诳兮睡兮，国之粹兮。哭三日兮，种之魂兮。

目无人兮，当流血兮。归去来兮，命之衰兮。

又歌曰：

狗屁兮牛皮。时不利兮欺不售，欺不售兮血泪流。归去归去兮，西方不可以久留。（录自民国前三年《新世纪》第八十八号）

告同学

李经方、刁成章二人合荐英人 White，继蒯光典为学生监督，留英学界报告四出，想我同学均知之矣。李、刁这班人吃饱了饭，终做不出好事来，无可言者，我亦不欲与之言。略有鄙见，敢商同学，清源正本，或在于此。

近数年来不要说坏了支那人，多多少少，大约人人有一点进步。走外国者，其进尤速。尝有人告我，某满洲钦差（新世纪尝欲人称此等人曰公使，以为稍雅。我以为公使者，一国之代表。钦差者，一人之家奴，与差人差官同其臭味。故还是称他钦差好）（本报按：差则奴才之代名词。局中人受之以为荣，实为可诧。故如一分子君之意，仍之亦无妨。惟钦字决非异日平等自由之中国所可有。如其亦必如一分子君之旨，仍称钦差者。当于其上加出满洲字样。故本报一一代加之）初到任时，与学生交涉，辄用告示，大字朱圈，高贴洋墙，自称本大臣，称学生曰该生等。有时用手谕，则自称本大臣，称学生曰尔诸生，或自称曰予。称学生曰汝。一年以后，即改称学生曰诸兄，自称名或兄弟。将归时竟称学生曰同学，自称弟矣。虽吉栗各六的称呼，终脱不了野蛮习气。在我辈绝不当分别荣辱，有所喜怒。然就满洲钦差言满洲钦差，则其进步之速，可比诸马戏院中之猩猩鹦鹉，不可谓不玲珑矣。独李经方则牢不可破，并这点小步，亦永不能进。吾闻之安徽人，彼是李鸿章兄弟的精虫所变，而彼言语之间，若曰我是李鸿章的过继儿子，与别个满洲钦差不同。又若曰：你们（学生）有什么大不得了，English 我亦晓得。

故其傲气，往往骇人，早在学界洞见之中。刁者人如其姓，学得一口 English。倒楣碰着什么立宪时代。不爽爽快快去做买办，却要温文尔雅，做寰球学生会会员，于是上了蒯光典一班狗头名士的当，来帮办什么学务。你想支那的毛草学务，虽说没有道理，亦岂是老奴才所能知。故其结果，不外乎请一位洋大人。此事在我辈意中，以为大奇，在彼方谓千妥万妥，洋务不二法门也。故李刁二人，乃天生不进化之狝猴，达尔文所不料。吾辈若欲有所对付，惟有老拳。我辈既不愿轻用老拳，则惟有便宜他们而已。

我欲言者，乃其他稍有进步之使馆中人，与我辈学生之关系。尝细细计算一过，学部各督抚所皇皇焉有事于游学界者，两事而已：一曰考核，二曰发费。考核看他们的本领，我辈可以不管。与我辈有密切之关系者，仅发费一端而已。发费极易，而成例具在，则为难题。天下本无事，庸人自扰之。庸人为谁？吾敢老实不客气，蹙额而对曰："学生诸君。"学问者，吾辈之天职。国亡家破，犹且为之。现在幸有所谓官费，每月送来，是亦足矣。何为还要额外多索，预先透支，教人厌烦乎。

费出于官，自然要一个官经手（平心而论，只有此法。若从银行直接，未免散漫。若由学会经手，则学会牌子不老）。海外现成之官，自然是那满洲钦差等。满洲钦差馆，每月初一，备数十百张银票，加封挂号，向邮局一送。明得薪俸，暗赚利息。彼等求之不得。然而蒯光典未来之前，非但李经方一定不肯接吴宗濂之账。其他满洲钦差，亦无有肯者。则额外多索，预先透支，两事为之梗也。他们上当多了，便有经验。以为你们来与我们发难，无非为几个钱。欲壑未满，来骂我们，或去登报。却巧于假公济私，说得堂皇。我们又不幸多过。有苦说不出。

故不如敬鬼神而远之，少管闲事罢。此中情节，凡我同人，当早知之。即今李刁愿把一碗好饭送与白大人。亦此意也。

然我言此，非为使馆中人求省事也。实愿凡我同人，自此以后，稍高尚其人格耳。试重言之。学问者，我辈之天职。假使现在刚毅为军机大臣，管理学部事务。李秉衡赵舒翘之徒为南北洋大臣，认定学西学者为汉奸，一个学生都不派。我辈之中，岂无一人卖田卖地来学乎。又假使我辈生于欧洲，一家岁入，尚不及我辈一人之学费，我辈遂不学乎。故平心而论，现在学费，不为少矣。任在大都大邑大学堂。善用之，勉强足矣。所以不足者，自己太欠斟酌耳。今国中穷乡僻巷，皆谈自治。我辈却不能自治，事事糊涂，常常有不得了之一境。反去与平日所甚看不起之官，商量补救之法。真愧死也。吾欲有言，殊难启口。言之乎？其理至明，谁不知者。似乎讨厌。不言乎？我同人中实有多人，似乎未明此理，或明之而未实行者。则大胆曰：言之言之。讨厌即讨厌耳。所望讨了一回厌，以后便永用不着讨厌耳。

一、永勿再于学费外多索一文。额外之索，其最大理由为医药。我以为此亦不应索也。假使不为官费生，遂不生病乎。欧洲所在有医院。较之客寓，所贵亦无几耳。故我有几个小法如下，可以免去额外多索之病。

（一）恐怕猝然生病，平时可留钱少许，以备不时之需（大病不在此例。半死在床，须开肠破肚，自有人来理会）。

（二）要买贵重科学书，要修学旅行。平时少上几回茄菲茶酒馆，少看几回戏……（不便多言）。

（三）军人要买善马良剑，少做几套体面衣服……（也不便多言）。

此之谓求之己。一样舒服，而高尚得多。在本学界省去多少闲事。管账先生容易吃饭，自然不去找大牌子的监督，在内地官场觉得学生亦颇好理会，可以多派几个学生。须知近来派生之事，忧然中止。虽由官场之不振作，亦我辈太耗费太烦琐之故也。近年来我辈不甚谈爱国矣，然不谈者盖以爱而止于本国为太狭。非谓并此区区者可以不爱也。外人敌国，且减赔款助中国派学生。我辈岂不可稍吃小苦，以减后来者之阻力乎。

二、不必预先透支。透支之最大理由为入校费。入校费有一年一付者、半年或每季一付者。不付入校费之月，收到学费，存一两张银票不用。要付校费时，取而应之。此亦易事，何必去讨刁翻译的厌。害他查了半天的千字文，又弄了半点钟的羊毛笔，写"所商一节碍难照办"八字乎（此事须早为之所。今秋入学，势难不借，且待来年耳）。

同人若以鄙见为然，则可与各使馆约法三章。

（一）学费由使馆经手，按月送来，此外无交涉。

（二）遇有军营校厂，需使馆介绍书者，应由使馆赶紧照办。

（三）使馆担任以上两事，酬劳费以一个学生费为限（节靡费以派新生之本旨）。如此则学生认使馆为主持公益之所，彼此可以礼相待矣。（本报按：闻使馆各索八千金，为代理发费之薪水。合英法德比，仍为三万二千金。耗三十留学生之费。故西人亦垂涎此傥来之薪金）。（录自民国前三年《新世纪》第一〇七号）

何谓真知识

民国元年六月在浦东中学校纪念会讲

数年前，弟因事至欧洲，得闻浦东中学之名，因西洋各国均已知有此校也。可见杨锦春先生之毅力，足以令人起敬。弟久慕其为人。今欲体杨先生之意，略述卑见以告诸君。十年前，弟见我国危险，常与同志研究其原因，乃知中国所以不振，由国民之知识不如人也。德国人言无真知识则无真道德。此言诚确。何谓真知识？殊不易言。勉为假定之词，则有系统的学问是也。盖学问有系统，则一切妄想迷信可袪，谓为真知识，亦无不可。然试问吾国人中能有邃于系统学问者有千万人乎？无有也。各科学之发达，可与欧美列强争胜乎？不能也。然则如此之国而立于地球之上，不亦危乎？今有他国人谓我等曰：彼等非优等人种，乃劣等人种也。我同胞闻之，度无不忿然作色者。然诚问可以何术雪此耻乎？则惟有力求吾人之知识，与世界列强之国民相等而已；否则终被淘汰，虽忿争亦无益也。世界学问，虽萌芽于十六七世纪，然实可认为进步者，不过十九世纪而已。其进步之速，尤以十九世纪下半期为著。吾国自古相传之知识，在十九世纪以前，在一小范围内，未始不足用。但近数年来，文明之进步更速，以后之二十五年，视前之二十五年，其相悬已甚。而最近之十三年中，以前之数年与以后之七年，其相悬又愈甚。而吾国以自封故步之智遇之，无怪乎百孔千疮，常忧劣败矣。吾人处此，无他善法以补救之乎？照敝人之意见，增加吾人知识，为最善之法。吾国人犹有执旧见者，以为吾子有钱可读书，汝子无钱不必读书。不知一群之内，有不读书之人，吾即受其害。但所谓读书，或非指系统的学问而言。吾国人知识短浅，或反认系统的学问为无用，而以八股工夫为有用。以为出身八股者，可以当书记，可以为某事某事。学堂内教物理化学各课，未见成何事业，故疑系统学问之无用。此非余之妄诬国民也。试思中国如此之大，应有中学堂三千个。然今果何如？有设备如浦东中学者，实不满三千个。以中国之大，峨冠博带者非常之多，不能为设备如此之中学，而杨先生能毅然决然为此。何耶？因其脑力强也。若但为虚名计，则有挂一中学牌子者。有始设中学渐变为小学，渐变为无有者。由此可知杨先生决非为虚名矣。推杨先生之心，则大学之设，亦其心愿中事也。吾人若以杨先生之心为心，则当各事不管，捐一身体以研究学问。例如学理化各学，当造诣精深，可供实用，可利民生，不独仅效向者资为谈助之故习，庶克有济。盖向者学堂内所学各科，都欠深造，故仅可助谈资，遂自命为文明。实则五谷不熟不如荑稗，故反令颂扬八股者，讥我为不适用也。

然亦有学问甚深而与民生国计，初无直接之关系者，如达尔文，斯宾塞，非吾国所已知者乎？彼等之功，不在直接与民生有关系，而在间接有大关系。何则？非国民程度高，不能产斯宾塞、达尔文，亦自有斯宾塞、达尔文，而更为国民程度一日千里也。或詈我中国人为劣种，我等穷思极想，求有力之解答，以证詈我者之诬。将谓我有袁世凯、黎元洪，遂可为非劣种之证乎？识者有以知不能也。无已，则举一千年来之宗师孔夫子，以表示我国民程度非低，故能产如此大人物。然孔子之学，近世已嫌其稍旧，不完全。且何以只生一孔子，而不能多生若干孔子？是无以自解于劣种之嘲也。假使达尔文生于中国，斯宾塞亦生于中国，凡十九世纪以来学界之泰斗，我中国占其多数，则虽欲妄诬我为劣种，亦不可得。由此以思，深造之学者，岂非我中国渴需之人物乎？今者有人能著论登于西报，已足纠正一切。世界之学者，往往秃顶无发，一见似可轻，实则其价值甚巨。昔我中国算学家华衡芳，终日凝思算学难题，然令之算零星小账，殊觉拙钝。店伙称柴毕，速即将柴账算出，而华先生尚握管以为笔算，或以其拙钝为可笑。讵知彼之能力，固在千万人受其支配，而不在区区小账乎？外国公司中，每聘深造之学问家，与以上等薪金，平日毫无所事。然至有大疑难，则非此等学者不能解决（中间引英美交涉一事例）。此吾所以欲劝青年为持久用工夫之计也。若在前清时代，则有官场派人，以似是而非之言，助成不悦学问之风，谓现在急用，不及深造。此大谬也。英国夜学者，志在得二三十元以谋衣食，此等人原属多数，毋庸提倡者也。今假定甲乙丙丁为寻常谋衣食者，戊己为好学者，庚辛壬癸为发明家，为稀世之学者，则甲乙丙丁居最多数，自不待言。若劝人共为甲乙丙丁，则戊己且莫由产生！遑论其他。若提倡戊己，则庚辛壬癸且陆续出，而戊己固不可胜用也，何患急用时之无人哉？吾有一语奉赠诸君："以食着嫖赌之精神用之于求学。"此语须认清，切勿误会。余之意，以为不独学问事业要极好的精神去做，即彼做坏事者，亦用极好的精神去做也，惟误用之于坏事耳。其精神实与圣贤豪杰无二。试举例以证吾说：热心发于中而不能自已，阻力生于外而视之如无，习惯成于积久而甘之如饴。彼穿窬者见金而不见捕我者；嫖赌者，牺牲性命财产而不悔。均此好精神也；若移此精神以求学，则亲友阻我，我可不被所阻；贫穷窘我，而我不为所窘；则学问安得不日进乎？取证不远，校主杨先生，即其例矣。彼以积年辛苦之财产，捐建此学堂，犹浪子之一掷千金而不惜也，岂无亲友在旁劝阻者？犹浪子沉溺于嫖赌，虽有铜墙铁壁，不足以阻其热心也。上海有一种人，其技术绝工，能博巨资，然一旦掷巨资于嫖赌而不悔者。彼若曰：我左手得之，右手失之，固无与他人事也。杨先生具伟大之眼光，欲令中国增多数之学者，其热心亦若是而已。惟愿诸君勿误用此精神。人心甚险，须用许多力量，管住自己。虽平生言行无瑕，为世人所信，然偶生一恶念，即可做一极不名誉之事。朝为人所敬礼，夕腾笑于国内，惟一念之差而已。世界中诱惑之事甚多，古人云："如朽索驭六马。"此之谓也。欲为高等学问，即有许多魔鬼阻我，吾人须用十二分管住自己之力量，战胜魔鬼，庶我国前途可望，而可免劣种之讥乎。（录自民国元年六月十九、二十日上海《民立报》）

中国之社会教育应兼两大责任

国民常识之有无及完全与否，质言之，即国之文明野蛮所由分，其当识之输入法，约略有二：

一、对于人生最不可缺之知识，又几乎为全世界人类普通所应知之事物，可以编成系统者，则输入之以学校教育。

二、各适乎四围之现象，又四围现象所随时变动呈露之事物，不能悉循系统者，则输入之以社会教育。

故无论如何文明之国，学校教育如何兴盛，其注重社会教育，仍不遗余力。因人生自二十至于七十八十，既离学校之门，而欲其人与世界相见之常识，永永趋合于完全之状态，不至甚露窘缺者，非资于社会教育不可。

社会教育之重，与学校教育相等，不可粗率蔑视，固无待言矣。然组织中华民国之国民，为何如之国民？我等国民所不能自讳者，其大多数皆年过二十，从未入学校之门者也；或曾入旧式学校之门，未曾得有有系统之普通智识者也。

所以今日中国之社会教育，应兼两种责任：

甲、为学校教育之补习科；

乙、为社会教育之本科。

大部分绝无常识及常识不完全之国民，俨然为组织一泱泱大国之分子。以如是之分子，成如是之国，其为危险，尽人可知。

欲免此危险，非先开学校教育补习科不可。以学校教育补习科之责任论：则今日中国人之提倡社会教育，人人脑海中，即当先有一绝明显之意影：应视社会教育，若遍设无数露天补习学校于通国县邑之中，尽驱市人而教之；市人皆不啻为小学生徒，一日不可缺此露天补习学校也者。人人脑海中之意影如此，斯足以重视今日之社会教育矣。

不然，望子弟为龙蛇于学校，乃任父兄作鹿豕于社会，是失施行国家教育之重心者也。因以如是帝政束缚之古国，猝然欲转变之为民政自由之新国，施行教育之方法，岂尽有前例可援者。（录自《吴稚晖言论集》）

学问标准宜迁高其级度说

设有海外之妄人，藐吾国之积弱，并鄙夷其人种，而曰：此实低劣之人种。此时不胜其忿忿，则将何以为对？吾知猝然之感想，断不仅注意于坚甲利兵之不若人，屈于人之威武而已。因仅仅坚甲利兵之不若人，屈于人之威武，则有成吉思汗其人者，武力之强，能奄有东欧，吾族亦曾屈服之。然贵视吾之人种，而下视人种之属于成吉思汗者，梦寐中不以为泰也。何也？自以为文化程度，比较为高耳。今忽来人种低劣之消，必不待转念，直注意于文化比较之问题。仓卒注意于文化之问题，其相对手方之雄武人物，所谓拿破伦威廉第二类者，不过成吉思汗等夷者耳。将欲平视其人种而贵视我，果否同于比较成吉思汗人种者之泰然。盖狼狈之情形，实有足以怜悯者。谁则为文化之代表？必求其人以实之，而后可实地比较。求诸宿德，所谓硕学通儒，以一知半解，介绍数十百页之译籍者，彼方第四五等之人才也。求诸新俊，所谓博士硕士，在课本讲义之中，讨得生活者，彼中数十仙令一周之价值也。知就现在之人，以定今日之种，与人相提并论，必无一幸。于是试淋漓尽致而形容之，所谓："人穷则呼天，疾痛则呼父母。"不得不返而索之战国，能有苏格拉第柏拉图亚利士多德同等之学力者，墨翟庄周孟轲其选矣。更溯诸春秋，足与德黎额拉颉利图辈为并世之哲人者，老聃仲尼尤隽矣。至此而在人种问题上，吾人之意气稍舒。呜呼！学问之彦，岂不可重？国以之而华，种以之而贵，吾人谢天谢地。吾之先民，幸尚有老聃、仲尼、墨翟、庄周、孟轲之伦，不至如巫来由古人之堕落，荒僿无所可述。妄人若指之为劣种，莫敢证为优种。故吾人当谢天谢地，谢我先民。虽然，德黎额拉颉利图辈之后民，拔其尤，超居一二等；而拔老聃仲尼辈种人之尤，则落四五等。设此境为暂而不为常，稍过短时，而能追迹于他人；则后之视今，数十年学力之相差，仅隔旦暮，犹得视为两种之人智，齐驱而并进。否则他人绝景而驰，而吾常守其幼稚之状态，更百年则无可追步；又十纪则俨若异种。盖春秋战国之世，知识同级度。至二十世纪差数等。至三十世纪，等差必以数十计。两人之知识，并立于世而差数十等，虽欲不巫来由我，其可得乎？

十九世纪以后治学之情形，大异于老聃、仲尼、德黎额拉颉利图以来之二千五百年。譬诸经商，前犹开设村店，今犹组织合资会社。譬诸治器，前犹造作帆船，今犹建制航海邮轮。其为繁简之不同，所以耗用人之劳力与心思者，亦什百相倍蓰焉（劳力心思既已多耗，而生命健康反增者，即亦知识有以补充之。此别一问题，非此文范围内所及讨论）。我国自外交屡挫之后，由制造坚甲利兵之倾向，渐觉悟于学问。于是游学人才，普及教育之声，岁月寖高。然以庠校求学子，以知识普国民，在柄国政者之义务则尽，在社会自相期待其人种，似去之犹远。以今日繁博精微之学术，劳力心思，将什百倍蓰于攻治旧学而后能贯彻者；而谓能以攻治科举，帖括术之薄弱旧精神负荷之乎？

仲尼喻道，而曰知之不如好之；好之不如乐之。而论学亦可从同。乐之之状态，直以满其好奇之欲望。所谓无所为而为耳。好之则有上人之意；知之则有义务之心。下此则惟借之而已。有若近今达尔文之研究硬甲虫，以达进化学。巴斯德之好窥显微镜，以成霉菌学。顾亭林之载书骡背，以治群经。江艮庭之篆书帐帖，以研小学。皆乐意最多。而上人及义务之见，不过稍参焉。故古今中外举玄间质之三学，卓然著其不刊。间接而至于利物前用，广被世界，高贵其种族者；要其为功，无非由于乐此不疲者十之六七，得好上人之力者一二，其有能知义务者亦参其一分。其乐于学与夫好上人知义务者，何种蔑有？而其盛衰得失，则在乎数量之多寡。以彼较此，于古且勿轩轾。近今三百年，如其人者，西方比较适为多，中国比较适为少。无已，则必归咎于借之者之多矣。

借之云者，即谓以筌求鱼，得鱼遂弃其筌。寄于学以有所干者也。夫孳孳学术，以得饱暖；借之之人，他人何尝不于其种为多数？且借之之义，以功准食。用别法以论定，亦不能为甚可非。然而他人学之级量，准于食之级量，亦每相借而愈高。而从未有若中国人借径于科举学之甚。科举学之准其食，所准之隘，止准于仕宦之一途。既已甚别异。其准之之法，又极可怪。取之以其学，而用之不在是。质言之，食者以资格相准，非以学之功能相准。故学也者，借以取得资格，并非借以助其功能者也。即借焉而已，而其虚假也如此。

科举虽变而为学校，而积毒深中于人心，无可骤拔。就国家植才而论，仅植其最足应用于当前者。以时势缓急，财力屈伸之限制，不能不有如此之规定，本无与于全社会之自治其学问。乃学子借之之心理，即有以揣摩而适合之。今日甚可陋之大学校教育，大普通而已。无非取其组织较易，能具体而以有规则之方法，扶助学子。此暂为今日之最。过此而有更高扶助之机关，尚为今日人力所未能具体完备。且应用于当前，大学校之学力，需之十实有其八。故国家植才之时制，姑暂悬大学校为最高鹄的。悬此最高鹄的，其有染毒尤深，用横通之法，掇助而取得资格以应者，斯其下矣。虽居多数，且可勿论。论其少数之功能实副资格者，徒以应之而所用仍不在是。遂相戒以为功能既不相准，斯学问已无价值。求其反省无负资格而已可，应之效不效，委之不问。然今日学校之学问，与科举之学异其趣，非仅给足仕宦，将给足于社会百务。知之者亦已颇多。惜竟以应付仕宦之习惯，用其精神，应付社会百务，此则流毒孔甚矣。所谓以应付仕宦之习惯；用其精神；应付社会百务者，亦即预度功能之无可准。相应者但在资格。故开矿也，造路也，纺织也，制造也，学校教员也，银行管理也，诸如此类之种种，不问己之功能，果否已胜其任；但自反而有真正大学校资格，即无惑乎可与百务周旋。呜呼！借之之流弊，其能举贤不肖而扫荡空之，竟有如是。

此将商榷于借之之人，求其着意功能，以准百务，然后废学乎？惟其中于借之毒，终有最后废学之决心；则其所欲干者，既可以资格相取；彼欲释于其学之意，如将释其重负，安肯既可有所取而相释？犹因功能之稍不准于其所当务，而仍负之也耶？因之故，不得不望有高于学焉而仅借焉者之人，庶功能为其目的物，而资格能退听为附属品。稍高借焉者之一等，则其学焉而知之为义务者。知今日中国社会国家之百务，有需于功能者甚急，当以真正功能相应，不可但以真正资格应之。更高之一等，则其学焉而好求上人。知今日中国不惟百务衰落，而人种且有下劣之问题。此不在坚甲利兵之不若人，止在文化之不若人。文化之不若人，即分子个体之功能不准于百务，而实学子之学力不若人。至此尤高一等，而求自然乐于学。此少数之异人，固皆由于天笃，而亦结果于人事。如先有知义务好上人者，勉强以造其深博。必有少数者嗜此深博，而生其乐意。此可设浅譬以明之：譬如有人自少失学，困于田野。及长而能孜孜攻读浅俗文史，不知劳疲者。使此人而自少生于诗礼之族，或有读书之缘。即必成为昔年旧式之学者。笺经注史，哦诗属文，孜孜不倦，而能不骛于外物，与顾亭林江艮庭辈比德。尤进而使此人自少即生今日世界学术深博之社会，其必为遍搜硬甲虫之达尔文，日守显微镜之巴斯德，亦足相期矣。故欲粗糙一勉强深博之社会，以适产生乐操今日世界繁颐学术不生疲倦之人物；其必先请愿于知义务好上人者，肇开蓝筜。吾文突以文化比较，贵贱其人种起义；非徒用感情为激楚，让步而为宁卑毋高之论也。良以乐所学者，实由天笃，非可以言语征求。可以言语征求者，终亦止于知所学或好所学者而已。

况知所学与好所学者日多；不惟乐所学者，自然循候而发生。而且百务渐准于真正之功能，则其借焉之上者，亦将迫而舍其仅借真正资格之成见，不得不进借真正之功能。其借焉者之下乘，所谓用其横通之法，掹助而取资格者，亦知非有真正资格，且不足应百务之助手。国家悬大学校资格而植才。能得真正大学校资格以应者，为数寥寥。及社会学子自悬一深博于大学校数倍之功能，而掹逼大学校资格之普遍；始真正大学校资格之人才，可以车载斗量，不可胜数。人种贵贱之问题，随文化比较之问题而消灭。其奢望皆集于知义务好上人之学者而已。此等学者惟一之愿力，即当不由国家督促，但应社会需要，迁我国学问之标准，而急高其级度。

假若学问级度，有其甲乙丙丁戊己庚辛壬癸之十等。应当前之用者，自可取足于戊己之人才。然他人之标准，立于壬癸；故戊己之才至多。但我立标准于戊己，自然戊己之才且甚少；

但得甲乙丙丁充国中矣。所以壬癸虽骤然不可望，而勉进于庚辛则至急。庚辛人物，如何而发生？即望有多数学子，认定："学也终身之事，非可因有所取而暂借"。或在内国，或在海外，完其大学校之教育，仍继续而为博深之搜讨。视有时因百务要求其功能，间出而相应，实为不得已。任事为其表，研学为其里。斯庚辛之级度，必渐有臻之者矣。呜呼！学问之彦，岂不可重？国以之而华，种以之而贵。舜亦人也，我亦人也，宁无所动于中乎？（录自民国六年二月《东方杂志》第十四卷第二号）

一鼻孔的人有两张嘴

"教育部制药公司"黄狗为记的卖药广告上，于沪案曾大吹特吹曰："措辞尚为严谨。""对外交涉，有此严正坚强之态度，一矫从前委曲优容，含垢忍辱之失，不得谓非吾国外交之进步。盖正义人道，日在天壤间。惟乱世晦霾而不信，亦惟乱世功用而益显。但视揭而通之者之精神气力何如耳。"（什么叫做"亦惟乱世功用而益显"？这种文言,他的通的程度,较白话如何？）这也算官官相护，替同僚吹牛，亦即为主子与自己，皆增体面，说得左宜右有,酣畅淋漓了。倘使我们号称"利用学生"的人们，起来说一个"不"字，必定又要说不信任政府，定然是要"利用"学生出来替代交涉了。天网恢恢，替章老板卖气力的晨报，不知又含什么作用？首先屡次反证黄狗公司的广告，竟是完全扯诳，外交实是失败。嫌陈博生说话的资格不够，昨天还叫大将张君劢亲自出马，直把章老板"正义人道"的面具，撕成一个鬼脸。他把"吾国外交进步"的沈外长，戟指而骂曰："外交总长沈瑞麟尚不应去职耶？""沈外交总长对于他人'我想送礼'四字，而竟作为礼物也。对于他人'我想请客'四字，竟作酒席也。况乎我想送礼，我想请客之八字，尚在外人若吞若吐间，而沈总长竟已三跪九叩首于外交团之前矣。异哉吾国外交，异哉沈总长之外交。"那末，除是张先生不曾见第十一期的甲寅周刊，倘曾见过，我请他一致的批评一下。他不能不持同样之论调曰："教育总长章士钊尚不应连带去职耶？"章教育总长对于三跪九叩首于外交团之前之外交，竟作为进步也。异哉"吾国之外交进步，异哉章总长之吾国外交之进步"。章总长常许张先生是目前不利用学生。最结实的好校长，已经替他把"并未利用的"自治学院，升做政治大学。他的说话，可靠的程度如何？你当心服。现在张先生证明你什么"时评"，完全扯诳，如此如此。吴稚晖早劝你不要做那种不名誉的时评，也算不曾裁诬"章总长"罢！

此番黄狗公司的卖药广告，竟被他手臂上"纯洁不利用学生"的大学者无意中出个大丑；好叫他那"又硬又臭"的时评，减些肉麻程度。然章士钊那种"天变不足畏，人言不足恤"的气概，我们祝他使用到末日才完，也成全了他的后半世，不忍再看他的反复。所以留他那种"现世报"的印刷物，供每星期做个开胃健脾的消遣品，也不枉了乱世的千奇百怪，应有尽有。我们且搁下张章同异不提，我倒还要请教张先生一下：

张先生生长吾国，沈瑞麟已经服官多年，难道不知道沈为何如人？沈之作外长，他既自认同木头雕的完全一样。通国亦共知他同木头雕的完全一样。将他比起章士钊来，他既自信弗如，章亦自负远胜。先生亦必左沈右章。而章竟称他"严正坚强"能办"进步之外交"。那末把章士钊一估价，恭维他一点，说他同橡皮浇的完全一样，也不算我说得太刻薄罢！请问先生所谓外人"要想送礼，要想请酒"，还是先生当初撇开了学生去逼出来的呢；还是"有人利用学生"去逼出来的？先生必哑然笑曰：这是有人利用了学生去逼出来的。那末，先生深恶痛疾学生干政，你们的晨报出死力帮章士钊压抑学生，学生便幡然改过，止是闭口读书，再不敢信外人"真想送礼，真想请酒"。先生善意，把逼到外人真想送礼，真想请酒的责任，改放在橡皮浇的木头雕的身上。先生便明了就是外人要想送礼，要想请酒，已出乎他们意料之外。何况居然要想送礼，要想请酒，安得不"三跪九叩首于外交团之前"，称为"正义人道，日在天壤间"，指为"吾国外交进步"耶？以我代彼等自负，非但进步，竟是空前的大进步。"一矫从前"云云，彼等亦早有此意。先生若要望他们逼外人真要送礼，真要请酒，他们必怫然曰："我们学士大夫又不做义和团，安能向外人作非分之要求耶？况你适从何来，外人并未要想送礼，要想请酒之先，你在自治学院高卧，并不曾哼一字，何以现在谩骂我辈，以博名高欤？抑忽然真正爱国欤？"我知先生此时止能慰之曰："朋友，这是我们的义务。要学生不言，我等岂能不言？我等再不言，道理如何说得通？报纸的面子亦如何过得去？反正我们一归咎，你们一忍受，事情便算光鲜的过去了"。这种的揣测，固然罪过罪过，亦许周纳太甚。然相类之事实，实在如此。当初上海商会提了十三条，学生尚不满意，政府已经骇得屁滚尿流。故意使颜惠庆等算与沈瑞麟不睦，将他截成两段。我就哈哈大笑，知道玩戏的又大出其彩了。还有许多十死笨伯，或则督促颜惠庆之从，或则督促沈瑞麟，皆是乡愚对耍把戏的说梦。可笑亦可怜。张先生亦是乡愚乎，然何以早不整顿学风，晚不整顿学风，偏偏一刻等不及两时，要在外人要想送礼，要想请酒时，你们替称赞沈瑞麟外交进步的章士钊出死力整顿乎？先生先生，沈瑞麟不适当，将使段祺瑞亲自出马乎？一笑。谁是利用学生，谁非利用学生，学生果止为人利用之物乎？话头太长，有空闲必当同张先生一讨论。因五六年前研究系利用学生之名，满于天下。数日前梁任公先生犹致谨。先生过来人，有此事，无此事，值得向先生一言，请了；再会。（录自《吴稚晖言论集》）

教育与救国

民国二十一年五月二日在中央留京办事处纪念周讲

主席，各位同志：我们总理在民国四年很注意到中国的地位问题。他曾经讲到我们中国的地位，是怎么样一个状况。这也不是我们自己吹，在外国书本上的记载，就可以看出在古代我们的地位很高，大家都看得中国是很了不得的。却不料——据兄弟个人想来，就在不到两百年以前的那个一七六九年的时候，一个很没有价值的蒸汽机出来了之后，我们的地位，就逐渐受了他的影响。在起初一些也不觉得，过了七八十年，到了鸦片战争之后，这个影响就来了。来……来……来……据兄弟所知道来得最厉害的，就是我们一个乡邻不知道同种之谊，在甲午给我们一个打击，使我们的地位，就很有了问题。那时候总理对于革命，已存心了十年。而在甲午的前一年，已经讲到这一点。自经甲午一战以后，闹得大家愤愤不平。最厉害的就闹出所谓义和团事件。不过我们现在要证明，这些人都是我们爱国的同胞。他们实在要想拿无拳无勇来恢复中国固有的地位。

那时候，兄弟早出世几天，看到庚子以后，我们中国的地位，实在很可怜，很伤心。我们同志里面年纪稍为轻些，没有受到这种污辱。就是受到这种污辱的人，两三年后慢慢惯了，也没有觉得什么影响。到了民国十三年，党部重新组织之后，地位慢慢恢复。到前一两年，我们自己觉得很有了地位。一般年轻的学生，就觉得中国还是有地位的。却不知道这个地位，还没有筑得坚固。

好了，自从去年九一八事变以来，在今年一二月间领教又领教。到这两天的地位，很不堪设想，又有一些庚子以后的意味来了！

总理在民族主义里面，说到恢复中国地位的方法："第一就是恢复我们固有的道德。"我们还有比外国好的政治哲学，现在只要自己去恢复；同时人家有应合时世的东西，也要采取。总括说来，就是智识。智识恢复之后，当然很有些希望了。其次总理又讲到一个小小的能力问题，而且认为要求智识，先要使能力能够恢复。总理说："我们古代不是没有能力，如指南针、印刷术、火药，以及桥梁的拱门等有很多的发明。"现在我们看了这些发明，似乎很粗浅。不知道在人家同一时代的时候，已是无中生有了。正如现在人家的发明能力，到几百年后，也是没有什么稀奇的理由是一样的。我们中国因为失了能力，我们的地位才慢慢退败下去。所以现在我们要恢复固有的能力，才可使我们的地位逐渐恢复。兄弟用一个不适当的譬喻来说明：知识好比一种药品。一个人有病，要治病，总要先吃药。然而天天吃药，是不是可以恢复自己固有的精神，或者还可以更加显出精神。大家知道，吃药只是做做助力的，还须要吃饭，才可以保持我们固有的形体，使精神满足，增加能力。所以我们这一次的抵抗，前线武装同志的努力，在历史上有很大光荣。现在各国都在那里称赞。然而称赞尽管称赞，终究达不到我们的目的。

讲到我们的能力，兄弟还可以拿几件小事情来说说：例如前线挖的壕沟，一个美国人看见了，在上海对兄弟说："啊……

不得了……新得很！日本人还在那里用旧的方法。"但是这是件容易做的事情，我们只要知道方法，有了现成的铁铲就不成问题了。同时我们这次退到昆山，固然由于战略上的缘故，但是所吃的亏也不少了。据说不特对面的重炮坦克车接连冲来，上面还有混蛋的飞机放机关枪，我们头上偏偏缺少钢帽子。这个小东西，有什么稀奇？可是我们炼钢厂已经关门，要请铁匠去打起来，就了不得的困难了。这样我们想前线的武装同志，戴了软帽子和敌人的枪子拼，当然是没有侥幸的。虽然天给我们的能力，我们爱国的精神厉害，而且我们人也多，祖宗造了许多人下来，多死几个不在乎，然而到底是不对的。所以总理讲："我们要恢复固有的能力，才能恢复我们的地位，并且我们还要把人家的能力，迎头赶上前去。"

这种道理是大家懂的，然而还有许多人以为是迷信。譬如现在社会上总讲："啊呀，现在人心坏透了！道德下落了！"其实我以为道德并没有下落，只有向上。从前人不能讲的道德，现有已讲得很精深。还有许多人说："总是政治不好。"对了，道理上是对了，但大家还不能知道政治为什么不好。于是大家说："你们的政府不好。"人人要想立一个政府，各人肚子里都有一个好政府。依我的意思，他们尽管来立一个政府，也是没有用的。实在讲来，现在政府所立的方子，是本着总理所指示，真是呱呱叫。能够照方而治，就可以了。现在政治上所以弄到这样，不是没有政治手腕，不是政治知识不够。政治手腕，政治知识都是好好的。只可惜"一个大也没有"。现在多少人摩拳擦掌，要想参与政治。但如果不带上一些钱，老实不客气的说，政治能力大家都是差不多的。我们有了钱，才可以有钢帽子，要重炮就有重炮，要坦克车就有坦克车。所谓政治效能也可发挥了。我们也不是恭维人，我们的外交家也不差。只是后面没有重炮和坦克车，讲出的话，没有力量。我们的政治是总理教出来的。在世界上正是当道出色，可以算到第一位。到现在弄得焦头烂额，还不是那倒楣的东西所牵制？正如那道学先生，尽管自己正襟危坐，抱定"宁可饿死，不可失节"的宗旨；而家中的小孩子，总要闹得一塌糊涂说是"我没有饭吃"！

这种先有能力的道理，总理尽管说出血来，社会上还是不相信。我们同志中相信的很多，但也觉得这件事情可以缓一些。要知道这是不能缓的。没有这个凭借，就不能达到你的目的地。

现在可以说一句话，怎么样能够达到目的？就是注重教育。这些话，我在这里已经讲了好多回，现在还是认定这个观念。记得以前有两个拳教师比武。一个比不过的拳教师，就拱拱手说："好，三年后再会。"回了家，把一个棉花团挂在梁上面。先离开一尺打过去，慢慢离开三尺，五尺，最后一丈，拳一伸，棉花就过去。于是就去找那个人。那个人知道了，就说："不要打了，大家已差不多。"我们讲到能力，就应该如此效法的。

教育，教育，总理再三同我们讲——他没有工夫告诉学生。但他也说得很明白："你们不要在那里梦想做政治事业。从古以来，政治上有能力的，到后来未必为人所崇拜。而政治以外为人所崇拜的，却不知多少。"他就举出法国柏斯多（Pasteur）虽发现很小的微生物，但后人受其赐的却不知道多少。养蚕，种稻，种树木，只要把微生物弄清楚，什么东西都做得好好的。所以从这一点上，我们就可以知道教育也要从能力教育着手。又有所谓智识精神教育，很简括的，就是重实行。

总理讲政治智识道德，只要"你听我的话"。但不能在星期一早晨做纪念周，读了一遍，不去细细地想想，总理叫我们"务须依照"的，是"建国方略，建国大纲，三民主义，及第一次全国代表大会宣言，继续努力，以求贯彻"。这样总理虽然死了，我们拿了这四件法宝，好像《封神榜》里的风火轮，《西游记》里的一道金箍棒。这个法宝也不是总理创造出来的，他只是和我们选择古以今来最靠得住的东西。但他费了很多时间去规定建国大纲三民主义。人家看了却不值一钱。正如柏斯多用显微镜考查微生物，人家骂他："为什么不想方法和德国打仗，却拿显微镜做什么鬼样子，能像拿破仑就好了。"但到后来大家才知道受他的利益很大。如果拿破仑也如他，一定可以由第二位升为第一位了。

对于教育方面，我们党里也是岂有此理，简直不理会总理所讲的话。总理不是叫我们学人家"要迎头赶上去，不要向后跟着"。请问现在的教育，还不是前清的东西？前清因为八股不好，换花样就换了洋八股。到现在大学中学小学，虽然具体而微。而学到的几分，只是向后跟。在这方面，总理还给我们一件最大的法宝，这件法宝为各国从来所未有，就是有，也只看作小事情。这件法宝就是考试。有了考试就不要现在那种乌烟瘴气，花几个钱做做面子的学制了。

现在的教育，就好像我们只有几个钱，却想要吃好饭。总理告诉我们的方法，是"迎头赶上去"。例如我们只有两角钱，要吃焦山的鲥鱼，是不能的。就买了一角四分钱的很好的蚕豆子。六分钱的饭，蚕豆子吃饭岂不是很有味道。如果以为这样太野蛮，各国吃饭，都有几样菜；只有两角钱，也要预备八样菜。结果，一条很好看的鱼，挑开来，却是老三房公用的木头鱼，没有一样东西可以下饭。现在的学校，有大学，有中学，有小学。中学里面又有高级中学、初级中学，了不得，你也大学，我也大学。还不是和两角钱要吃八样菜的情形相同吗？

所以这是我们党里面的责任，不应该在革命政府之下，还用从前跟人后面的教育。我们张开眼睛看看，苏俄的教育制度；苏俄也是教育落后的国家，但他们是不是现在还仿照欧美那些具体而微的办法？他们的学制，已另有一种学制了！而应用的发端，就是五年计划。他们五年计划有什么稀奇？我们总理虽没有详细告诉我们，但他说："我们以后不能再用煤力，要用电力，人家费了二百年才得到，我们只要十年就可以追上去。"这种话不是隐隐有一个十年计划？可是我们却一切不管，只说"慢慢来，将来再充实。"以致大学腐败，中学也腐败，连小学也不得不腐败。无论你酱油麻油加上多少，挑开来一看总是一条木头鱼。

教育本来应该平等的。以各国的力量尚只能办到小学平等，有义务教育。我的理想教育的平等，要强迫人读到大学。而现在两角钱吃八样菜的教育制度，在这个时候总是不相宜的。我们要迎头赶上去。枝枝叶叶只能慢慢再来。所以世界人类最公平的教育，要强迫到二十岁。在二十岁以前，是社会教养他。二十一岁到六十岁的四十年，是他替社会服务。六十岁到八十岁是社会助他，他也助社会。八十一岁以后，就要社会养他了。——这是我落后的话，只讲现实的事。如照申报上记载：一个八十岁的人还可以结婚，那么又当别论了。

照我理想中的教育，有三个目的：第一，所谓教育机会平等。这是各人的权利，不是义务。第二，一个人的教育，强迫到二十岁也是权利，不是义务。第三，我们在进化的中途上，要结一个团体。我们所谓团体，不是想打人家。只是大家有关系，说得明白，讲得通。而且可怜得很，如果没有团体，人家不当他一个人。所结的这个团体，就是一个国家。所以总理在民族主义里面再三讲："我们的民族主义，不是狭小的，不是国家主义，而是大同主义。"现在只是拿国家民族的名词来范围，在道路上容易处办，同时用这个意思说来，教育就是国家民族的义务。我们现在有两角钱，应该不要八样菜的形式，而给一个人去用，由他去买现在最好的新蚕豆，吃看很适口的饭。肚皮饱，精神足，尽管不戴钢帽子，也可以杀上前去了。所以现在为国家着想，在教育上有两层办法：第一，教育是国家的义务，不能不担任；是人民的权利，不能不享受，无论怎样，小学义务教育还是要努力办去。其次就是人才教育，中国有的是人，多少人喜欢读什么八股，也让他去读。我们只要在四百兆人之中，有四百万人可以造钢帽子，恢复固有制造火药的精神，也已够了。所以在大学高等教育中，就只要管这种人。此外如有服膺总理教训，要读治国平天下的书，当然也让他读。至于读什么文学，不在乡下去读，而要到学校里来求，我看就是最好的，也不过三等货色了。你想做滕王阁的王子安，只有受义务教育的十三岁的时候，已经一挥而就了。所以我们并不是说不管他，实在这种办法，是两面受罪。现在一个老子要供给儿子读到大学，确实很不容易。而结果却是常听到"你看某人新得差使，我实在没有工作，在家里很受累"的话了。

要知道国家穷，就是个人穷。俗语所谓："十只黄狗九只雄，十个先生九个穷。"要想读了文学书，做了官，在天下荒荒之日，正是自己得意之秋，横了良心，捞一票，也不要在那里做这个梦。闭了眼睛想想，为什么要做什么文学家，什么家。旁的事情很多，尽管一字不识，可以大发其财。如果想从学校出身发财；结果还不是变成十只黄狗一样！于个人不利，于国家也不利。教育天天摆在那里，终是闹得一塌糊涂！

　　所以我们要在义务教育和高等教育上想办法。我们不要去扩充"量"，却要改良"质"。义务教育不敢断言，然而我的意思，和高等教育是一贯的。因为小学没有好学生，中学也没有好学生。中学没有好学生，大学自然更没有好学生。本来义务教育的目的，是要使各人都得到一些粗浅的智识，耕田吃饭的方法，可以在报上书上看到。同时也是使各人能签名于选举票，看得懂什么纸据，不敢再弄出莫名其妙，吃了人家一顿面，却把选举权让给人家的把戏了。

　　在小学方面，也只要改良质，不要扩充量。扩充量的方法当别取途径。我们看人家能够拿重炮打我们，就是因为他们有倒楣的几个假名。记得六七年前一个日本人在上海博物院路演讲。他说："你们贵国忙得很，说句抱歉的话，你们总没有工夫注意到教育。现在识字的人，恐怕一百个人中只有三十五人，敝国很运气，这两年很安静，在教育上留意一下，到现在识字的已有九十五人。"但我们要请问他们识汉文的究有多少？恐怕不到三十五人。其他六十人，只是识假名。他们硬虽硬，总不能废掉我们的汉文。许多高等学问和契约，都须用着汉字。固然我们汉字同音字很多。一个同志的"同"字，又可以说梧桐的"桐"，又可以说竹筒的"筒"，又可以说金银铜铁锡的"铜"。可是在日本他的同音更多，不但同筒铜可以同音，连"徒"与"侯"皆可与同为同音。同音字同得一塌糊涂。只因放在字旁连着上下的一同读下去，才知道他写的是什么。我们所造的注音符号，也就和他们的假名一样，还胜过他们的假名。譬如我刚才所说的地位两个字。照理应该说明地是"天地的地"，位是"三位一体的位"。但在说话时，毕栗剥落，连读带说，就不待说明，大家已懂得了。

在这一点上，我就想到我们下级党部，还须做一件事情。现在各处党部固然也有不规则的事，但这是个人问题，也只能划在"没有饭吃的账上"。还有热心干消极工作的同志，就向坏人去奋斗。有许多政府官吏，也是不大好，党部方面想这个东西，是我们派出来的，现在要害人，党部自然要管束他。这样做去，实在也没有错。不过管了人终是忠言逆耳，坏人听了你，也不感激你，只是看到你可怕。譬如你开衣服店，觉得生意很正当，如果你开棺材铺子，就觉得讨厌得很。我们现在拿道理来教人，就和开棺材铺子一样。其实开棺材铺子的作用，大得很。他似乎在那里说："不要一天到晚在那里闹，你看总有这一天的！"然人家哪里肯留意，只以为可怕可厌而已。所以党部的不得人欢迎，就是止重消极工作的缘故。所以我想下级党部还须做些积极工作。即如小学校，不要扩充，只要改良质。把学校合并，教员的薪俸提高，使他们安心教书。同时扩充量的方法，就拿注音符号去推行。注音符号本有三个作用：第一是当作一种拼音文字，好像日本的假名。但结果虽很好，现在还难办到。第二就是以前闹了几年要把注音符号去统一国语。但这步工作，也很不容易。譬如说教一个洋车夫说国语，就可以到天津去拉车。但他可以回答：就在上海拉车也够了，何必上天津？所以这一点还不需要。现在最大的作用，就是第三，放在字旁边可以读出字音。我们中国文字虽大半为形声字。但如江红扛导字，同是一个工字旁，却读出不同的音，也不能照形声而读。如果有了读音符号，只要教他十天二十天，用了有趣味的书籍给他读，就可以使他识字。这时候他很感激你。如果再把三民主义等党义放在里面，当然发生很大的效果。于是我们把很少的经费，专心改良教育能力的本质，能力能够恢复，我们的地位当然也可以恢复了。

今天兄弟到这里来闹了半天，很无聊。不过看到从前中国的地位很不好，很难过。现在很难过的意味又来了，就不得不向各位讲一讲，希望各位原谅。

救国须改良教育

民国二十二年五月四日在济南对新闻记者谈话

余离开北方，已三四年。故到北平去视察北方政治及其他一切情形，纯系个人名义，并非中央所派。是否到前方去，尚不能一定。大概新乡是回来必经之地，要前去看看。蒋委员长因为江西共产党闹得利害，必须有特别办法，把共产解决，方可北来。汪院长最近亦不能北来。李协和先生主张开放政权。在我看政权终要归还人民的，无所谓开放不开放。当初孙中山先生宣布训政，是希望有智识的人，指导忠实的老百姓，培养他的政治智识。中山先生在宣布训政时，特别注意乡村自治；尤其对人民选举权格外重视。革命成功后，有高级权利的人并不注重于此。地方训政要点，为各地方设县参议会；由县参议会选举县长；由各县选举全省执政人员。其意旨为训练民众，使人人渐次练习作参政的准备。现在政治仍然由上而下，县长由省委任。民权发展，毫无准备，实在不好。中国至此田地，开放政权，并不能救济国难。欲救济国难，必须养成救济国难的力量。欲养成力量，必须改良教育。中国向来注重道德，但是只有道德，不研究吃饭问题，也是不行。比如一家人家，家务虽已整理好了，而无饭吃，亦是无法。所以苏俄革命才成功，就宣布实行五年实业计划，十年实业计划，以培养力量。过去教育之错误，非人民不争气，是制度太不良。余以为今后教育方针应有三要点：一、农村经济破产，须教以复兴农村力量，使农作物增加，以救济农村破产；二、外国货物，向中国来一天比一天多，须教以制造国货，以抵制外货；三、外国人大炮机关枪来打我们，须教以制造大炮机关枪以抵抗他。中国吃日本的亏，全在兵器上。因为人家力量足，枪炮新式，我们打不了他。甲午之战，打败了以后，我们早就该发奋报仇。比方两个人打架，有一个败了，就向胜的作揖，说三年以后再见。他一方回去就苦苦的练功夫。第一次铺上一层棉花，一拳打透了。第二次再加上一层，以至三层五层十层二十层都打透了，其他功夫也练好了。三年后一比较，把先前胜的打败了，才算个人。但是"大刀救国"，不能喊一辈子。我常对别人说："国难至此，责任全在年老的身上。因为四十年前，中日之战，目睹日本人欺负我，打我，同现在一样的利害。那时候我是三十一岁，蒋先生（介石）只七岁，当然不知道。一班青年，更不知道了。所以说：这四十年来我们早应当教养青年以报国仇，不该把责任放弃了"。看见《大公报》上登载着梁漱溟的演词，还大讲其风凉话。说什么中国上了提倡军事当，把农村经济破坏了。实在不对。因为现在是大组织全破坏了，不只是农村。我国素来讲伦理，所谓孔门伦理，就是三民主义。共产主义帝国主义也是各有各的伦理。但是应该有一定主张，譬如有人说孝最要紧。我们也说对。又有人说非孝要紧。我们也说对。良心上没一定主张。试问中国大炮机关枪不能制好，军队能算练得好么？尤其现在一班青年，光念洋八股，又有什么用处？不过博得硕士学士虚衔而已！又到咸丰十年，英法联军在广东，擒去两广总督叶明琛，解到印度加尔各答，并且把红顶花翎装起来，售票两角看一看。虽没亲自看见，看看书上就可知道。此刻东三省山海关的炮声,是大家经验着,可以想到当初甲午年日本的大炮,才是如此利害。我们自甲午到今,四十年空空的过来了,希望现在的人们,别再空空的过去。四十年依然不能复仇,应打破只念洋八股投社会时髦需要,以求博士硕士头衔的心理。要注意教育应改的三个方针。

据我观察世界的大势,推测日人如此跋扈,将来也许走到很不好的路上。因为从前德国的声势,比现在的日本不在以下,结果还不免叫协约国打的他一败涂地。现在一般人都把教育看作小事情。我劝办教育的人,实在也用不着增加经费,因为从前清以来,衙门里教书的老夫子,同现在一样叫人看不起,待遇也是最薄。记得有一个笑话。有一次一个老夫子上厨房里催菜。厨子正在切毛笋,边切边说:"先切的笋根给老夫子;最后的笋尖,给账房先生。"又一天厨子又切韭菜,说:"先切的给账房,后切的给老夫子。"当厨子的都看不起教书的,又何况别人呢?我们对于个人的小孩子,应该教好,兴家立业。不教书,他又焉能兴家?所以这四十年来,不能把人民教好,使复仇,闹成现在的地步。罪恶都在老头子身上。不该放松他们,光教他们守道德,不教他们吃饭的办法。说句迷信的话,阎王放出了人的生命,只能给他受智识的工具,如耳目鼻等;不能把智识同时付给。必须受教育,才能得到智识。以个人经验看,世界上的人应该有四个阶段:二十岁以前是受教育的时代,二十岁至四十岁是替社会服务的时代;四十岁至八十岁是需要帮忙的时代;八十岁以上完全是受人供养的时代。世界上虽然有人如此提倡,将来如何实现,尚不能预定。使小孩子受教育,应当为国家着想。譬如有五个儿子求学,假若其力量供给在两个儿子身上去求学,将来必能成为人才。若勉强使五个儿子去求学，非但学不成才，则五五二百五，全成"二百五"。更当注意，勿光为个人求虚名，学洋八股。应该对我以上所说的改良教育制度中的三事，多加考虑。（录自《中央周刊》第二五八期）

谈中国教育腐败亟待改良

民国二十三年八月七日

……学校是从基本着想的。有了好小学学生，自然会有好初中学生。有了好高中学生，自会有好大学生及好留学学生。现在学制的矛盾，可说达于极点。小孩一个极不完备的脑子，既要叫他这样，又要那样，已觉忙不胜忙。到了初中似乎非开夜车不可。及大考会考的时候，要拼命的预备方才来得及了。但是考试完了，预备的东西也忘掉，精神也弄坏，结果成功一个肺痨病者。我虽然不是学堂出身，但是我做过几年教员。到了授课的前一夜，倒也十分预备，异常吃力。后来马上就完全忘了。我有一个老友胡雨人先生，他管教子侄最为严厉，后来他所赏识的一位，学问虽好，但精神方面，被他逼到像肺痨病一样。一位他以为不才的侄子，他就自由求学自由努力，后来精神既好，学问也好过那个侄子咧。

学问这件事也要叫它浸润而成的，不是像煞有介事可以成功的。研究文学倒是在纸窗矮屋里，容易产生文学大家。研究科学倒是几个穷愁小子容易有出息。但是这种人才不是一只二只学堂里能够产生。这种机会，不是一蹴即得的。要设法使它普遍化。譬如在外国大庭广众场所，许多人嬉戏笑乐。内中有一二个人低头工作，看书做工化验，尽可干的。人家也不算稀罕，他自己也行所无事。在中国这种状况不易看到。一遇事变，大家只知道来一个提倡，来一个运动。

学生要从小的时候就要注意他的心理和志向。譬如选教科材料，先叫他读到透熟几十篇有声调有词藻的中国文学。一方面叫他多认识字，一方面叫他知道些声调，将来做起作文来容易畅达。从前我有一个朋友他说：王子安的《滕王阁序》，何以学生们爱读，且一读就熟？我说：这篇文章论它意义是肤浅，论它对仗是卑陋，但是何以能够讨人欢喜呢？不过，声调着实不差而已。外国文不可不读的，因为要懂外国学问，总得要知道外国文，以为沟通介绍工具。只要熟读几十篇声容并茂的外国文。以上不过说是读物。至若看物固仍旧要自己去选择些学理湛深的好文学吓。算学是各学科根本，不可不研究到极透深的。在小孩儿的时代，不妨一知半解，知其然不知其所以然。但是这都是基本功夫，可马虎其形，不可马虎其迹。做先生的要想一个方法，拿算学原理和代数几何的公式符号定例编成歌诀。先生在上课时慢声咏吟，众学生同声应和，如讴歌一般。犹恐不足，先生再装腔作势，俾学生有所兴趣。我国九九数口诀已觉好了，但是德国儿童念熟的口诀倍蓰于此咧。口中读熟，将来演算起来，可省许多脑筋。所以不能不着重读死书呢。

中国的学堂根本没有弄好，何以能够责备它没有好结果吓？说到留学生的浑蛋，真是浑蛋到极点！（好的除外）。在外国混了几年回国，俨然博士学士，对于实际一无所有。说他学的是工或是农，只可躲在茶坊酒肆说说谈谈；那只可算是工八股，农八股罢了。民族这东西是有说不出的奥妙在。用尽气力提倡，用尽气力督促，功效是有限的。总要教他们自觉，自己认识自己得到乐趣才得有用。所以孔老夫子说：知之不如好之，好之不如乐之。我以为对于无论何种学问，须要有这样神情意识，就是禁止他们不要学工不要发明都不成功。外国学堂的确比中国的办的好。它们既有悠久的历史，有车载斗量的人才，有人认为是菽粟水火不可须臾脱离需要。何以我们中国人留学的难得有惊人的成功呢？不外乎畏难的心理太重。外界五颜六色的诱惑太多，所以钻进游戏场所的人多，埋头于实验室中的人少。依我主张，要设法派少年人出洋学习科学。譬如比国的生活程度，一个学生有了一千块钱膳宿学杂已可敷用。则每年每人不过花一万块钱，聚了十个学生分做一组，派赴比国等处留学。再每人每年出洋二百四十元，合延一个有学问有道德的先生来管理学生，不许学生荒唐，不许学生浪费。那先生既负督促的责任，且要保管学生的日常经费。学生每人每日要做日记。先生随时要教诲学生一切伦理道德。倘这先生有儿子的，还可以带一个自己的儿子去伴读呢。好像我的儿女在外国读书，我的内人管教监护，不过这一点拘束。我的儿女学问是要比他们无所拘束的来得好。

以上主张，我本来要提出全国会议讨论。但是这怪僻议论恐怕无人赞成，所以一响也默着不说。

门外汉意中之教育问题

民国二十八年一月十五日

今天承中国教育学术团体联合办事处容许对教育问题作一次讲话。因为自己对于教育是一个十足的门外汉，所以今天的讲题是"门外汉意中的教育问题"。拿一个门外汉来讲诸位所研究的教育问题，也许是太胡闹了。然而今天是休息日，请诸位发发笑亦好。况且对于门外汉就是胡闹也可以做一个胡闹的参考。

近几年来，我们的领袖蒋总裁，他的训示中，常提到"管教养卫"四个字。最近教育部陈部长对于这四个字的意义也有很精要的阐明。在我外行说起来，"管"就是叫人必定要如此，而且不许不如此。"教"是告诉他应当如此，所以不可不如此。"养"育也，养成功他的能力。"卫"是有了能力，足以自卫，也就能够卫国卫民。俗语常说管教管教，教就不可不管。养卫都属于育的部分，所以管教养卫四字，归纳了，也就是教育两字。现在用我门外汉的见解，把管教养卫再来瞎讲一阵。

什么是管，现在一般人常常误解管的意义，好像管是专去管人，忘却管人的人必先管束自己。因而人们听到"管"字，心里就不大乐意。譬如说我在街上走路，有时要听警察的指挥管理。如果我误解了管的意义，以为我是有身份的人，来受你区区的警察的管理？其实这句话是不对的。管的第一个条件是能自己管自己,因为自己管自己是最高贵。一个人要等人家来管,已经是下焉者了。还要不受管,简直更丢了身份。所以要最好做到不必有人管,而能自己反省,自己知道凡是利己害人的事决不做。人人如此,社会当然就能做到不管而治。

谈到要不管的问题,不由不谈到性的善恶问题。讨论性的问题,古今来已有不少的学者讲过。有人说性是善的,有人说性是恶的,也有人说性是有善有恶。以我个人的看法,性不性且不去问他,我可以妄断一下,人是一半好一半坏的。世界人类,决不会全是好的,也不会全是坏的。你想一棵橘子树,树上长的橘子,决不会全是大个儿,其中必是好的大的有多少,小的坏的也有多少。总理说过:"人的权利是可以平等的,人的智慧是不能平等的。"我们的孔夫子也说:"中人以上,可以语上也;中人以下,不可以语上也。"什么人才算是中人?汉书上有九等人格的分别。我想九等中人四五六是中人,一二三是中人以上,七八九是中人以下。根据这一个分等法来分别人的善恶,我们可以说,一百个人中间,在善的方面有一个最好的好人,绝对不会坏的。在恶的方面,有一个最坏的坏人,绝对不会好的。另外在善的方面,还有四个好的,是不容易变坏的。还有十五个好的,偶尔亦会变坏。在恶的方面也有四个坏的,不容易变好的。也有十五个坏的,偶尔亦会变好。两头各去了二十个,余下来的六十个,我们叫他为中人。因为他们可以做好人,也可以做坏人。如果我们细心考察社会各界人士的行动,可以证明这一个说法,是不大错的。

这个理论,用政治上的事情来说明,也可以见得。欧美是政党政治,他们常分什么保守自由的两大政党。何以两党的党员,会或多或少呢?因为或多或少的缘故,有时保守党执政,有时又变自由党执政，照党德讲起来，一个人一经入党，应该就不能叛党。那末一次分了多少，就应该永远不动。何以会或多或少？这就是中人以上的决不会叛党。那中人以下的就都是摇动分子，容易改变。常有忽尔保守，忽尔自由，随着他们的好恶转移着拥护。因此执政的跟着上台，跟着下台。

我还敢说，无论哪一个文化进步，教育发达的国家，一百人中，顶多止有六十五个是好人，至少有三十五个是坏人。反转来说，无论哪个文化教育落伍的国家，一百人中，终有三十五个是好人，最多也不过六十五个坏人。民国元年有位丁福保先生，以为我曾经在教育界混过，和我开玩笑，说道："我愿意出一百万元一天，请你把天下人全教好他。"我摇头没有办法。他又说："既然教好不容易，那末我还出一百万元一天，请你把天下的人都教坏他。"我还是摇头。当时听笑话的人，也个个摇头。现在想大家必以为嫖赌吃着，是人人喜欢的，拿嫖赌吃着来劝人，是一定中意的。哪里知道，你试试看，站在十字街头去教人嫖赌吃着，保证会许多人给耳光你吃。这是证明我到底好人终有三十五个的断言也是不大错的。

从上面这许多的叙述，可见中人以上，止有三十五人，中人以下倒有六十五。我门外汉谈起教育来，就想把那个教字，要想个字来，帮他一帮。怎样帮法呢？止有我们领袖早能够见到，他把俗语中所说的"管教管教"，在教字之外，把"管"字特别提了出来。我就有法子，把他的"管"字，对付六十五个中人以下，叫他必定要如此，而且不许不如此。"语上"的心血，虽然在教字方面，也有时不能不在他们身上白花一点。然而顶好多省点心血，花在"管"字上。花的什么是"语上"的心血呢？就是对于教字方面，要讲"不可不如此，而且讲所以要如此"，这是不得已时，对一百个人，都要教的。什么叫白花心血呢？就是讲到不可不如此，所以要如此，一定有三十五个的中人以下，没有希望能叫他自动的依从。然而止好一齐都教，就是没有法子，把三十五个中人以上的认识得很清楚。而且更没有法子，把中人以下内三十个能化导的，也马上能认识出来。所以止好一百个通通吃点力，对他们"较上"一点的讲了。希望三十五个中人以上，都听懂了，一同来管人。还希望六十五个内有三十个中人，也能相信了，带管带教，也跟着做了好人。使好人有了六十五，管住了三十五个坏人，便变成了好世界。若是管教不得法，变了教育落伍的国，止剩了三十五个好人，管不住了六十五个坏人。好人变成束手无策，止好独善其身，世界就会弄到难看到不成样子。这个现象，就是管人的太少，变成了人人无管束的缘故。要挽救这个局面，似乎不需要三十五个好人，起来多吃辛苦，担任了"语上"的教，初步要三十五个好人，加倍辛苦，担任了管，才是聪明办法。

我想，施教也同施政是差不了许多。古人对于施政，乱世要用重典；这就是说不但要管，还要管得很严。俗语说"棒头上出孝子，筷头出逆子"，也自有一点理由。导之以政，齐之以刑，虽然民免而无耻。而信赏必罚，也是不得已的办法。在施政的人，自己勉励自己，当然要进一步的导之以德，齐之以礼。然当了"上无道揆""下无法守"的时候，就是诸葛亮，也就不能不吃点辛苦，罚二十亦必亲览，且顾了政刑要紧。否则对黄巾贼去读孝经，我就记起一件家庭的小事来。我有个朋友，叫范素行先生，他的父亲是道学先生，所以范先生根气厚，言矩行方，朋友个个钦敬他。他的夫人却是一个知府的女儿，并不算什么恶劣，止是个中人。可是宦家女儿，看惯婆媳不合的，终不见得十分孝顺。我们的范先生讲起来，就用一篇大道理，大都这中人的女子，是听不大懂的。于是每到媳妇与婆婆吵嘴，他到了没法，就跪到他父亲的木主前面，把自己的皮鞋脱下来，打自己的嘴巴子。这也算十足的导之以德了。可是，每到如此，他夫人便吓吓的笑将起来，对丫头老妈子说道："你们看，这一套又来了。"范先生三十岁便气死了。这恐怕就是不能合理的管住，感化也是失败了。又如近来节约运动，其实我们最高领袖，十几年来，请客西餐止有四色。无酒无烟。中餐火锅一只，便菜四小碗。还有一位领袖，遇到不能不筵宴，就用一只一品锅代替。这也可以算十足道地的导之以德了。然而东也聚餐，西也聚餐，酒肉狼藉，碗盏满台。不知还算豪阔，还算恭敬！规定了八元一席，暗中还贴到十六元二十元。这个以身作则的教，终于在这人人失了管束的时候，收效太少。似乎非不客气的管起来，禁起来不可。既然以身作则，禁也不能有怨言。

所以教育家拼命只管把理论说得十分高超，却忘记了好好的管束。这无异做了官，只管贴点标语式的告示，而警察却办得没有力量，恐终不能无为而治的罢？且世界上坏人倒有六十五，对中人以下的人去对牛弹琴。孔夫子上了当，所以断言是不可。孔夫子教绝等人物的颜渊，也不过"博我以文，约我以礼"，还要"循循善诱"，就是无形的管着。所以子贡也说："夫子之文章，可得而闻也，夫子之性与天道不可得而闻也"。若拼命的要想做改良的孔夫子，把性与天道，对中人以下的人，要硬硬输入到他的脑子里去，其实他止看见是"一套"罢了。这不但枉费工夫，而且还有意外的危险。如其诸位不信，听我慢慢在下面贡献：

因为善恶与智愚，虽有几分密切的关系，然而参也鲁，柴也愚，愚鲁人的当中，尽有第一流好人。行伪而坚，言伪而辩，学非而博，润非而泽，绝等聪明的少正卯当中，也常出第一等坏人。若道理听进了聪明的好人耳朵里，就会成功了先知先觉的真知灼见。这就是总理希望有这种担任"知难"工作的先觉。吹进了愚鲁的好人耳朵里，也能笃信谨守。这就是总理希望他们担任"行易"工作的后知后觉。这亦就是孔夫子所说的中人以上，可以语上也。如果中人以下，一班不知不觉的人物，至多止好博他以文，约他以礼，加上了非礼勿动，非礼勿言，管住了，叫他定要如此，而且不许不如此。这就是现在头等兴盛国家的三十五个坏人，也表面能够奉公守法；而且有些聪明的少正卯，人家虽刻刻提防他，他却居然做成极能干的有用人物。这种人，就是孔夫子又说："不可使知之，可使由之"的一流。总理也就不客气对他们说知是很难的，我已替你们知好了，你们用不着再费心；行是很容易的，你们务须依照，以求贯彻好了。你们肯相信，一定成功的。如其不肯依照，一定会失败的。总理虽也谦，自然圣不自圣，有第一流人物，也容许他补充。若听中人以下的少正卯去仁者见仁，智者见智，弄到儒分为八，墨分为三，决是有损无益的。

性与天道，夫子罕言。就是礼，也已经包含广大，一切做人行政的规则，都包括在内。说到用礼来自管，也谈何容易！若是自管，还有非礼勿视，非礼勿听。管字的范围，止能先顾到非礼勿动，非礼勿言。因为言动是连警察可以干涉的，视听只好请人自己招呼，干涉是不会周到的。中人以下的人物止好盼望他权作"二勿公"，若"四勿先生"是很少希望的。所以上面我说的管人的应先自管，这句话纵然并不是性与天道，虽一百个人，都应该对他讲讲；然而实在还止可贡献中人以上。

就是中人以上的人，除了圣人，大学上还要请他雇十名义务警察，暗中跟着监察。所谓十目所视，十手所指，其严乎！这个方法，自管还脱不了人管，决不是把自管的标语，贴满了墙壁，"此地不可小便"，便可遣散了警察不用的。所以人非圣人，一定要管的。省点教的心血，多花点管的心血，这是我门外汉对于目前教育问题的偏见。

怎么多教了高深的理论，还会有危险呢？因为太高深的理论，对好的方面第一个好人讲，是十分有用的。对于次点的好人讲，就必定知其当然，到底不见得能知其所以然，能帮助他实行之处，恐怕很少。故尔工夫太忙，就止好遇到三月不违仁的颜渊之徒，偶尔讲讲。此外节省心力，做一个罕言利与命与仁的孔夫子，亦有相当需要。若对六十五个中人以下的人去多讲，不但白费工夫，还生出危险性来了。最好的结果，就得看儒林外史里高翰林的见解，以为己饥己溺，止为类书里教养门的话头，不必实行的。因为稷先生担任改良农田，如何世界上有一个饿死的人，就要算他饿死的呢？理论不是太高了么？高翰林地位虽然是翰林，人格恐怕却在中人以下，自然懂不得了。然而他在教养门里抄到了这个话头，写在八股里，翰林却被他骗去了。这是一个小小的危险。更有一班大政客，他把标语读得烂熟，满嘴的国利民福。有时被你发见了靠不住，觉得十分讨厌，徒然被他耽搁了工夫。然而当你正在需要，听他说得像煞有介事，一不小心，比翰林还高的地位，也被他骗去了。难得一个少正卯，孔夫子忍痛的诛了，恐怕还有许多小少正卯，孔夫子也觉得诛不胜诛。所以止好性与天道，且不可得而闻，说话用心点，免得被这班人偷了去，添他们高等作恶的资本。至于不得已而应该说点所以然，且止好博之以文，约之以礼。

约即有两义，一是在博文之中，把礼来约举出来；一就是约束了，叫他非礼勿动，非礼勿言，还在教中去管他。管之为意，岂不大矣哉！孔夫子对亚圣的颜渊，还脱不了管。所以现在什么运动，什么运动。"运动"亦未免太客气。不如对于必要如此，不许不如此的事项，把运动改做"管理"什么，就会有效得多多了。

把教育的教字，添一个管字，叫教字有效，而且管要比教多花心血，这也是天然的趋势。譬如我们设官，司教的教育部，止要一个，而司管的内政部，司法部，铨叙部，审计部却要四个。

说到这里，把教与管，算粗粗的说明了。我以为育字的养与卫，事情虽不免看做形而下，而心血值得多花，似乎比管教还要注意。因为养卫不充分，管教就一定减色。就是一个人能力不充足，精神也不免大受影响的。所以也可拿设官来比况：对于管教，是教育、内政、司法、铨叙、审计五部；对于养卫的财政部、经济部、军政部，虽止设三部。然而所花的经费，不是多过了五部的数倍么？虽然这种幼稚的比况未免可笑。但是我再用半天的工夫，来闹诸位三个钟头，然诸位也要大加注意的。可惜现在已花了诸位宝贵的时间，近乎一个半钟头了，再连三个钟头，如何使得呢？止好有机会再说罢。

止有几句总括的说话：我们过去的教育，有教无育，就叫这回的抗战吃了大亏。教字又不曾注意管字，把国家教育，暗变了宗教教育。表面虽有人骂：造成了许多士大夫，其实有几个能出将入相，折冲樽俎？大都是念经卷的和尚罢了。所以还有一个门外汉，叫钮惕生先生，他去年二月对我说："恐怕我们学校的人物，无异蒙古庙里的拉嘛，止成了一社会的高等阶级。我们把子弟向学校里送，无异蒙古有三个儿子，要两个做拉嘛。"

我听了他的譬喻，十分绝倒。就是那天，我跑到夫子池，在一个小学门前，听到里面书声朗朗。我一想又正在那里造一班小拉嘛了。恰有一位教员走出来，他认得我的，要邀我进去演讲。我正抱着这个离奇观念，能进去说什么话呢？婉言的辞请改日，就告别了。我们门外汉竟有这种感触，诸位听了，苦笑罢，毒骂我们罢，由诸位处分罢！（录自《吴稚晖言论集》）

从二十八年上想起中国青年最可模范的一个

中华民国在今天，已经整整的过了二十八年。问他建国的成绩，到了如何地步？当然要把从前人建国的能力来比较。请问比较那一朝呢？我想直把尧舜之世来比较。必有人以为太胡闹了，当此内忧外患，民穷财尽，比起宋明，还是歉然。当然汉唐是不必说了。要比"成周三代之隆"，更是笑话。如何一比就比起尧舜之世？真是胡闹！但是古今的情形不同；所谓治乱兴衰，也各有各的依着时代的判断。终之，人才凑得好就变兴盛；凑得不好，就形成衰败。笃旧的人，终以为古胜于今。讲进化的人，又以为今胜于古。这都是笼统的武断。难道古时的恶事，也胜于今，又难道今世的恶事，亦胜于古？善恶在时代上，观点或稍有不同。而在一时的或善或恶，判断起来，终是相同。所以问建国二十八年，究有成绩若干？倘有现成的典故，何妨把现在与古代比较一下，管他什么尧舜之世，隆重得高不可攀呢？

说起二十八年的典故，最熟于人口的，就是舜在尧未死之前，摄政了二十八年。问舜在这二十八年，成绩如何？又问我们中华民国二十八年，成绩如何？我就有一个比例着的答复。我们不好执着过去的内忧外患，民穷财尽，尤其是目前的狂寇压境，竭蹶抗战，以为我们决无此资格，引唐虞来相比。然而我来念一段孟子给大家听听：舜的摄政中的环境，也就够麻烦了。

孟子说:"当尧之时,天下犹未平。洪水横流,泛滥于天下。草木畅茂,禽兽繁殖。五谷不登,禽兽逼人。兽蹄鸟迹之道,交于中国。尧独忧之,举舜而敷治焉。"

大家听了,此时舜去摄政,滋味如何?有人说孟子的说话,有点不可靠。所谓:"大哉尧之为君也,惟天为大,惟尧则之。"那末又何当尧之时,会这样一塌糊涂呢?这个缘故,大家就没有想想:自从黄帝有了一点建设,三苗的猖獗,跟着蚩尤下来,一直不断。少昊之时,又曾大规模的侵略。直到舜做了皇帝,舞干羽于两阶。七旬,有苗方来格。摄政时也把三苗窜到三危。想见三苗的麻烦老尧,也不在共工三凶之下。自黄帝到尧,中间又有神人杂糅,侥扰天纪。外患内忧,土地荒芜。一路的民穷财尽,更甚于今日。他父亲帝喾,老兄帝挚,直把一个糜烂的世界,交到尧的手里。尤其尧以前的古人,于伦理道德,做人之道,还没有工夫讲究。尧首先的出来"克明俊德,以亲九族;九族既睦,平章百姓;百姓昭明,协和万邦,黎民于变时雍"。这一套工夫,也就够花他的心血,够费他的岁月。从前神人杂糅,好像义和团的世界。恐怕就是羲和那种官,专管天变灾祥,如后世钦天监,乡下老百姓的胸中,也好像必要刘伯温能造推背图,方才称职。所以弄到街上跑的,神与人都分不清楚。尧就请他们专心研究三垣二十八宿,定了四时的中星,敬授民时。这也不轻容易。生的儿子罢,又是不肖。几个老臣罢,如共工驩兜之类,又都是宝贝。再来一个九年的洪水,明晓得鲧是刚愎自用,但也无人可使,白治了九年的水。大溜过了,小水还是泛滥在一国的遍地。从十六岁即了位,匆匆的七十年,已是八十六岁。异时舜对禹直讲,说是耄期倦于勤。难道尧在当时，到了耄期，便倒不倦于勤么？看看所谓草木畅茂，禽兽逼人，兽蹄鸟迹之道，交于中国，竟是那种现象。然而倦勤的人，要能不能，所以就在四岳中间，也急乎想拣个替人。忽然有个二十七岁的青年，居然是出在"茅草里的一棵竹笋"，叫做舜的！可以选做女婿。

于是叫两个爱女，去朝夕观察，相伴了三年之久，知道真是一个出色人才。到舜三十岁的时节，便请他摄政。现在把我们中华民国讲：也同中山先生，把宋明以来委靡不振的气象，遍于中国；治国平天下之大道，散而无纪；先给他一个三民主义。如尧的亲九族，平百姓，和万邦，立了一个根本的建国纲要。所有鸦片战争以来的外患，及贪官为吏悍将骄兵，一切如禽兽逼人的内忧，且到成了中华民国再说。

于是上面一个比较说明了，下面再来一个比较。就是舜的摄政二十八年，干的什么？中华民国有了二十八年，也干的什么？舜干的，是先补尧的未做的几件：积极方面，补助羲和的观察天文，制造了璇玑玉衡，能齐日月五星的七政。把诸侯分等得清清楚楚，每年的仲月，到东西南北，亲去借了祭祀山川，看看泛滥如何？兽蹄鸟迹之道，一一跑过。姑且把小水整理一下。权把全国分成十二州。容易开浚的水道，开浚一下。大工程再候将来。从前没有刑典，所以尧亦无法惩治他应办的人。于是象以典刑，使钦敬的依照。再就消极方面，把尧所未办罪的三个内贼，共工是流，驩兜是放，鲧是殛；一个外奸，三苗是窜。说起共事的，已用了八元八恺。至于一班青年同志，如大工程治水的禹，大规模垦殖的稷，执法如山的皋陶等，还来不及一齐物色完全。可惜到了他摄政的二十八年，尧以寿考令终。不曾亲眼看见益把烈火，焚了畅茂的草木，禽兽一齐逃匿；

稷把兽蹄鸟迹之道，变了阡陌交通，匀匀南亩；禹把江河奠定，从新废了十二州，回复了向来的九州，弄成了锦绣江山。其实这也时间来不及昙花顿现。那么我中华民国的二十八年怎么样呢？说到积极方面，造成陇海粤汉几条铁道，经营了几万里的公路，把五院的规模先立了出来；诸如此类，都是毛细。消极方面，把对建变相的军阀，终算廓清了。外交也不至像总理衙门，受人拍桌子。然而大规模的国防，看做禹的治水一般，工程太大，止好以待来年。故大炮飞机缺乏。三苗的飞机在天上雄飞，我们不免在洞里雌伏。七旬有苗格，也要等待将来。大约其惟一原因，亦如尧虽已能得舜，初初也止荐举到八元八恺；而一班青年同志，如禹、稷、皋陶、伯益，尚待二十八年以后登庸。那末现在的二十八年后，我们的三苗，叫他窜回东京；五年计划十年计划，都经青年同志来担任，我们雄飞的一天，自然更为伟大。

好了，现在比较完了，再来谈谈青年同志。尧这么一个惟天为大，惟尧则之的人物，何以禹、稷、皋陶、伯益，不出在尧时？这个缘故，可以把孟子再来说明。

> 孟子说："故天将降大任于是人也，必先苦其心志，劳其筋骨，饿其体肤，空乏其身，行拂乱其所为，所以动心忍性，增益其所不能。"

尧是一个天纵之圣，却是天汉贵胄，所以拿他来做模范，太高不可攀。他的儿子，更是生于深宫之中，养于保姆之手；有这么的圣父，竟口不道忠信之言，而善于争辩，如汪精怪能做倭鬼的强词说客，丹朱竟做不肖的原祖。舜也是天纵之圣，然而他的当大任，竟一跃而造老尧之上，就是苦心志，饿体肤，炼成他的铜筋铁骨。有人问：他的弟弟同少爷，又是两个不肖，这又是什么缘故？这有何难解。他那位天生不肖的老弟，也同汪精怪一样，虽有总理做他模范，他的原形，毕竟是个臭汉奸。他那位少爷，在公主的母亲的手里养大，不免容易娇贵。古者易子而教，所以全父子之恩。尧舜没有强迫气质庸下的儿子，免去不肖，都是要想保全慈父的过失；与孟子论舜之于人则诛之，于弟则封之，乃是保全亲爱，同一"人皆见之"的圣人之过。若正当说法，不如孔子想得周到。所谓："中人以上，可以语上"，止要给他模范导师，便会成圣成贤。若"中人以下，不可以语上"，都是要严格的管教，才能免做不肖。所以总裁的管、教、养、卫，特地提出"管"字，必是被孔子提醒。现在闲话少说，且看舜的苦心志，饿体肤，炼成铜筋铁骨，做着中国古今来最伟大的青年导师，其当时效果如何？则果然所有当时中人以上的青年，禹、稷、皋陶诸人，俱被感化了，都做了历史上数一数二的大人物。而两千年内的汤、文、周、孔，都是那班青年的子孙。上同黄帝争气，下开中国五千年伟大的文化。到近一千年，被倭鬼偷了他的宝贝，也做了改良三苗。不过贼性改不能尽，所以反来麻烦。

　　舜的苦心志，饿体肤，炼成铜筋铁骨，可以挂一漏万的约略说说么？只为了当前许多中人以上的伟大青年，拣这个最伟大的模范导师，不能不约略说说。说了一点，他们也自能举一反三，都做成了八元八恺，禹、稷、垂、契、伯益、皋陶、伯夷、夔龙，四岳十二牧。那就二十八年后，中国真成了新式尧舜之世，也是不难的呀！人才凑得好，就变兴盛，凑得不好，就形成衰败，恐是铁律罢。但愿今日许多伟大青年，都能说："舜何人也，予何人也，有为者亦若是。"

舜是二十岁就孝名大著。二十七岁尧嫁给他两个爱女。当二十七与三十岁之间，他那兄弟恶象，曾经要谋死了他，占有二嫂。那末尧的爱女，假定二十四五，象能占有，也已过了二十岁，与二女相当年龄。如此说来，舜在三五岁就失了自己的慈母，他那瞎子的父亲，续娶了一个绝口不谈忠信的万恶"晚娘"。瞎子又是穷汉，女人肯嫁一个穷瞎子，当然必是个恶物。舜自小挨饿挨打，可以不必细说。幸亏他体质壮健，性格聪明。叫他做什么，便会什么。做起来，终不疲倦。比一个什么僮奴，还有用。故尔打骂之外，家中得此健仆，又肯依头顺脑，免了就下毒手，因此能够保住小性命，渐渐壮大起来。乡邻亲戚家里，知道瞎子有这么一个挨打受骂，千依百顺的小孩，自然无不同声称赞，全认是真正一个孝子。于是一人传两，两人传四，二十岁便孝名大著。更过六七年，又弄到通国皆知，自然吹到开创伦理道德的尧先生耳朵里，一定马上看做稀世之宝。又恐怕他天姿虽美，学问才干，或有欠缺。虽此种女婿，即使终身穷困，尧也满意。然到底还有付托天下的大事，不能不更进一步的考察。就叮嘱二女，细细观察他三年，然后决定。又把他看做大位的承继人，请他摄政。

周公多才多艺，孔子也说："吾少也贱，故多能鄙事。"舜在二十岁前：

> 历山的田，要他去耕了，供给家中的食粮的，多余还要换钱的。
>
> 雷泽的鱼，要他去捕。瞎子与晚娘，食无鱼是不可，小弟弟每饭必需多鱼，更不必说，多余也要换钱的。

河滨的窑，要他去烧造的，造屋的砖瓦，日用的盆盎樽罍，自用之外，大部分是为换钱的。

寿丘的什器，要他去仿造的，所有家用杂物，大多数是换钱，而家中需要，便取诸宫中好了。

负贩地方，可以就时。就时即是乘时贩卖逐利，这种小贩生产，也要他负担的。

家中仓廪破了，井泉塞了，木匠泥匠石匠，也要他充当的。说不定还要叫他帮人兴工建屋，得钱养家。你看他二十七岁做了阔阔的驸马，晚娘恶弟还要怂恿瞎子，命他不好雇工，要亲自去修仓浚井，以便谋害。舜还不敢违拗，以驸马爷爷，乃着了工衣去从事。他还有意外的本领。阿弟乘阿兄上了梯，他便举火焚廪，舜竟用两只箬帽，做了鸟翼，从高跃下。这不是绝好的飞机上用降落伞的能手么？阿弟又乘阿兄下了井，马上下土填塞，那知舜已预凿他道，从容而出。这又是凿起防空洞的好手了。一说这两种本领，都是二女传授给他的。

终之，舜于农工商，无一不善。必有今之受过士大夫教育的青年，傲之曰：舜时少年失举，所以止做许多贱事。他既不能充做文化人，亦恐难得有出路。出洋镀金，更无望了。哈哈！这是什么话？说到士大夫的教育，舜更得到很深，可以约略再说说：

> 他慎徽五典，五典克从，伦理学是专家。
> 纳于百揆，百揆时叙，政治学又是好手。
> 肇十有二州，封十有二山，浚川，地理水利极熟。

象以典刑，钦哉钦哉，法学是开创家。

南风歌，卿云歌，文学的老祖。

舜在床琴，鼓琴二女果，艺术亦是专家。

而且干戈朕，琠朕，他亦讲些武学。

　　问他未入大学，学问何从得来？学问止在大学里出来，此是今日青年自误误人。古之痴愚王子，问他米是从何出来？他说："是席子包里出来。"同一胡涂颠顸。而且学问是专从学校里出来，没有学校，就称失学。既出学校，就称毕业。一行作吏，便可以此事遂废。弊害之大，已足葬送许多有志青年，及阻障终身从事学问。又学问学问，学是一事，问又是一事。今日把教科书概括学问之全部，更胡涂得可笑。舜之大本领，增进他的不花钱学问，就是"舜好问"。"自耕稼陶渔，以至为帝，无非取于人者。"他是为晚娘恶弟凌辱的一个穷孩子，不是他靠了一张嘴，什么都问，他会如此的多才多艺么？果然好问如舜，那一个青年，不会兼擅众学么？今日害了父母，花了重金，得了一张文凭，自以为了不起的学者。真叫做不识羞！学了一个士大夫，其余谓农业低微，工商贱事，冒充文化人，害身害家害国，尤其可怜。

　　舜的道德学问，可作惟一模范矣。他的细行又何如？则有孟子说他："舜之饭糗茹草也，若将终身焉。"饭糗茹草，在今日北方是馍馍白菜；在南方是青菜黄米饭。他靠着这种食料生活，可以终身不厌。孟子又说："及其为天子也，被袗衣，鼓琴，二女果，若固有之。"被袗衣，粗俗点说，就是着龙袍。公主立在旁边，看他弹琴。妙在"若固有之"。在今日无志的青年，一朝着了龙袍，伴着爱妻在书房里弹琴，想起自己是穷光蛋，不知要如何得意，或如何局促？舜满不在乎，在这种外物的美恶上留意。因为果然一旦不要他做天子，或弃天下如敝屣，窃负其父而逃，遵海滨而处；他又馍馍白菜，可以终身。那末今日小学生穿了一身童子军制服，便炫耀乡邻，不肯脱下。大学生必要洋裤革履，方算体面。穷教授小职员，必要洋服笔挺，借债度日。这也算可已而不已。吾取舜之龙袍为比例，做此官，行此礼，吾不反对穿得体面。但朝上穿了洋服，昼上可以穿青布大褂，晚上又可以穿工衣。一个伟大青年，自取舜作模范，终要能作士大夫，能作农夫，能穿工衣，能负贩作小商。何时适宜何种，何时便扮演何种脚色。当今人人要无所不能，才会渡过二十八年以后的难关，才会雄飞天下。

末了一句，舜虽名为天子，然受之于尧，又授之于禹，能够公天下的，古史上又只此一人。以舜作我们伟大青年最可模范的一个。愿自中华民国二十九年起，孔诞之外，再考查了，每年举个舜诞，谅亦不算多事。（录自民国二十八年十月十日重庆《扫荡报》）

以美为教育主旨之蔡先生

民国三十二年三月五日

真美善三位而一体，西哲之说也。

各字之义在说文：真，说文古义，乃仙人变形而登天。在我中土当言诚。善，吉也，从羊。义美同意。美，甘也，从羊从大。在六畜主给膳也，与善同意。义，己之威仪也，从我羊，与善同意。苟，自急敕也，从羊省。与义善美同意。敬，肃也，从攴，策之使自急敕也。诚，信也。在古训，敬以直内，义以方外，即礼也。颜渊问仁。孔子曰：克己复礼为仁。里仁为美。礼之用，和为贵。先王之道，斯为美，小大由之。是美即仁义礼。能识得，能尽心力而行之，即信即诚。

真正能行美，即善。五常三达德，包括无遗。亦即真善美之三位一体也。曰从羊，在六畜主给膳也者。先民在神农以前，未知稼穑。自庖牺火食，以六畜为膳。羊最美，则为主膳。今西藏蒙古青海之同胞犹然。盖言人有美善义敬等之好德，始许其吃饭而活在世上。否则食粟而已。如造粪机器然，靡人之食，不如其死也。

美之为义大矣哉！美有广狭二义：广义即真善美之美，包罗一切。善为抽象，可姑曰精神。美有形色，可姑称物质。真即参于精神与物质之间。形色之美，其至者曰礼。其合于善者曰仁。此广义之主要也。西方所谓美术之美，包括诗歌、图画、雕刻、音乐。皆礼之一节，此狭义之美。蔡先生之所谓美，以为教育主旨者，当然以礼为本，并以美术为辅也。如谓仅指美术，则今人夷视美字，未读里仁为美，及未读礼之用，和为贵，先王之道，斯为美，而至此狭隘也。

蔡先生者，世人称为无所不包容者也。从前蒋总裁将任蔡先生为监察院长，征其同意。先生曾起而敬辞。自称人皆名我为"好好先生"，我何能胜监察之任？所谓好好先生，所谓无所不包容，即礼之用，和为贵也。其生平律己，直可以言非礼勿视，非礼勿听，非礼勿言，非礼勿动。此所谓知和而和，以礼节之，斯为美，斯为仁矣。斯绍兴之里，为之美矣。其在世界，则中国之里，亦为美矣。以此奉献为教育之主旨，岂不懿欤？

礼重笙诗，乐以导和，黼黻有章，旗旐有节，岂不贵乎美术？谓蔡先生曾在教育界提倡美术，何消说得。即今教育当局，礼乐设馆，美艺设奖，同此倾向。但蔡先生乃圣之和者，坐怀或可以不乱，袒裼裸裎其侧，焉能浼我。时人多有未能及者。时人或惧知和而和，不以礼节之，则不可行，未免变本加厉，或反柳惠之和，变为伯夷之清。又忘以非礼克己，常能以非礼责人。于是言及诗歌，文人相轻，古已有之，于今为烈。文化之群，偏懂不文明。言及图画、雕刻、音乐，常慕谈天雕龙，好为夸诞，相互嫉忌，相互水火。美术之家，绝不顾美。往往教师逼写服辩，无人敢于长校。此乃出乎蔡先生之意料，亦违乎真善美之哲理。当此三年追悼，和字犹未能尊贵。敢告于蔡先生之灵，以求在冥冥中劝诱者也。

蔡先生的志愿

民国三十三年一月十一日在蔡孑民先生纪念会讲

主席、各位先生：今天主席要我讲蔡先生之生平，这个题目太大了，也好像一部十七史，从何处说起？况且蔡先生的生平事迹，在座各位有知道比我多的。蔡先生的言行，以前也讲过很多，而且言行录早已印成专册，大家都已看到。如果今天重说一遍，这是没有意义的。所以今天想把他的生平琐事，就我知道的拉杂说说。我们大家把他这种小事情讲出来，也可以从这种小地方更认识蔡先生的伟大所在。

今天是一月十一日，是蔡先生的生辰纪念。拿他的生辰来作纪念他的日子，也是沿袭古人之方法。像孔子纪念日八月二十七，就是孔子的生辰。但是我们不说要以尊敬古圣的方法来尊敬蔡先生，我们也不指出古人今人的异同，来替蔡先生争长论短。不过我们知道蔡先生确也是一个承先启后的人物，也可以说是一个时代的人物。我为什么有这样认识呢？当然从他的志愿中看出来的。我今天来略述他的志愿。各位从前都是很接近蔡先生，对我所讲的或者不至于以为不对。我想在纪念会中讲讲他的志愿，对于我们国家民族也是有好处的。

蔡先生之为人，真是所谓"君子和而不同"。他和那一个人都很和气，然而他有一个"自己"。绝不是因为做人和气，就会人云亦云。蔡先生所到之地，谁和他相处，都像从前人来了程明道一样，如坐春风之中。不过虽坐春风之中，很感到有一种严肃之气。如果我们以之比古人，蔡先生很像周公，"不骄不吝""一沐三握发，一饭三吐哺"。什么事情，也是"仰而思之，夜以继日；幸而得之，坐以待旦"，俨如周公风度。至对人，则亦"尊贤而容众，嘉善而矜不能"。只要这个人有一技之长，没有不取其所长，决不问其短处如何。然而他无时或忘的，就是他自己的主张：鼓励造就大学问家出来。别人办普通教育，像办工程等，他也给予很多的帮助，而他毕生最致力的是办大学。

他为什么主张办大学？仿佛是一个国家，只要有大学问家出来，民族就可以之而贵，一班人即可以之而尊。印度古代文明，我们姑且不说，现在他国家虽失了自由，因为有泰戈尔这个大人物，得到了诺贝尔奖金，很使人敬佩。平时我们看见一般印度人，似乎觉得这个民族不见得高明，但是回过来一想，如果真的不高明，何能会出一个泰戈尔？这样，也会想象到他们国家文明的程度。我们总是说：我国有五千年历史，四百兆方里土地，是一个文明大国。但仔细想想，我们所以能够称为文明大国，并不完全是因为历史久，土地广的关系。要是我们没有伏羲、神农、尧、舜、禹、汤、文、武、周公、孔子这些人，也要感觉到国家虽大，内部拿不出什么东西来，不免空虚了。我们之所以能够自尊自贵，足以自豪者，因为从前出了伏羲、神农、尧、舜、禹、汤、文、武、周公、孔子这些伟大人物。蔡先生盼望我们能够出一些有学问的大人物，意思也是在此。大家以为日本在二三百年来是很努力。努力固然努力，然而他还没有像可以载在百科全书的人物。不过我们现在要得到诺贝尔奖金的人物也还没有。所以蔡先生要盼望我们造就历史上的大人物，这个他当然并不想在一个时期内可以成功的。

蔡先生平时待人，对好人没有不尊敬；对坏人，也没有不宽恕。这个人只要有一点可取之处，总是待他很好；只要他做的事有益于党国，没有不赞同。不过他唯一的志愿，一定要盼望中国出些了不得的大学问家。因为他抱了这种志愿，以前有了许多当仁不让的事。我们知道当他回国的时候，他的政治才能，是很丰富的；他来办政治，也决不会有错。然而他无论说话做人，一点不露出锋芒。在民国初年，请他担任教育部长，他并不推辞，因为这个任务，可以实现他的主张。到了十七年时候，国民政府成立五院，那时他本想做考试院院长，因为考试工作，和他生平的主张有很大关系，可以从这里来发挥他的主张，达成他的目的。所以当时他不肯做监监察院院长。他说：我是好好先生，怎么可以做监察事情？后来设立中央研究院，他去担任研究院院长，心里很高兴。这并不是因为可以做官，也是因为这个任务和他的意志相近。他做了院长以后，总想使这个研究院发达起来。可是这个很不容易。不要说我们很穷，没有许多钱，就是有钱也不一定找得到人。然而他总是希望研究院能够造就中国出色人物，可以有人去得到诺贝尔奖金，在国外百科全书上也能够记载出中国伟人的姓名来。这种希望，仿佛是他天天所不能忘记的。

办大学来造就大人物，他也晓得这不是一时的事，不过是来开一个头。开了头以后几十年几百年乃至几千年下去，可以继续不断收到效果。所以，我们可以称他是一个承先启后的伟人。他所做的文章，所写的字，虽不矜才使气，然而细细一看，一个字一句话，都有学术道理。他写的字是道道地地的黄山谷帖体。现在能写黄山谷字的，已经很少。我们就他小事情来看，可以想得到他的大事情是怎样。当时我们需才甚多，也是非常急迫，工程人才在谋国方面，也很要紧，而他最盼望的，还是有大学问的人。我总想中国要有几个人能够在现代的学问上可以盖过外国，好使中国的国际地位提高起来。

我知道他的世兄都是很好，大世兄因为当时蔡先生为爱国学社捐款，不问家务，患病后医药欠周，不幸故世。二世兄无忌先生，学问很是渊博，对兽医一科研究精到，也是一个出色人才。三世兄柏龄先生，更是了不起的，大有继承蔡先生未竟之志的气魄。他初在比国学电气，后到巴黎攻物理，最后研究磁学，已有相当造就。三十年时候，总裁要召他回国，大概要叫他来做几个磁性鱼雷，好放在长江里，漂来漂去，炸炸敌舰。后来知道他不能离开法国，到现在还在法国磁学研究所。他本来想自备飞机，由空中回国，因为打仗关系，他也失了自由。现在他的学问已经很好。他在小时，本极用功，蔡先生随便买些小说给他，没有不本本看完。他第一次到法国，看到了法国拉罗斯百科全书（Laloux Encyclopedia）从第一个字看到末一个字，简直是一字不掉。这位先生真是可以告慰蔡先生的。将来或者再经大家的扶植，可以成为一个大学问家，一定是蔡先生所希望的。在座的诸位，都是蔡先生的朋友同学，我们能够有法子帮助完成蔡先生的志愿，出几个大人物载在外国百科全书上面，固然是我们敬崇蔡先生的最好表示，也是对我们国家有很多益处的。

蔡先生志愿立大学，虽然无时不忘他的主张，但也并不一定反对别人意见。我是一向相信斧头凿子的，主张设专科学校，造就工程人才。蔡先生对于这一点总是笑笑说，对的对的，并不来阻挡我们。只要是合理的事，他总是赞同的。他在北京大学教书时候，不问这个人有辫子没有辫子，只看他有没有学问，有一点长处的人，他没不器重他，这种态度，就是所谓"和而不同"。不然，和而同，连自己的主张也要丢了。我们和蔡先生在一起，没有感觉到他是可怕，然而见了他的人，没有那个敢做坏人，这也是蔡先生伟大的地方。

不贤者识其少者。我今天只是讲些小事。各位还有知道大的，能识其大者，一定还有大的发挥。

救济青年与中等教育改制

编者按：民国三十三年甲申二月一日，旅渝苏人由冷御秋赵棣华先生等召集，开座谈会于国府路学田湾五号。座谈江苏青年失学失业救济问题。嗣于三月二十四日开第二次座谈会于川东师范信谊堂。因同时欢迎由苏莅渝之马元放、吴绍澍、王公玙三氏，未及讨论预定主题。复于四月十五日特由总召集人叶楚伧召集，举行第三次座谈会于交通银行二楼，并确定座谈会名称为苏事座谈会。此即为吴公所演讲之词。

战时谈救济，本来是很难的。很少人给政府找钱，都只叫他用钱。所以把青年从沦陷区弄出来，所谓争取青年；如钮惕生先生在二十六年讲过的，把战地的青年壮丁，一概调到后方，给敌人来一个坚壁清野，确是很要紧的事。但单讲救济，政府尽管费尽了力，还是没办法管得周全的。

中国的教育，至今还没有法子把传统的虚荣心去掉。否则，战区出来的学生，个个都进职业学校，小小结构的几年就有办法。教育部和各学校也就免得现在的为难。可是，那些战区出来的学生，都受了虚荣心的影响，不是这样想法。所以个个都希望进中学。其实进了中学，还免不了有许多人遭受淘汰。战前六十万学生中，就未必有三十万能进大学。其余只能被迫跑到社会上去，可是吃饭能力一些没有。——十年前店铺里遇人介绍学徒，一听说是中学生，骇都骇死了，哪里还敢收留！（现在这种情形自然好得多了）。——于是那般中学生最幸运最好的出路，只能跑到机关里去，从最起码的办事员做起。像这样子真是国家和学生两面坐困。

所以，我常说："为什么不在教育上改一改？中学只办职业学校，每个学生一定要高等职业学校毕业后，才能进大学。——其实比职业学校所学更高深一层，关于应用的研习，如工科、农科，以及其他相类的各科，都是应该办专门学校，不该办大学。照英国人对大学的看法：大学是承先启后非常了不起的。中国人把各科都办大学，无非大学可得硕士博士，还是虚荣心在那里作祟。——至于文科、法科等比较注重理论的，可办一先修班。毕业职业学校后，如有志研究这些学问，可入先修班，对理论研习一个时期，再入大学。以前曾屡次同蔡孑民先生争辩教育宗旨。他说：理论可以促进应用，所以该特别注重理论。但依我看：只有德国因其民族性关系，能理论与应用合一。法国理论很进步，可是应用方面即极落后。美国讲实际，把大学缩短，理论和应用还不脱节。中国人向讲虚荣，对应用毫不注重。如果把应用重视到十二分以上，扯一下，或者还可以把旧观念纠正过来一些。

别的不说，只看十年前中国一般人的观念，好像有了儿子送他进职业学校是坍台的。不但怕别人批评，而且自己也像很抱愧，对不起儿子，没有能把他送进大学。意思之间，好像进了职业学校，便不能再进大学。其实即使这个儿子将来做了了不起的文学家，也该懂些吃饭方法。懂了些吃饭方法，不但并不妨碍他将来做文学家，或者反可以帮助他做了不起的文学家。

刚才余次长报告，现在中学生已有一百多万。可是照总裁所著的《中国之命运》上说，将来的建设，五年中需要大学生五十四万。但把现有的大学生，凑来凑去，还不满三十万。依我看，中国如真成为一个道地的现代国家，五十四万大学生一定还不够。恐怕少不少要五百四十万。二十五年汪精卫做行政院主席时，过通那年的预算十一万万。大家都以为数目已经大得骇人。冯焕章先生站起来说：国防太重要，让中国四万万人，每人多负担一元钱，再增加四万万块钱吧。大家都认为是笑谈，可是现在为了战区学生的吃饭问题，一年就得化上五六万万。——虽然现在的币值已比从前跌落得很多。可见从前的笑谈，过几年就不值什么。怎样培植建设中国需要的五十四万以至五百四十万的学生，也该有这见解。

我一向觉得中国人对职业学校误会得太厉害。所以从英国回来，即竭力替职业学校鼓吹。一九一四那一年，我还住在伦敦。隔壁五六家住一中学校长。我的儿子也在他学校里读书，因此和他认识。那年的九月间，第一次欧洲大战已经爆发。有一天，我和一个友人跟那校长一同散步，问起他对战争前途的观感。他摇头说：“危险得很！”接着他就解释：英国在五十年前才开始有“模特儿引擎”，由伊库诺密克斯模型馆出售于一般青年，让他们把它和家中原有的小车床连接起来。每天车车弄弄。他的学校里学生中，三百人的家中，有此设备。战争发生后，这些学生便每人向制造军火机关领二百子弹，利用星期日，把它刮光了，再缴回去。一个星期天，三百学生也可刮光五六万子弹。“可是这算得什么？”那校长说：“德国每个学生或工人家里都有工作室，英国哪里比得上他们”。

初听模特儿引擎这名词，或者以为这不过是让小孩子弄弄玩玩的玩意儿。其实绝不是这么一回事。不但弄弄玩玩，还要讲究精密。美国便有一个会，各国都有进这会的。它有时发给会员一块铜板，让他们在小车床上磋，竞赛哪个磋得精细。所以我听得中国自命开通的人说："我们的阿三蛮很很的，将来打算叫他去学工。"就会顿时觉得从脚底麻起一直麻到头顶。因为他说这话，他就根本不知道作工需要精细，同时更没有懂"工人"这两个字的意义。他不知道称得起工人的，必需有熟练的技术。却以为和苦力一样，只要卖卖力气。

我很希望教育部能早下决心，以后普通中学不办，一概改办职业学校。大学校是守先待后另有任务的。举一个例子：美国人常笑英国人迟钝。美国的特别快车一小时开八十哩，英国的便只开六十哩。一九零几年"扫散姆登场"的某班特别快车有个美国搭客，向英国司机说：你这特别快车，能不能开快些？那司机明知道美国人有些讥刺他。算了算那时沿路恰巧没什么别的车辆，便答应说好的，也就开了一小时八十哩的速度。不料才开了几十哩，车辆出轨倾覆，死了几十个搭客，连那司机也没有逃得性命。于是，这事顿时成为国际讼案。美英两国纠纷多年，没有解决。最后，"坎白立其"有一个著名的算学家，是个老头子，他出来应用高深的算学，说明这条路只能每小时走六十哩，快了就要出毛病。所以美国人叫那司机开八十哩是错误的。于是英国竟赢了官司。在这种时候，才用得着大学里的老古董。中国学生每个人都想做孔夫子的大弟子。好像进了职业学校，就一字不识，连孔夫子都丢了。实在错得太厉害。教育部还有一位次长顾一樵先生，他便是学工程的，可是他的诗文却做得甚好。不是眼前一个很好的实例么？

最后又要归结到救济：国民政府林故主席任参议院议长时，曾叫我去做秘书长。我谢绝不干。老实说我就不明白议员干些什么？譬如早上出席议会，讨论关系财赋的议案。我是江苏的代表，自然要替江苏力争减轻负担。江苏人知道了，一定都伸了大拇指，赞我声好代表！如果不这样做，或者竟说江苏不妨多出一些钱，将来回去，自然给江苏人打都要打死的。下午又出席实业代表会议，讨论如何振兴实业。我一定又要主张什么事要政府拨款，什么事要政府补助，向政府多争一个钱是一个。我这样做了，人家一定也称赞我是个好代表。晚上回家睡了觉，自己想想，成了一个什么东西？一定要觉得奇怪极了。再想想政府又是个什么东西？他本身是不会生出钱来的。却那不肯给钱的，又要他花钱越多越好。所以说到救济，本身确是很难的。能替政府找钱是最好，单望他花钱，是没办法弄得周全的。

> 编者按：继为冷御秋先生发言，大意谓：于吴先生之指示，颇有感想，中国人对子弟求学，向来好高骛远，不踏实，过去有余之家，常不愿子弟习工农，现在虽好一些，但好得并不多。惟从另一方面看，中国到现在还不能向工业上发展，造就了许多学生往哪里摆？亦是大问题。以前职业学校不发展之原因，实在学校与事业不能配合。今后的职业学校，似应针对此点，力谋改善云云。当由吴公再充前述主张，即下文：

听了冷先生的话，觉得才说过的话，还要补充几句。我对钻研学问，不求应用，终其身只发明一句了不得的话，和专求应用，在短期内用体力报效国家；两边都赞同。

但非常时期自然该有些不平常的措置。所以，七七事变以后，我曾主张各大学一律停顿——仅仅是停顿，并非解散。校长教授讲师一切都照原来待遇，但需由政府来支配工作，识他们分别领导青年，从事战时工作。如学文科的便做文字宣传工作。通俗的作乡村宣传品，较深的刊登报章杂志。学美术的编组为抗战临时美术宣传队，绘画有关战争的宣传画。——从前在汉口还见交通银行对面有三丈长的战画，现在却看不到重庆有一张。可是居然有人还在画模特儿。此外农学生老实便去开荒。工学生便到工厂里去。这些话我时常对朋友讲起，但从未向政府提案上条陈。因为这些事是我不愿意做的。最近听得办工厂的人讲起：办工厂用人实在困难。所以照现在的办法，一面许多青年要救济，一面工厂又感没法用人，实在是一个大矛盾。或者以为像我所说的那样做，不免破坏了现行学制。可是最近因为和盟军联合作战，少了翻译，教部便将大学四年级生调充翻译。并规定服务一个时期，就算毕业。这不是和我所说的办法用意相同，教育部已首先破坏了学制？所以谈救济青年在办法上是很值得研究的。（录自民国三十三年二月一日《复苏月刊》第二卷第三期）